Joanna Bolouri a travaillé dans le secteur de la vente avant de choisir la carrière d'écrivain à l'âge de trente ans. Lauréate d'un concours d'écriture de comédie organisé par la BBC, elle travaille et écrit avec des humoristes, des scénaristes et des acteurs de comédie dans tout le Royaume-Uni. Elle vit actuellement à Glasgow avec sa fille.

COMMENT
NE PAS FAIRE PITIE
A NOEL
QUAND ON EST
CELIBATAIRE

Joanna Bolouri

COMMENT NE PAS FAIRE PITIE A NOEL QUAND ON EST CELIBATAIRE

Traduit de l'anglais (Grande-Bretagne)
par Pauline Buscail

Titre original : *The Most Wonderful Time of the Year*

Pour maman.

Éditions de Noyelles,
avec l'autorisation des Éditions Bragelonne.

31, rue du Val de Marne, Paris.

Le Code de la propriété intellectuelle n'autorisant, aux termes des paragraphes 2 et 3 de l'article L. 122-5, d'une part, que les «copies ou reproductions strictement réservées à l'usage privé du copiste et non destinées à une utilisation collective» et, d'autre part, sous réserve du nom de l'auteur et de la source, que les «analyses et les courtes citations justifiées par le caractère critique, polémique, pédagogique, scientifique ou d'information», toute représentation ou reproduction intégrale ou partielle, faite sans le consentement de l'auteur ou · de ses ayants droit ou ayants cause, est illicite (article L. 122-4). Cette représentation ou reproduction, par quelque procédé que ce soit, constituerait donc une contrefaçon sanctionnée par les articles L. 335-2 et suivants du Code de la propriété intellectuelle

© 2016 Joanna Bolouri
Tous droits réservés.
Originellement publié en Grande-Bretagne par Quercus.

© Bragelonne 2018, pour la présente traduction

ISBN : 978-2-298-15632-4

Chapitre premier

—Bon, dis-moi, tu as rencontré quelqu'un de bien ?

Ça fait deux ans que ma mère me pose cette question quand je lui téléphone.

Chaque. Fois.

Depuis ma rupture avec mon dernier petit ami sérieux, Tomas Segura, un ingénieur ferroviaire –mi-espagnol, mi-homme-enfant, mufle sur les bords, auquel je fais désormais allusion sous le sobriquet affectueux de Tomas la Baltringue–, elle est terrifiée à l'idée que moi, Emily Carson, je puisse être la seule de ses trois imbéciles d'enfants à ne jamais me marier. À ses yeux, le mariage, c'est tout. La famille, c'est tout. Le célibat n'est pas une option, surtout pas pour une prof d'anglais de trente-huit ans sans enfant, qui devrait sérieusement envisager de faire congeler ses ovules avant qu'ils ne finissent par se ratatiner et mourir – ce sont ses mots, pas les miens, et elle s'acharne à les répéter au cas où je n'aurais pas saisi les mille premières fois.

— Enfin, sérieusement, Emily. Tu ne crois pas que deux ans de célibat, c'est assez long comme ça ? Un jour, tu te réveilleras et tu regretteras d'avoir fait la fine bouche. Tu ne rajeunis pas. Quand j'avais ton âge, tu avais déjà dix-huit ans et j'avais des jumeaux de huit ans !

— Maman, faut-il vraiment qu'on ait encore cette conversation ? Je ne suis pas toi, je suis une personne complètement différente.

En soupirant, je me demande pourquoi je me fais endurer ça, mais je connais déjà la réponse : parce que c'est dimanche.

Le dimanche à 18 heures est le moment où j'autorise son discours moralisateur à parcourir la distance qui sépare le comté des Scottish Borders de mon appartement à Londres ; enfin, sauf quand j'oublie de l'appeler, auquel cas elle me harcèle jusqu'à ce que je décroche pour me demander si je suis morte. Morte ou toujours célibataire ? De son point de vue, les deux cas sont aussi catastrophiques l'un que l'autre.

D'habitude, ma réponse type – «Non, maman, je n'ai rencontré personne» – est suivie d'un sinistre soupir de déception, ou d'un coup de gueule me rappelant que mon frère, Patrick, a réussi à se trouver une fille charmante, en dépit du fait qu'il soit cruellement dénué de charisme.

— Seigneur Dieu, il n'arrive même pas à manger la bouche fermée, et lui s'est marié. Quant à ta sœur, elle ne sait même pas écrire son propre nom, pourtant, elle y est parvenue !

Cette femme me rend dingue à un point tel que, même si j'ai commencé cette conversation dans ma chambre, je me retrouve comme par magie dans ma salle de bains, face à mon reflet exaspéré dans le miroir. Je remarque un cheveu gris au milieu de mes cheveux bruns tressés et l'arrache en vitesse, avant que ma mère ne passe sa main décharnée dans le combiné pour le faire à ma place.

— Bon sang, maman, grommelé-je, en changeant le téléphone d'oreille pour inspecter le reste de ma chevelure, est-ce que tu aimes tes enfants ? Iona est dyslexique, pas débile – bien sûr qu'elle sait écrire son nom, elle est avocate… Je vois ce que tu veux dire pour Patrick, cependant, autant s'asseoir en face d'un lama. On ne croirait jamais que ces deux-là sont jumeaux, tant ils sont différents. En tout cas, pour répondre à ta question, j'ai une nouvelle à t'annoncer et…

— Tout ce que je dis, c'est qu'il existe quelqu'un pour tout le monde et…

Super, maintenant elle va m'expliquer ce que je dois faire.

— Ce qu'il faut que tu fasses…

— Maman, l'interromps-je brutalement, je sais ce que tu t'apprêtes à dire, mais j'essaie de t'annoncer que…

— … c'est d'envisager des hommes que tu ne regarderais pas à la base. C'est ce que j'ai fait avec ton père et…

— J'ai déjà quelqu'un dans ma vie ! Bon sang, laisse-moi en placer une. Tu as entendu, au moins ? J'ai. Rencontré. Quelqu'un.

Un bref silence s'installe le temps qu'elle enregistre l'information, et non sans fierté, je me dis : *Ça t'en bouche un coin, hein, chère mère ? Je me suis trouvé un nouveau mec, et il est super impressionnant.*

— Rencontré qui ? Un homme ? finit-elle par balbutier.

— Non, maman, c'est un blaireau.

— Quoi ? Comment ? Depuis quand ?

S'il s'agissait de n'importe qui d'autre, je lui raconterais qu'il y a huit mois, j'ai rencontré Robert dans un bar à vin à Soho. Vêtu de son superbe costume Armani, il a fait apporter des verres à notre table, accompagnés d'une carte de visite stipulant « Je suis un crack du marketing », avec son numéro de portable griffonné au dos, puis il est parti le sourire aux lèvres sans me laisser l'occasion de l'examiner de plus près. Tout ce que je savais, c'est qu'il était grand, séduisant et visiblement mystérieux, donc bien évidemment, j'ai tapé son nom sur Google pour m'assurer qu'il n'était pas dans la base de données d'Interpol avant de lui envoyer un message de remerciement pour les verres. Il a répondu presque aussitôt, et il m'a fallu moins de quinze jours pour découvrir qu'il avait quarante-cinq ans, beaucoup de bagou, qu'il travaillait les week-ends, portait du parfum Tom Ford et touchait un salaire presque aussi gros que son pénis. En moins d'un mois, j'étais raide dingue de lui. Si je ne m'adressais pas à ma mère, je préciserais que j'arrive à faire bonne figure devant lui, mais qu'au fond, j'ai déjà décidé de porter nos deux noms une fois que nous serons mariés, et que je préférerais célébrer les noces en Écosse, même si je ne suis pas contre une cérémonie en grande pompe aux jardins de Kew, avant une lune de miel à la Barbade, qui sera tellement romantique qu'il se sentira obligé de me redemander ma main.

Oui, si j'avais cette conversation avec n'importe qui d'autre, je lui expliquerais que, pour la première fois de ma vie, je vis une relation d'adultes avec un homme responsable et sérieux, qui pourrait m'aider à devenir une femme responsable et sérieuse – bien éloignée de la version actuelle de ma personne, qui trouve normal de se faire des nattes à trente-huit ans. Je lui dirais que je suis folle amoureuse. Puis je referais mention de son pénis. Mais en l'occurrence, il s'agit de ma mère, et comme avec la plupart des mères, laisser filtrer la moindre information donne lieu à un interrogatoire, je me cantonne donc à l'essentiel.

— Il s'appelle Robert Shaw et…

— Comme l'acteur? Je ne te crois pas.

— Tu ne crois pas quoi? Que Robert Shaw est son nom, ou que je fréquente quelqu'un? Est-ce qu'il faut que je l'emmène dans les bois pour lui arracher le cœur et te l'envoyer en guise de preuve?

— Ne sois pas ridicule. Raconte-moi tout! Il est merveilleux? Qu'est-ce qu'il fait dans la vie?

Beurk, je vais devoir lui confier quelque chose, même si son ton enjoué m'arrache un sourire.

— Oui, il est plutôt merveilleux. Il travaille comme repr…

— Ah! Je suis tellement heureuse pour toi, ma chérie.

Elle ne m'écoute même pas. J'aurais pu terminer ma phrase par «repris de justice», elle n'aurait rien entendu, trop occupée qu'elle est à exprimer son soulagement.

—Attends une seconde, ton père vient de revenir du jardin... William!... William!

Elle étouffe le micro du combiné avec sa main, parce qu'elle est persuadée que ce malheureux geste annihile l'existence même des ondes sonores et des oreilles, en dépit du fait qu'elle braille à douze mille décibels.

—William! Emily a rencontré quelqu'un. Oui, un homme. Je sais... Quoi? Aucune idée... je vais lui poser la question... Ton père veut savoir quand tu vas nous le présenter.

Dans le miroir, mon expression est passée de la frustration à l'horreur totale. J'ai beau aimer mes parents, ils sont complètement dérangés. Sur le papier, ils ont l'air relativement normaux: mon père est comptable et issu d'une longue lignée de conservateurs, diplômé de riches écoles privées pour garçons, et a hérité d'un corps de ferme plutôt grand – endroit dans lequel je n'aurais sans doute pas grandi si son père avait su qu'en secret, son fils était un gauchiste qui détestait les tories. Il a rencontré ma mère, Jennifer – fille unique et ancienne reine de beauté, couronnée «Miss Beltane» en 1974 –, quand elle avait dix-sept ans. Si on les en croit, ça a été le coup de foudre, et ils se sont mariés deux ans plus tard, devenant parents dans la foulée à force de copuler dans tous les coins. Toutefois, dans les faits, ils sont très différents. Ce sont des monstres politiquement incorrects, accros aux cocktails et sans la moindre retenue, qui adorent fourrer leurs nez partout, et se repaissent des cris et de la mortification de leur propre descendance. C'est le seul couple de mon entourage que je considère comme de vraies âmes sœurs.

Ma mère gémit d'excitation au téléphone, comme un genre de pervers, et je sais qu'elle attend une réponse, mais je n'arrive à penser qu'à une chose : *Le leur présenter ? Bon sang, d'abord elle ne me croit pas, et maintenant elle veut une preuve de son existence ? Hors de question. Sous aucun prétexte.* Je m'efforce de garder mon calme.

— Mais nous ne nous fréquentons que depuis quelques mois ! C'est un peu tôt, non ?

— « Quelques mois » ? Et tu ne m'en parles que maintenant ? rétorque-t-elle sur un ton sévère. Depuis combien de temps vous vous voyez exactement ?

— Depuis avril…

Je l'entends haleter.

— Et tu m'as laissée me faire du mouron pour toi pendant tout ce temps ! T'imaginer toute seule à des milliers de kilomètres ! Comment as-tu pu me cacher une chose pareille ?

— Attends, maman, tu n'as pas à tout savoir à la minute où ça arrive !

— Bien sûr que si, je suis ta mère, et au bout de huit mois, c'est un scandale que nous ne l'ayons pas encore rencontré. Y a-t-il une raison pour que tu refuses de nous le présenter ?

— Tu tiens vraiment à ce que je réponde à cette question ?

Me retrouver seule avec les miens, c'est une chose, mais quand un intrus parvient à pénétrer dans leur tanière, c'est un véritable carnage. Par exemple, quand Tomas et moi sommes venus célébrer Pâques une année, nous n'étions ensemble que depuis douze semaines. Papa s'est bourré la gueule au champagne, puis a planqué tout le reste de l'alcool et nous a forcés à danser sur *Gangnam Style* pour le récupérer. Patrick a refusé, mais plus tard, il a cédé et a dû faire la chorégraphie en solo pour mériter sa bière. S'est ensuivie une partie de personnage mystère, où tous les joueurs inscrivent le nom d'une célébrité sur un Post-it et le collent sur le front de la personne à leur droite. Iona a choisi Inigo Montoya pour Tomas – pour le seul plaisir de lui faire déclamer la tirade complète de *Princess Bride* avec un accent espagnol –, et mon père m'a assigné la star du porno Ron Jeremy, avec un charmant dessin de pénis, cadeau de Patrick. Tomas a gardé les yeux rivés sur le zizi ridicule dessiné à la va-vite sur mon front pendant dix bonnes minutes, avant que j'abandonne et meure de honte en voyant la réponse. Pour couronner le tout, ils nous ont obligés à passer la nuit dans mon ancienne chambre, que Pacino – leur dogue danois de cinquante-cinq kilos – considère désormais comme la sienne, vu qu'il nous a bien fait savoir qu'il refusait de dormir où que ce soit, hormis au lit avec nous. Quand nous sommes repartis le lendemain, fatigués et à bout de nerfs, Tomas m'a annoncé qu'il n'avait jamais rencontré un tel ramassis d'« inadaptés » de toute son existence, ce qui a bien entendu débouché sur une violente dispute, parce qu'ils ont beau être marginaux, personne n'a le droit de cracher sur les membres de ma famille en dehors de moi. Nous avons rompu deux ans plus tard, quand il m'a quittée pour une rouquine prénommée Kristen, qui travaille dans un espace Chanel d'un grand magasin. Mais je reste convaincue que ma famille de déséquilibrés a servi de catalyseur à son infidélité.

Toutefois, Robert n'a rien en commun avec Tomas. Robert est respecté. Robert est cultivé. Robert fait un travail important qui l'amène à parcourir le monde en classe affaires. Robert apprécie les choses raffinées dans la vie, comme la vodka frappée dans des bars à cocktails tranquilles, le whisky pur malt et les costumes sur mesure. Si je lui présentais les miens, en moins de cinq minutes, ils écriraient «connard de Londonien» sur un Post-it, et laisseraient le chien s'exciter sur sa jambe pendant qu'ils se déhancheraient tous sur *Blurred Lines*.

—Quand je compte vous le présenter? Oh, je ne sais pas trop, maman, laisse-moi réfléchir... Et si on disait «jamais»? Oh, non, attends, je suis déjà prise ce jour-là, que penses-tu de «pour rien au monde»?! Ça te convient?

—Nous songions plutôt à Noël. Tu vas passer quatre jours ici, de toute manière, et toute la famille sera présente.

—Je sais, c'est bien pour ça que ma réponse est...

—Nous n'accepterons aucun refus. Je suis tellement impatiente! Ta sœur est au courant? Il faut que je l'appelle tout de suite. À bientôt, ma chérie!

Elle raccroche et me laisse face à mon reflet dans le miroir, tandis que je prends lentement conscience de ce qui vient de se passer.

« Noël » ? Mais c'est dans deux petites semaines ! Et merde. Bordel de merde !

Chapitre 2

QUAND J'AI DÉCIDÉ DE QUITTER LE NID DOUILLET ET sans loyer de mes parents à l'âge de vingt-quatre ans, ils étaient horrifiés. Non seulement parce que je voulais déménager, mais surtout parce que, de tous les endroits au monde, j'ai choisi Londres, qui, selon eux, est une ville où les gens se détestent par plaisir ou par intérêt, et où les pauvres sont contraints de se mettre à la colle avec des étrangers barbus dans des appartements minuscules et hors de prix.

—J'emménage avec deux autres enseignants. Tout ira bien, ai-je affirmé de ma voix la plus rassurante. On m'a proposé un bon poste, et je ne suis pas idiote. Flûte à la fin, j'ai vingt-quatre ans ! J'ai besoin d'apprendre à me débrouiller toute seule.

—Ou plutôt, tu as besoin de prendre tes distances avec nous, a rétorqué ma mère, les mains sur ses hanches. Je ne comprends pas. Ton frère et ta sœur sont parfaitement heureux ici.

J'ai jeté un coup d'œil aux jumeaux, tous deux hypnotisés par leurs téléphones portables, inconscients de la présence de l'autre ou du reste du monde.

— Ils ont quatorze ans, maman. Leurs vies tournent autour des *Griffin* et de leur espoir de voir grossir certaines parties de leurs corps. Ne le prends pas aussi personnellement. C'est ce que les enfants sont censés faire. Nous grandissons, nous quittons le nid et nous faisons nos vies.

— Mais pourquoi Londres ? a lancé papa. C'est à l'autre bout du pays. Tu n'aurais pas pu choisir Édimbourg ou Glasgow ?

J'aurais pu, effectivement. Mais ces villes sont à une distance raisonnable. J'avais besoin de mettre assez de kilomètres entre nous pour échapper aux visites familiales impromptues à 10 heures le dimanche matin. Je comptais bien avoir une vie sexuelle à Londres.

Papa s'est mis à faire les cent pas, comme chaque fois qu'il cherche une solution à un problème.

— Laisse-nous au moins te trouver un logement dans un meilleur quartier, a-t-il plaidé. J'ai un ami qui…

— Ne le prends pas mal, papa, mais je ne vois pas comment me débrouiller toute seule si c'est toi qui me loues un appartement et décides du lieu où je vais vivre.

Il s'est arrêté net et s'est laissé tomber sur une chaise, la mine abattue.

Ma mère avait toujours les mains plaquées sur ses hanches, mais je ne crois pas l'avoir déjà vue aussi découragée.

—Tu vas manquer aux jumeaux, a-t-elle doucement murmuré. Et à nous tous.

Je l'ai étreinte dans mes bras aussitôt. Mes parents ne comprenaient sans doute pas mon besoin de prendre le large, mais ce n'était pas nécessaire ; ils devaient seulement l'accepter. Elle me serrait si fort contre elle que j'ai senti ma détermination faiblir et un nœud se former dans ma gorge.

—Je vous rendrai visite pendant les vacances scolaires, promis, ai-je assuré. Il y a Pâques, Noël, l'été... je suis enseignante – nous avons beaucoup de temps libre.

Elle a hoché la tête, ravalant ses larmes et sa morve, tandis que mon père me prenait la main en souriant.

—Appelle si tu as besoin de quelque chose. Quoi que ce soit.

Trois semaines plus tard, je leur disais «au revoir» à la gare de Waverley, prête à démarrer ma nouvelle vie, confiante dans le fait que partir seule était la bonne décision.

—Est-ce que ma houppette est trop haute ? J'ai l'impression de ressembler à un ananas.

—C'est le cas. Et arrête d'utiliser mon gel douche, mon mignon. Si je voulais qu'on ait la même odeur, je ne me laverais plus.

Typique de Toby et d'Alice – mes colocataires. Ils se détestent. En réalité, ils se méprisent avec une passion qui les anime dès leur réveil et continue à longueur de journée, mais leur haine se transforme souvent en désir après quelques verres, quand ils s'envoient en l'air dans le salon, me croyant endormie.

— Bonjour, les enfants, dis-je d'une voix assoupie tout en m'asseyant à la table de la cuisine. Toby, tes cheveux sont très bien.

— Bonjour, mademoiselle Carson, entonnent-ils à l'unisson.

Je souris et me sers du café, avant de bâiller à m'en décrocher la mâchoire.

— Oh! là, là, je suis épuisée. Notre irresponsable de voisin a passé la nuit avec quelqu'un qui fait des bruits très étranges. Ça a duré des heures – j'ai à peine réussi à fermer l'œil. Je vous jure, entre ça, sa Xbox, et les soirées jusqu'à pas d'heure, je vais finir par lui sauter à la gorge.

— C'est le prix à payer pour avoir la grande chambre, me nargue Alice. On peut échanger, si tu veux – je préfère largement les parties de jambes en l'air du voisin sexy aux ronflements de Toby.

— J'ai des allergies, proteste Toby avec son doux accent du Nord. J'y peux rien. Mais tant qu'on y est, moi aussi, je veux bien changer de chambre.

— Hors de question, protesté-je en ouvrant la huche à pain. J'ai mérité cette chambre, et je suis l'aînée. Franchement, je me demande comment font ses colocataires pour le supporter – à moins qu'ils ne fassent des partouzes ensemble de l'autre côté de mon mur… Quelqu'un veut un toast?

Alice hoche la tête, même si elle est déjà en train d'engloutir une tartine beaucoup trop grillée dans sa bouche.

— Non, merci, répond Toby. J'ai déjà du quinoa et du muesli. Ça me suffit.

Je repère le regard noir d'Alice qui s'efforce désespérément de finir son toast pour pouvoir traiter Toby de connard prétentieux, mais l'envie lui passe.

J'insère quatre tranches de pain de mie dans notre grille-pain capricieux et reste à côté, me préparant à les éjecter avant qu'elles ne soient complètement cramées et que je me retrouve forcée de manger les céréales de Toby. En prenant la confiture dans le frigo, je remarque qu'Alice a collé trois nouvelles cartes de vœux sur la porte et enroulé une guirlande autour de la poignée. La conversation de la veille avec ma mère me revient aussitôt en tête, et je l'entends gronder : « Nous n'accepterons aucun refus. » Robert m'a dit qu'il rendait visite à ses parents pour les fêtes ; c'est sûrement déjà trop tard pour qu'il change ses projets. Mais si je ne l'amène pas avec moi, mes parents le prendront pour un mufle parce qu'il n'est pas venu… et si c'est lui qui refuse de venir, ils n'en penseront pas moins et me regarderont avec pitié pendant tout mon séjour, parce que je serai la femme qui sort avec un mufle, au lieu de la vieille fille célibataire. Je ne sais pas quelle option est la pire. *Je vais peut-être me faire passer pour morte. Ou les tuer tous.*

Par chance, Alice met un terme à ces pensées de plus en plus sinistres.

— Il faut que je parte tôt ce matin, Em. La femme de John Bowman a accouché, m'explique-t-elle en plongeant son couteau dans un petit pot de marmelade. Je m'occupe de ses classes d'art plastique cette semaine. Si Pauline Leeland s'avise de faire la moindre connerie, je lui plante un chevalet dans le derrière.

— Tu sais, pour une enseignante, tu es vraiment intolérante avec les enfants, s'indigne Toby. Ils ont tous du potentiel.

— Qu'est-ce que tu sais du métier d'enseignant ? glousse-t-elle en brandissant son couteau. Tu travailles dans une animalerie. Tu passes tes journées à faire la conversation à des hamsters et des poissons rouges.

— La « boutique » d'animaux n'est qu'un mi-temps, plaide-t-il en reprenant une bouchée de céréales. Dès que mon book sera terminé, je te ferai ravaler tes paroles.

— Je préfère ravaler mes paroles que ces céréales étranges, mec.

Je sors les toasts brûlants du grille-pain et les pose sur une assiette.

— Un bébé ! Juste à temps pour Noël – c'est tellement mignon ! Fille ou garçon ? m'exclamé-je pour tenter de mettre fin à la dispute.

Mais Alice continue de provoquer Toby.

— Oooh, Toby, on ne t'a jamais dit que tu avais du potentiel ? raille-t-elle, en faisant comme si je n'étais pas là. C'est pas si grave, t'en fais pas.

— Oh, va te faire voir, Alice.

— Hé, les gars, il n'est que 7 heures du matin. Vous ne pouvez pas arrêter un peu ?

En poussant un soupir, je prends mon assiette et me traîne jusqu'à ma chambre. J'aimerais avoir un salon où me détendre, mais notre propriétaire a jugé plus rentable d'en faire une troisième chambre – en l'occurrence, la mienne –, donc nous sommes contraints de nous supporter dans la cuisine au moment des repas. Avant même d'avoir atteint le bout du couloir, je les entends déjà s'embrasser, puis le bol de Toby tomber sur le sol. *Ce sont des monstres.*

Ça fait quatorze ans que je loge dans cet appartement et, en dépit de leurs facéties, ils n'en restent pas moins mes colocataires préférés. Les deux premiers inconnus avec qui j'ai vécu quand j'avais la vingtaine étaient Joseph et Darren : deux profs d'histoire qui n'ont cessé de péter pendant trois ans, et les deux plus grands ivrognes que j'aie jamais rencontrés. Après eux, il y a eu Sharon et Edith, qui avaient une passion commune pour le Botox et la série *Coronation Street*, et me forçaient égoïstement à vivre avec leurs chers et tendres. Par chance, Alice, ma collègue australienne, cherchait un appart en août dernier et a sauté sur la chambre de Sharon, rapidement suivie par Toby que, il faut bien l'admettre, nous avons accueilli à bras ouverts en bonne partie pour son joli minois.

Une fois dans mes quartiers, à l'abri des cochonneries de mes colocataires, je m'assois dans mon superbe fauteuil en velours rouge, mon bien le plus précieux et le plus confortable, et continue de prendre mon petit déjeuner. Il me reste encore quarante minutes avant de partir, donc j'ai le temps de considérer à quel point mon cadre de vie est génial. Bien sûr, j'aimerais me balader toute nue ailleurs que dans ma chambre, mais elle est spacieuse et claire, et je dispose de ma propre salle de bains, que j'ai fait fumiger par des professionnels après le départ de Joseph. Les murs sont terriblement fins, en revanche, et je me vois souvent forcée de pâtir des prouesses nocturnes de mon voisin indélicat, Evan Grant, un trou du cul d'une vingtaine d'années qui écoute de la musique à fond, s'envoie en l'air bruyamment, et organise des soirées. Il partage un mur de sa chambre avec moi, et sa tête de lit doit être à deux doigts de s'effondrer. Quoi qu'il en soit, je suis plutôt heureuse ici, d'autant que le propriétaire offre le wi-fi et que j'habite près du métro – un avantage indéniable à Londres. Ça ne sert à rien d'avoir une voiture ici, vu qu'il n'y a nulle part où la garer, mais à la maison, ma superbe BMW décapotable attend sagement mon retour dans le garage de mes parents.

Je sais bien qu'à trente-huit ans, je devrais habiter seule, mais à moins d'avoir une augmentation de 40 000 livres, je n'ai aucune chance de pouvoir me permettre de vivre en solo à Londres. Je dois bien l'admettre, avant que je rencontre Robert, cette ville commençait à perdre l'attrait que je lui trouvais quand j'avais la vingtaine et que mes projets s'arrêtaient au week-end suivant. On m'a offert la direction du département d'anglais dans un établissement à Newton Mearns, près de Glasgow ; le proviseur actuel est un vieux copain, Gordon, qui m'envoie des messages sur Facebook de temps à autre quand il a un coup dans le nez. Pendant un temps, j'ai envisagé d'accepter ; j'aurais pu avoir ma propre maison, pas loin de la campagne, voir des animaux en liberté et conduire tous les jours ma voiture qui me manque cruellement, au lieu de me serrer contre des gens en sueur chaque matin dans les transports. Mais maintenant que Robert fait partie du tableau, mon envie de conduire les cheveux au vent en rase campagne est passée au second plan. C'est un citadin jusqu'au bout des ongles. J'ai déjà des scrupules à l'inviter chez mes parents pour Noël, alors je ne risque pas de lui demander d'emménager en Écosse avec moi.

Tandis que je m'apprête à entamer le trajet de huit minutes à pied jusqu'à la station de métro, mon téléphone se met à sonner dans ma poche.

—Bonjour, chérie. Tu ne m'en veux plus ?

C'est Robert, qui rentre de déplacement professionnel – déplacement pour lequel il a refusé de me laisser l'accompagner, même si j'ai bien insisté sur le fait que c'était l'idée du siècle.

—Laisse-moi réfléchir…, rétorqué-je en enfilant mon blouson. Non.

—Tu te serais ennuyée, plaide-t-il. J'ai à peine eu un moment à moi.

—Je me serais occupée pendant la journée ! protesté-je. On aurait pu dîner ensemble le soir, voire…

—Emily, quand on partira pour Rome, je compte bien passer la moindre minute du séjour avec toi, et non rester cloîtré au bureau pendant que tu fais du tourisme, rétorque-t-il. Je veux qu'on se promène sur la piazza Navona, t'embrasser en haut des marches de la piazza di Spagna, te regarder faire un vœu à la fontaine de Trevi: toutes les choses que je ne peux pas faire quand je travaille.

Mon Dieu, c'est tellement romantique! Je suis à deux doigts de tomber dans les pommes.

— Eh bien, tu aurais pu m'expliquer tout ça, au lieu de te contenter de dire « non » ! grondé-je. Je voulais seulement passer un peu de temps avec toi. C'est tout.

— Que dire pour ma défense ? Je suis un imbécile, admet-il gentiment. Mais je te promets que je vais t'emmener à Rome, que nous séjournerons au *Waldorf Astoria*, et qu'on fera l'amour dans des draps en coton égyptien, pas dans les hôtels bas de gamme que paie mon entreprise. Tu vaux beaucoup mieux que ça.

— Robert, je me contenterais d'une petite chambre d'hôtes abordable…

— Foutaises, m'interrompt-il. Rien n'est trop beau pour ma chérie. Enfin, si tu me pardonnes, laisse-moi t'inviter à dîner ce soir. Il y a un petit restaurant français qui vient d'ouvrir près de la station Angel.

— Oh, quelle brillante idée ! m'enthousiasmé-je comme une sale snobinarde, ce que, en dépit de mes parents aisés, je ne suis absolument pas.

Cela étant, Robert s'exprime teeeellement bien – le moindre mot qui sort de sa bouche semble crier « je suis allé en école privée » – que mon accent de la côte est écossaise paraît vulgaire en comparaison. Je serais prête à parier que les parents de Robert sont du genre à boire du cognac dans un petit salon en discutant d'événements mondiaux majeurs, contrairement aux miens, qui sifflent des vodka-orange en dansant devant des rediffusions de *Top of the Pops*.

— Parfait, acquiesce-t-il. Je passe te prendre à 19 heures. Je t'aime.

— Moi aussi. À ce soir.

Je fourre mon téléphone dans mon sac et commence aussitôt à prévoir ma tenue, tout en me dirigeant vers la porte d'entrée. *Je vais mettre ma robe longue bleue... Non, la robe noire Karen Millen que j'ai achetée la semaine dernière. Oui, et je vais me relever les cheveux, mettre mes talons rouges, et l'éblouir avec mon charme sophistiqué et mon esprit. Puis, une fois qu'il aura bu son troisième whisky, je lâcherai la bombe en priant pour qu'elle ne m'explose pas en plein visage.*

Dans notre immeuble, il est de notoriété publique que les deux ascenseurs sont lents, et que celui de droite sent meilleur que l'autre, vu que M. et Mme Holborn, qui habitent au quatrième – avec leur Yorkshire incontinent –, utilisent celui de gauche plusieurs fois par jour. J'appuie sur le bouton et j'attends, tout en cherchant ma carte de métro dans mon sac. Nous vivons au septième et dernier étage, et Alice se plaît à dire que nous disposons d'un « toit-terrasse » quand elle loue sa chambre sur Airbnb les week-ends où elle s'absente. C'est un ancien quartier de logements sociaux, qui appartiennent maintenant pour la plupart à des propriétaires privés, en dehors de celui de M. et Mme Holborn, qui sont là depuis la nuit des temps. J'appuie une nouvelle fois sur le bouton et jette un coup d'œil à ma montre en faisant un petit bruit désapprobateur. Derrière moi, j'entends la porte de mon voisin claquer lourdement, et mon murmure de mécontentement devient nettement plus audible.

—Bonjour, Emily.

—Bonjour, Evan, répliqué-je froidement.

Bon sang, ce type n'est même pas fichu de fermer doucement une porte.

—Grosse journée?

—Hmm.

—Ouais, moi aussi, je déteste le lundi. J'arrive à peine à aligner deux mots avant mon détour au *Starbucks*...

—Tu as pourtant l'air de t'en tirer à merveille.

Soit mon hostilité n'est pas assez palpable, soit il s'en contrefout, vu qu'il continue à bavasser.

—Jolie veste. Ça te va bien, le rouge.

Pourquoi est-ce qu'il s'entête à faire la conversation? Pourquoi s'imagine-t-il que complimenter mon long manteau cintré — qui, soit dit en passant, le mérite largement — me donne envie de discuter avec lui? C'est sa faute si je n'ai dormi que quatre heures la nuit dernière.

—Tu as passé un bon week-end?

J'ai beau l'ignorer, je sens qu'il ne me quitte pas des yeux.

—Oh, mauvais week-end, alors? insiste-t-il. Qu'est-ce qui s'est passé?

Ma réticence à engager le dialogue avec lui ne semble pas le décontenancer. Au contraire, il s'en amuse.

—Ah, je sais. Tu as oublié d'enregistrer ton documentaire sur National Geographic, c'est ça? Non, ne me dis pas, je vais trouver... Tu as perdu une chaussette? Oh, non, quelqu'un a fait un trou dans ton tricot?

Mon « tricot » ? Mais il me donne quel âge ? Je lui jette un regard meurtrier.

— Tu m'en veux, non ?

Je rends les armes.

— En l'occurrence, oui. Tu es conscient que les cloisons de nos chambres sont fines. Il a fallu que j'endure les bruits que tu as faits avec la malheureuse qui a accepté de rentrer avec toi hier soir.

Il affiche un large sourire.

— C'était Cassie. Pour ma défense, moi non plus, je n'avais jamais entendu quelqu'un brailler comme ça.

Je fronce les sourcils et continue à regarder les portes de l'ascenseur, les suppliant silencieusement de s'ouvrir.

— Essaie d'avoir un peu de respect, c'est tout ce que je demande. Comme tes colocataires – ces filles y parviennent très bien.

En vain, j'appuie de nouveau sur le bouton. Deux fois.

— Elles travaillent de nuit dans un hôpital et dorment pendant la journée ; parfois j'ai l'impression de vivre avec des vampires, au lieu d'infirmières. Entre nous, je pensais qu'elles seraient beaucoup plus marrantes.

— Oh, pauvre chéri. Comment osent-elles ne pas être à la hauteur du stéréotype ? C'est tellement injuste pour toi.

Il baisse les yeux.

— Tu as raison. Je suis désolé. Je suis un être humain atroce, qu'on devrait... Attends une seconde – si les cloisons sont aussi fines que ça, comment se fait-il que je ne t'entende jamais ?

— Parce que, contrairement à toi, je ne...

— Couche avec personne ? glousse-t-il.

— Quoi ? Ce ne sont pas tes affaires !

Ce type n'est pas croyable. Il n'a pas quelqu'un d'autre à enquiquiner ?

— Peut-être que les Écossaises coincées n'aiment pas le sexe ?

Je tourne aussitôt la tête vers lui.

— Je ne suis pas coincée ! Il se trouve seulement que j'ai du respect pour mon voisinage, rétorqué-je, omettant le fait que Robert n'a jamais passé la nuit chez moi.

On couche toujours ensemble chez lui.

Les portes s'ouvrent enfin, et même si je suis tentée d'attendre le prochain ascenseur, je risque de manquer mon métro. Nous entrons dans l'ascenseur, et un silence gênant s'installe. Le calme ne dure pas bien longtemps.

— Tu as teint tes cheveux ? Ils ont l'air plus foncés que la semaine dernière.

— Veux-tu bien arrêter de faire des commentaires sur mon apparence ? grondé-je, en balançant ma chevelure fraîchement colorée derrière mes épaules.

L'emballage indiquait «brun moka», mais le résultat est plus proche du chocolat noir.

— Ça n'est pas ton problème, ajouté-je. Regarde ailleurs... Et autre chose...

Mon coup de gueule est interrompu lorsqu'un homme avec une veste de camouflage et un casque sur les oreilles entre et appuie sur le bouton déjà allumé du rez-de-chaussée.

Quelques secondes plus tard, les portes s'ouvrent, et l'homme en tenue de camouflage sort en premier. Alors que je m'apprête à faire de même, Evan se penche pour me murmurer à l'oreille :

— Et le titre de la plus guindée est décerné à…, souffle-t-il avant de bondir en avant, me laissant seule dans l'ascenseur, déjà en train de lui faire deux doigts d'honneur et de m'écrier « Va te faire foutre ! » pendant que Trevor, le concierge, observe la scène d'un œil amusé.

Tous les matins, mon trajet de Liverpool Street à East Acton me prend environ trente-deux minutes en métro contre cinquante minutes en bus, et me dispense des inévitables bouchons, des goulots d'étranglement et autres contrariétés de la route, sans parler des petits malins en Audi et des cyclistes que je devrais affronter si je prenais le volant. Je trouve bien plus supportable de rester debout en fuyant le moindre contact visuel, tout en surveillant discrètement les gens qui pourraient libérer leur siège, et ainsi me laisser mettre en pratique une technique que je me plais à appeler : « Bas les pattes, cette place est à moi ! »

Toujours fatiguée et à bout de nerfs à cause d'Evan, je fourre mes écouteurs dans mes oreilles et mets mon Iphone en lecture aléatoire, espérant que la musique des Chvrches va me donner le coup de peps dont j'ai cruellement besoin. Tandis que les portes se referment, une jeune femme vêtue d'un trench-coat camel qui fait très années 1980 se précipite dans la rame juste à côté de moi. Le train repart, et je l'examine du coin de l'œil, m'efforçant de compter les mèches de cheveux qui sont collées à son gloss rose. Je compatis à sa douleur. J'ai moi-même arrêté d'en porter depuis des années pour cette raison précise, même si ma mère préfère croire que ce choix était dû à ses jérémiades incessantes, dans le goût de : « Personne ne t'embrassera jamais si tu mets cette saleté gluante sur ta bouche ! »

J'arrive à East Acton et n'ai plus qu'à longer des maisons en briques rouges pendant dix minutes pour arriver au collège Aston Park, l'établissement où je travaille depuis treize ans. De l'extérieur, la vieille brique marron donne une allure sinistre à la bâtisse, et l'intérieur n'est guère mieux. Elle se compose de trois étages de salles de classe, agrémentées de balcons en bois marron foncé qui donnent sur le hall de rassemblement et la cafétéria, qui, j'en mettrais ma main au feu, ressemble à celle de la prison d'à côté. On nous a promis de légers travaux de rénovation pendant les vacances de Noël, qui se cantonneront sans doute à une couche de peinture blanche et la pose de stores enfin fonctionnels dans les salles. Mais on parle aussi de mettre la clé sous la porte depuis un moment. Encore une raison pour laquelle je trouve l'offre d'emploi à Newton Mearns alléchante.

Je fais semblant de ne pas remarquer Paige et Charlotte qui fument près de l'entrée, parce que je suis trop fatiguée pour engager une conversation avec des filles qui insistent pour terminer toutes leurs phrases par « quoi ». Au lieu de ça, je traverse le parking pour rejoindre les portes principales. Il me reste vingt-cinq minutes avant mon premier cours, et mon deuxième café de la journée m'attend en salle des profs. Je me demande si Alice a réussi à décoller ses lèvres de Toby pour arriver en avance. En passant devant le bureau, je lance un «Bonjour» à Lizzie, une des directrices pédagogiques, qui essaie de me vendre des cosmétiques à la moindre occasion. Alors que j'atteins la porte de la salle de pause, mon téléphone sonne. C'est ma sœur, Iona. Je sais qu'elle appelle parce que maman lui a parlé de Robert, et qu'elle a déjà un million de questions à me poser, mais il faudra qu'elle prenne son mal en patience. *Personne ne s'interpose entre mon café et moi.*

Chapitre 3

—UN PEU DE CALME, TOUT LE MONDE. PAMELA, VA À ta place et range ton téléphone.

Mes élèves de sixième sont agités aujourd'hui. Les vacances de Noël sont dans dix jours, mais de toute évidence, ils ont déjà décidé de tout envoyer promener. La moitié d'entre eux discutent toujours lorsque je sors une pile d'examens blancs à corriger et la pose à côté du faux sapin de Noël miniature au coin de mon bureau. En général, je ne m'embête pas à décorer, mais c'était une tentative pour rendre la salle de classe festive, tout comme les cinq guirlandes argentées que j'ai scotchées au-dessus du tableau blanc et d'une couronne qui, jusqu'à récemment, était accrochée à la porte, mais a sans doute été chipée par cette maudite Pauline Leeland. Il y a six cent quarante-cinq élèves au collège d'Acton Park, et à elle seule, Pauline met plus de pagaille que les six cent quarante-quatre autres réunis.

Tandis que mon ordinateur portable s'allume, je m'assieds au bord de mon bureau et fais taire les derniers chuchotis.

— Bon, comme nous avons parlé de *La Tragique Histoire du docteur Faust* ce trimestre, nous allons regarder l'adaptation cinématographique ce matin…

Un vague grondement s'élève, sans doute parce que je les force à voir quelque chose qui n'a été créé ni par Marvel, ni par Adam Sandler.

— Je vais aussi vous demander de travailler en groupes pour faire une analyse comparée avec la pièce originale.

Un autre grondement. Des mines exaspérées. Le bruit de quelqu'un en train de manger discrètement des chips.

— Et si vous arrêtez de faire vos têtes de cochon, je vous apporterai du pop-corn et un programme modérément inapproprié la semaine prochaine.

Là, j'ai capté leur attention.

— Comme quoi, mademoiselle ? *Cinquante Nuances de Grey* ? s'écrie Kevin du fond de la classe, tout fier d'avoir fait une allusion vaguement sexuelle.

— J'ai dit « inapproprié », Kevin, pas nul. Non, je pense plutôt à quelque chose qui contient juste assez de gros mots et de violence pour m'attirer des ennuis avec vos parents. C'est d'accord ?

Les grondements cèdent la place à des gloussements approbateurs, donc je cherche le film en ligne pendant qu'à contrecœur, ils s'installent pour regarder Elizabeth Taylor et Richard Burton massacrer une pièce excellente. Il n'est pas nécessaire qu'ils le voient, mais j'ai bien l'intention de noter autant de copies que possible dans la journée pour pouvoir profiter de mon rendez-vous avec Robert.

Au bout de trente minutes de film, mon sac commence à vibrer. Je vérifie mon téléphone et y trouve un message d'Iona – « Tu as un mec ??! » – ainsi qu'un appel manqué de Kara, mon amie la plus proche et fraîchement mariée. C'est la dernière de mes camarades d'enfance à se caser et, bien entendu, quand ma mère l'a appris, elle était loin de s'en réjouir.

« Je viens de croiser Maureen Bastami au centre commercial. Pourquoi tu ne m'as pas dit que Kara allait se marier ?

— Je ne sais pas, maman... Sans doute à cause de la conversation que nous nous apprêtons à avoir ?

— Et en plus, elle épouse John Lyon, le chirurgien plastique. Comment se fait-il que tu sois encore célibataire, alors que cette gamine au monosourcil avec qui tu allais à l'école finit avec un millionnaire ? Maureen m'a demandé si tu étais mariée, et je n'ai pas su quoi répondre !

— Eh bien, « non » me paraît une réponse adéquate. Kara est belle, drôle et gentille – voilà pourquoi elle se marie. Ses sourcils d'adolescente n'ont rien à faire dans l'équation. D'autant qu'elle a de l'argent et...

— Peut-être que John Lyon a un copain ? Ce qu'il faut que tu fasses...

— Oh, non, je raccroche maintenant, maman. »

La vie près des côtes écossaises n'était pas particulièrement trépidante, donc quand Kara, d'origine iranienne, a emménagé à Sheffield et a intégré notre école primaire en CE1, je trouvais que c'était la fille la plus belle et la plus intéressante que j'avais jamais vue, et j'avais volontairement assis mon derrière blafard à côté du sien à la cantine. Son père, un pharmacien, et sa mère, une grande pâtissière, étaient des parents convenables et attentifs, contrairement aux miens, qui organisaient des fêtes impromptues le mercredi soir et dansaient pieds nus dans le jardin. Dès treize ans, elle savait déjà qui elle était et ce qu'elle voulait dans la vie, alors que je n'arrivais pas à décider de ce que j'allais prendre au déjeuner. Mais malgré nos différences, nous sommes devenues quasi inséparables, au point de fréquenter la même université, où elle a fait des études de dentiste, et moi, j'ai suivi une formation d'enseignante. L'année où j'ai emménagé à Londres, elle s'est envolée pour Dallas pour se spécialiser en dentisterie cosmétique, et à l'occasion d'une conférence, elle a rencontré John Lyon, pur produit du Kent, et en est tombée follement amoureuse. J'étais ravie quand elle l'a suivi à Londres, parce que habiter un endroit où sa meilleure amie n'est pas, ça craint.

Je réponds rapidement à Kara et Iona que je les rappellerai plus tard, avant de me replonger dans mes copies, bercée par le bruit que fait Kevin Cole, qui n'arrête pas de renifler et de se moucher. En parcourant ces devoirs, je me sens emplie de fierté. La majorité de mes élèves se sont vraiment appliqués ce trimestre, et ça se voit. J'ai travaillé dur, et eux aussi. Je n'ai peut-être pas le boulot le mieux payé ni le plus glamour qui soit, mais je n'en changerais pour rien au monde.

À l'heure du déjeuner, je repère Alice dans le salon réservé aux professeurs. Elle a l'air épuisée et sirote une énorme tasse de thé. Elle est vêtue d'un jean skinny et d'un tee-shirt affichant le visage de Minnie Driver, sous le cardigan noir miteux qu'elle porte au collège pendant l'hiver, qui, selon Alice, correspond à n'importe quel jour où la température est inférieure à 25 °C.

En arrivant ce matin, j'ai remarqué quelques décorations de bon goût, mais il semble évident qu'un véritable maniaque de Noël se cache parmi nous.

—Ça va? demande Alice en me faisant signe de venir m'asseoir à côté d'elle avant que le chef du département d'histoire, Kenneth Dawson, occupe la place et la force à entamer une conversation polie, mais ô combien pénible.

Je m'empresse de m'installer et le vois bifurquer vers la table près de la fenêtre.

—Tu me sauves la vie, murmure-t-elle. Il a mangé des sandwichs œufs crudités. Hors de question qu'il se mette à côté de moi. Tu ne manges pas?

—Non, je n'ai pas très faim. En plus, je dîne avec Robert ce soir. J'ai bien l'intention de me remplir la panse.

—Bonne idée, acquiesce-t-elle. J'ai rendez-vous avec des amis pour boire un verre, donc je préfère me tapisser l'estomac de biscuits.

—C'est ton œuvre? m'enquiers-je en balayant la pièce du regard. Je suppose que c'est à ça que ressemblerait la maison de Liberace pendant les fêtes, si Liberace perdait soudain la boule et jetait des guirlandes n'importe comment sur les murs, jusqu'à l'intervention de la police.

—Très drôle. Cet endroit avait besoin d'un peu de couleur, et nous avions plein de décorations à disposition dans le placard à fournitures. Je sais à quel point tu détestes Noël, donc je m'en tiens au strict minimum à la maison, mais ici, tu n'as aucune emprise sur moi. Ici, je peux t'assurer que ça va être festif comme jamais.

Je me penche pour attraper la bouilloire fumante et me prépare ma troisième tasse de café de la journée, en piochant dans l'énorme boîte de conserve remplie de l'horreur lyophilisée qui nous coûte à tous 1 livre par semaine. Enfin, tous sauf Kenneth, qui a son propre paquet de Carte Noire dans la poche de sa veste, et ne le partage pas.

— Ce n'est pas que je déteste Noël, rétorqué-je en m'asseyant prudemment avec ma tasse brûlante. Seulement, ma famille en fait toujours des tonnes, à tous les niveaux. La plupart des gens célèbrent le réveillon et le 25, mais chez nous, les festivités durent quatre jours. On arrive le 24 et on repart le 28.

Alice manque de s'étouffer avec son thé.

— « Quatre jours » ? Mais qu'est-ce que vous foutez pendant quatre jours ?

— On survit, expliqué-je. Enfin, on boit, on mange, on s'échange des cadeaux atroces, on discute, et à un moment donné, quelqu'un fond en larmes. Oh, et le surlendemain de Noël, mes parents invitent leurs amis, donc en général, on danse, on tombe, on se plaint et on dédie au moins neuf heures à détailler les raisons pour lesquelles je ne suis pas mariée.

Alice sourit.

—Pour être franche, je trouve ça plutôt ordinaire. Excessif, peut-être – mais ordinaire. Chez moi, d'habitude, on va tous à la plage. Je préfère largement être ici. J'aime bien passer Noël sous la neige.

—Ma famille n'a rien d'ordinaire, répliqué-je en secouant la tête. On est tous aussi fracassés les uns que les autres... et cette année, mes parents veulent que j'emmène Robert.

Alice cesse aussitôt de boire.

—Oh, vraiment...? Et est-ce que Rabbie a envie de venir?

—C'est Robert...

—Je sais, je perfectionne juste mon accent écossais.

—Tu parles avec la voix de Shrek, et Shrek n'a pas l'accent écossais. Quoi qu'il en soit, je vais lui poser la question ce soir. Tu penses qu'il dira «oui»?

—Il est assez... enfin... réservé, répond-elle avec diplomatie. Peut-être qu'une réunion de famille pendant quatre jours, ça fait un peu beaucoup pour quelqu'un qui ne les a jamais rencontrés?

Je hoche la tête.

—Oh, je suis bien d'accord, mais un refus ne les arrêtera pas. D'autant qu'ils savent qu'il existe maintenant. Si je ne l'emmène pas, il passera pour un nul. Ils vont m'en rebattre les oreilles.

—Et si tu n'y allais pas? Tu pourrais rester ici?

—C'est pire, insisté-je. Les seules excuses valables pour manquer un Noël chez les Carson sont: un décès, un emprisonnement, ou peut-être une prise d'otages. Je te l'ai dit – ils ne sont pas normaux.

— Robert ne compte pas aller voir ses parents ? demande-t-elle.

— Si. J'espère seulement qu'ils sont plus raisonnables que les miens. Enfin bref, qu'est-ce que tu as prévu ? Quelque chose de sympa ?

— Pas de venir chez toi, en tout cas, glousse-t-elle. J'aimerais bien passer Noël en Australie, mais je ne peux pas me permettre de rentrer cette année. Je crois que notre voisin organise une fête. Je vais peut-être y aller.

— Qui ? Evan ? J'ai failli le frapper ce matin. Quel sale petit con arrogant. Il m'a traitée de coincée.

— Je ne dirais pas que tu es coincée, réplique Alice, en laissant glisser son doigt jusqu'au milieu de son second KitKat. Ennuyeuse, peut-être…

— Quoi ?!

— Maintenant que j'y pense, « ennuyeuse » n'est pas le bon mot non plus. Comment dire… tu es seulement moins insouciante qu'avant. Tu es plus sérieuse.

— Je suis exactement la même ! Non ?

Elle décroise les jambes et se tourne vers moi.

— Bon, tu te souviens de la fois où tu as confisqué un joint à Gary Morris, qu'on a fumé dans ma salle de classe en regardant des vidéos de chats qui attaquent des enfants sur YouTube ?

— Oui.

— Ou quand tu as rompu avec Tomas, et que tu as construit un fort en polochons dans ta chambre et passé les deux jours suivants à boire des shots de vodka en chantant du Whitney Houston?

— Tout va toujours beaucoup mieux dans un fort.

— Ou encore quand Toby a emménagé, et que tu as invité tout l'immeuble à pendre la crémaillère?

Je ricane.

— Je n'arrive pas à croire qu'autant de gens soient venus.

Elle hoche la tête.

— Mais ces derniers temps, tu es plutôt du genre «Je devrais vraiment ouvrir un plan épargne-logement», ou «Je fais un marathon ce week-end», et «Non, tu ne peux pas m'emprunter mon iPad…»

— Donc je suis ennuyeuse parce que je refuse de te prêter mon iPad?

— Eh bien, c'est un facteur qui pèse dans la balance.

Je jette un coup d'œil à l'horloge sur le mur; la pause-déjeuner est presque terminée, tout comme cette conversation.

— Si ça peut te rassurer, je ne laisserais pas non plus Toby emprunter mon iPad, plaidé-je.

— Logique – je ne confierais même pas un crayon à Toby.

— Et, certes, je suis «peut-être» un brin plus sensée; ça ne me rend pas ennuyeuse ni coincée pour autant.

— Même Evan a l'air de le penser, rétorque-t-elle en roulant l'emballage de son biscuit en boule.

— Eh bien, Evan est un crétin.

— Je crois me rappeler que ton point de vue était légèrement différent quand il a emménagé, fait remarquer

Alice en affichant un sourire narquois. Il me semble même que tu lui avais donné un surnom – mince, c'était quoi déjà ? Ah oui, « le joli petit lot ».

C'est la vérité. Le jour où Evan est arrivé dans l'immeuble, je l'ai aidé à monter un carton chez lui, et tandis qu'il me remerciait du coup de main, je remerciais le ciel que des hommes pareils existent.

Je hausse les épaules.

— Je ne peux pas être tenue pour responsable pour mes hormones. En plus, c'était avant qu'il ne me pourrisse la vie.

Elle acquiesce d'un mouvement de tête.

— Il est sexy, cela dit. Je ne dirais pas « non ».

— Plus sexy que Toby ?

— Quoi ?! Bien sûr, répond-elle, visiblement choquée. Toby est un idiot de hipster. Même pas séduisant de loin.

La sonnerie retentit, mettant enfin un terme à ma discussion avec Alice qui est maintenant rouge de honte.

— On en reparlera plus tard, lancé-je en allant déposer ma tasse dans l'évier. Ne vous faites pas d'illusions tous les deux, je ne suis pas dupe.

— Qu'est-ce que ça signifie, au juste ? Arrête avec tes sous-entendus.

— Ça signifie que je ne suis pas bête. Vous formez un joli couple, mais par pitié, abstenez-vous de faire ça dans mon lit en mon absence.

— Eh bien, il était grand temps que quelqu'un fasse « ça » dans ton lit, Emily..., ajoute-t-elle à voix basse, tandis que je me dirige vers la porte.

43

—J'ai entendu.

Elle rit en refermant la porte derrière moi. *Bon sang! Suis-je donc la seule à ne pas m'inquiéter du fait qu'il n'y ait pas plus d'action dans ma chambre?* D'ailleurs, que Robert ne passe pas la nuit chez moi n'est pas une mauvaise chose. Il aime parler pendant l'amour, et la dernière chose dont j'aie besoin, c'est qu'Alice, Toby, ou pire encore, Evan l'entende. Même moi, je m'en passerais volontiers.

Je finis à 17 heures et retourne vers la station de métro avec Alice. Il fait assez froid pour qu'il neige, mais nous devons nous contenter de trottoirs couverts de givre et de rafales de vent glacé. Le ciel est déjà sombre, toutefois les rues tranquilles sont bien éclairées et si quelqu'un de malintentionné s'avisait de nous prendre pour une cible facile, je me rassure en me disant que je cours plus vite qu'Alice.

Elle descend à Notting Hill Gate pour rejoindre ses amis, et me souhaite «bon courage» pour mon rendez-vous avec Robert. Elle pense qu'il refusera. Elle croit que, pour lui, un Noël réussi consiste à congédier ses domestiques et lire un bon livre au coin du feu, s'interrompant de temps à autre pour admirer le nouveau pyjama en soie qu'il porte déjà à 20 heures. Quand elle le surnomme «Downton Rabbie», je ris plus que je ne devrais. Certes, il est un peu vieux jeu, mais je suis quasiment certaine qu'il fera l'effort de chambouler ses projets pour moi. Après tout, je suis sa petite amie.

Toby n'est pas à l'appartement quand j'arrive, donc je commence à me déshabiller dans le couloir, consciente que je ne dispose que de quarante-cinq minutes avant que Robert ne passe me prendre, donc la moindre seconde compte. Comme j'ai l'intention de reproduire le chignon de Gemma Arterton que j'ai vu dans *Grazia* la semaine dernière, je ne vais pas me laver les cheveux. Toutefois, Toby m'a encore volé ma serviette, donc je me vois contrainte de les enrubanner dans un sac plastique. Polyvalente, je passe sous la douche, me brosse les dents avec ma main gauche et me rase les jambes avec la droite, entaillant ma cheville au passage, puis sors de la douche et me badigeonne le corps de lotion hydratante, qui, avec un peu de chance, séchera pendant que je me maquille. Pour Robert, «être en retard est un cauchemar», et un jour, quand on sera mariés, je lui dirai à quel point cette formule est débile.

Je viens d'appliquer ma seconde couche de mascara quand j'entends la sonnette. 18 h 55 – en avance, comme je l'avais prévu, mais je suis fin prête. D'une voix enjouée, je lui annonce que je descends et m'examine une dernière fois dans le miroir. Je me trouve séduisante : élégante, mais suffisamment sexy pour le faire céder à tous mes caprices.

Une fois dans le couloir, j'emprunte à contrecœur l'ascenseur de gauche, vu que je ne veux pas faire attendre Robert, et que celui de droite ne risque pas de s'arrêter à mon étage de sitôt. J'ai mon flacon de *Very Irrésistible* de Givenchy dans mon sac à main, et je m'en asperge volontairement en entrant dans l'ascenseur, tout en priant pour que la descente jusqu'au rez-de-chaussée soit rapide. Lorsque les portes s'ouvrent, j'aperçois Robert, de dos, en train de discuter avec le concierge. *Dieu soit loué, il ne se retourne pas assez vite pour me voir trébucher sans raison.* De toute évidence, Trevor m'a surprise, en revanche, vu qu'il affiche un sourire en coin. *Le bougre a des yeux partout.*

—Bonsoir, Robert. Tu es prêt à y aller? demandé-je en posant la main sur son épaule.

Il se retourne et m'embrasse sur la joue.

—Oui, je meurs de faim. Tu es magnifique!

—Oh, ce vieux truc? répliqué-je en baissant les yeux sur ma robe. Il prend la poussière depuis un moment. J'avais même oublié que je l'avais.

Quelle sale menteuse. Cette robe flambant neuve était suspendue dans une housse depuis que je l'ai achetée. Je la regarde tous les jours, peut-être même que je l'ai embrassée une fois. Quand on économise un mois pour s'offrir une tenue, cette tenue représente « tout ».

—C'est pour toi, annonce-t-il en me tendant un bouquet de roses.

Je souris jusqu'aux oreilles. Robert trouve que les fleurs sont une perte d'argent, mais il sait à quel point je les aime.

—Elles sont parfaites, répliqué-je en reniflant leur parfum. Trevor, pourriez-vous me les garder jusqu'à mon retour?

Trevor hoche la tête et emporte les roses dans sa loge, tandis que je prends Robert par le bras pour sortir.

Nous grimpons dans sa Mercedes et entamons notre trajet jusqu'au restaurant. Il écoute le groupe Nickelback et, pour une raison qui m'échappe, il semble croire qu'il est acceptable de laisser la musique allumée quand d'autres passagers sont dans la voiture. Je laisse couler, vu que j'ai des choses bien plus importantes à l'esprit. *Mais Nickelback. Vraiment?*

— Ton week-end a été productif? m'enquiers-je sur un ton guilleret, pour lui montrer que je ne boude plus. Je t'ai envoyé plusieurs messages. Tu ne les as pas reçus?

— J'ai bien peur que non, répond-il. La réception n'était pas terrible. Le travail, c'est le travail, tu sais – les bêtises habituelles. Je ne vais pas t'ennuyer avec ça. Et toi? Tu as passé un bon week-end?

— Très bon, assuré-je avant de me racler la gorge. En fait, j'ai reçu un coup de fil intéressant de ma mère. Enfin, quand je dis intéressant, c'était plus stressant que…

— On est arrivés.

Je regarde par la fenêtre. Nous sommes garés en face du restaurant récemment ouvert appelé le *Durand's*, nommé d'après la chef française Chloé Durand, réputée pour sa longue liste de clients célèbres et son petit ami, Hugo, un pilote de course tout aussi connu.

— C'était du rapide! On aurait pu marcher! m'exclamé-je en détachant ma ceinture de sécurité.

Robert coupe le contact et se tourne vers moi.

— Je n'ai pas acheté cette voiture pour marcher, chérie. Qu'est-ce que tu disais, déjà?

— Quoi?

— Ton coup de fil?

— Oh, c'était trois fois rien. Cet endroit a l'air charmant. On y va?

— Dans une petite seconde, répond-il avant de se pencher pour m'embrasser.

Les lèvres de Robert sont fines, et ses baisers sont délicats, presque courtois, comme ceux qu'on voit dans les films des années 1950, avant qu'un personnage vêtu d'un superbe chapeau n'embarque dans un train.

— Allons-y, dit-il quelques secondes plus tard en me pinçant le genou. Je ne veux pas être en retard.

Ça me serait bien égal à moi, d'être en retard. On vient juste de m'embrasser, et manger est devenu le cadet de mes soucis. J'ai envie de zapper le dîner pour qu'il m'emmène droit dans son lit, ou au moins, qu'il me jette sur la banquette arrière, mais il a déjà ouvert sa portière, et un gros courant d'air frais vient de s'engouffrer sous ma jupe et de freiner mes ardeurs.

Je mets mon châle autour de mes épaules pendant que nous traversons la route, fonçant droit sur une foule d'employés de bureau déchaînés, qui sont à un verre près de se faire embarquer par la police. Robert marmonne quelque chose sur les «fichues soirées de Noël», tandis que nous nous frayons un chemin dans la masse d'ivrognes pour pénétrer dans l'atmosphère accueillante du *Durand's*.

Une serveuse nous installe au centre du joli restaurant bondé. Les tables sont recouvertes de nappes blanches, avec de petits centres de table composés de houx et des couverts en argent. Un sapin de Noël, décoré avec goût en doré et blanc, se dresse dans un coin. Robert commande de l'eau, puis ouvre la carte des vins.

— Que dirais-tu d'un petit chardonnay? propose-t-il en tournant la page. Ça te va?

— Oui, mais si tu prends le volant, inutile de commander une bouteille. Je peux me contenter d'un verre.

Je parcours le menu des yeux, m'efforçant d'éviter toute mention d'escargots ou de grenouilles.

— Peu importe. Vic, du bureau, va passer prendre la voiture d'ici peu. Il la rentrera pour moi. Prenons une bouteille de chablis. Je pense que ça ira bien avec la truite.

En général, lorsque je dois choisir du vin, mon esprit chemine comme suit:

Est-ce qu'il est en promotion?

Quel est son degré d'alcool?

Et merde – autant en commander deux différents.

— Tout me va, répliqué-je, soulagée qu'il ait envie de boire et que, par conséquent, j'aie plus de chances de le faire accéder à ma requête.

Robert demande le vin et s'excuse avant d'aller aux toilettes, pendant que je continue à feuilleter le menu, arrêtant mon choix sur le jambon braisé aux truffes, mais quelque peu déçue que l'établissement ne propose pas de croque-monsieur. Je pourrais en manger toute la journée. Parfois, je me sens désolée pour les chefs de cuisine. Ils passent des heures à créer des cartes et des plats élaborés, avec une pléthore d'ingrédients bizarres, pour voir arriver des gens comme moi qui crèvent d'envie de ce qui n'est en somme qu'un toast au fromage fondu.

Quand Robert revient à la table, je remarque que son costume, sa chemise et son visage ne présentent pas le moindre pli, même s'il vient de sortir du travail. Il est frais comme un gardon et très séduisant. Je m'imagine facilement vieillir auprès de lui, voire avoir des enfants. Il sait exactement ce qu'il veut dans la vie, et c'est grisant. Il y a beaucoup à dire sur les hommes mûrs. Certes, les jeunots, comme Evan, sont plutôt agréables à regarder, avec leurs cheveux blonds, leurs yeux bleus et leurs muscles saillants, mais Robert est beau d'une façon ingénieuse, soignée, un peu comme James Bond, et...

— Emily ?

— Oui ?

— Je t'ai demandé si tu étais prête à commander ? Tu étais complètement dans la lune. Tout va bien ?

Je n'ai pas entendu un seul mot.

— Désolée. J'ai eu une longue journée, c'est tout. Oui, je vais prendre le James Bond, merci.

— Le James Bond ?

— Jambon ! Le jambon.

Il rappelle la serveuse pour qu'elle prenne la commande, et je souris poliment, tout en m'imaginant envoyer ce fichu Evan Grant au fin fond de l'océan.

Une heure et onze minutes plus tard, nous sommes en pleine conversation. Nous avons discuté de mon travail, du sien, de la fois où il a fait de la plongée à Tahiti et où son ex-petite amie s'est mise à pleurer en s'approchant trop près d'un poisson, et du fait que le type à côté ressemble beaucoup à Benedict Cumberbatch, acteur que j'adore, mais que Robert trouve surfait. Nous avons demandé une seconde bouteille de vin et nous sommes fait du pied sous la table, donc je me sens un peu pompette et enfin prête à aborder le sujet épineux.

— Booon, c'est que Noël approche à grands pas, hein !

Peut-être un peu trop pompette. Et apparemment, je parle comme un pirate.

— Je veux dire, c'est pour bientôt, rectifié-je. Très bientôt, même.

— Je sais, réplique-t-il en alignant ses couverts. On s'offre des cadeaux, cette année ?

— « Cette année » ? Eh bien, c'est notre première année ensemble, donc j'espère bien.

« On s'offre des cadeaux » ? C'est quoi, cette question ? Je me sens un peu blessée. Je lui ai déjà acheté une chemise noire Armani, qui m'a mise directement à découvert, vu que je m'étais déjà ruinée pour la robe de ce soir.

— Oh, bien entendu. Désolé. Ne fais pas attention – j'avais l'esprit ailleurs. Je t'en prie, continue.

— Donc…, poursuis-je, cherchant désespérément un moyen d'entrer dans le vif du sujet. Est-ce que vous organisez une soirée de Noël au travail ? J'adorerais rencontrer tes collègues !

— C'était la semaine dernière, répond-il. Mais inutile de bouder, c'était seulement un bon repas réservé au personnel. De toute façon, mes collègues sont tous rasoirs.

Ohh. Robert ne résiste pas à ma moue boudeuse ; il ne supporte pas de me voir malheureuse.

— Peut-être bien, mais j'aimerais au moins rencontrer l'un d'entre eux, insisté-je d'une petite voix. Tu te rends compte qu'au bout de huit mois, je ne connais toujours pas tes amis ni tes collègues.

— Tu as croisé Geoff, proteste-t-il aussitôt. Rappelle-toi. On l'a vu à l'*Ivy*.

— Le type que tu as salué de la main quand on partait ?! Ça ne compte pas. Nous sommes un couple, Robert. On devrait faire des trucs de couple… avec d'autres gens…

— Comme quoi ? interroge-t-il. Qu'est-ce que ton joli petit cœur désire ?

— Oh, je ne sais pas trop – dîner avec des amis, ou déjeuner, ou…

Il hoche la tête.

— Eh bien, on devrait pouvoir organiser quelque ch…

— Ou passer Noël avec ma famille ?

— Je te demande pardon ?

— On pourrait passer Noël avec ma famille – sur la côte écossaise.

Il me regarde comme si je parlais une langue étrangère, mais je continue sur ma lancée :

— Quatre jours de détente en Écosse ? Qu'est-ce que t'en dis ?

Il pose son verre de vin et sourit, mais il a l'air mal à l'aise, et je sens ma gorge se nouer. Enfin, il ouvre la bouche.

— Je ne pense pas pouvoir. Je vais travailler pour le réveillon, et ensuite je serai…

— Dans ce cas, je t'attendrai et on partira après le travail. Je conduirai, ainsi, tu pourras te reposer.

— Il y a trop de choses en suspens en ce moment et…

— Cela signifierait tellement pour mes proches que tu sois présent – ils adoreraient te rencontrer !

Je ne compte pas lâcher le morceau cette fois. Bon sang, je suis le portrait craché de ma mère !

— Et on pourra rendre visite à tes parents en rentrant, ajouté-je.

Je réprime ma folle envie de l'empoigner par le col et de lui expliquer que je n'ai pas passé un seul Noël depuis trois ans où l'on ne m'a pas considérée comme le vilain petit canard, et qu'il pourrait mettre fin à mon calvaire en me rendant ce petit service.

Après un bref silence, durant lequel il garde les yeux rivés sur ma chaussure droite, il reprend la parole :

— Bien sûr. Pourquoi pas ? Si ça te fait plaisir, alors allons passer les fêtes en Écosse.

Je pousse un petit cri de joie et l'embrasse fougueusement sur la bouche pour l'empêcher de se rétracter.

— Oh, merci ! On va tellement s'amuser !

Il hoche la tête et reprend une gorgée de vin. Je vois bien qu'il doute autant que moi de ma dernière assertion.

— Ma famille est un peu à part, mais quelle famille ne l'est pas ? Les miens sont gentils, vraiment. Plus excentriques que bizarres…

Je devrais vraiment la boucler, avant de nous dissuader tous les deux d'y aller.

Robert fait un signe au serveur.

— Demandons l'addition.

Aïe, trop tard – il cherche une échappatoire.

— Oh, d'accord. Tu ne veux pas de dessert ? demandé-je. Parce que j'ai repéré de la glace à la lavande au menu, et on pourrait réfléchir à…

— Je n'ai pas envie de glace, Emily, m'interrompt-il en glissant discrètement sa main sous la table. Je souffre d'un tout autre appétit.

Je sens sa main remonter le long de ma cuisse. *Soit il est très excité, soit il est terriblement impatient de changer de sujet. Les deux cas me conviennent tout à fait.*

— Je vais récupérer nos manteaux.

À l'extérieur, nous prenons un taxi qui nous conduit jusque chez Robert à Vauxhall, et nous nous pelotons comme des ados sur la banquette arrière : mains baladeuses, gestes empressés, et pas la moindre considération pour le chauffeur contrarié qui a sans doute vu bien pire. Dès que nous refermons la porte de chez lui, les lèvres de Robert ne quittent plus les miennes, même quand nous nous dirigeons vers la chambre. Nous nous embrassons dans le petit couloir avec son mur en fausses briques et son portemanteau en fer forgé, puis dans le salon avec sa cheminée électrique et son énorme écran plat, pour enfin trébucher dans la chambre blanche immaculée avec son lit *queen size* et ses baies vitrées donnant sur la Tamise – vue qui ne manque jamais de m'enchanter.

— Je t'adore, murmure-t-il, la tête enfouie dans mon cou, tout en faufilant ses mains sous ma robe.

Je pose la main sur son entrejambe. Il pousse un grognement.

—Tu es mon petit lutin écossais, ajoute-t-il.

« Lutin » ? Je fais presque un mètre quatre-vingts.

—Il me paraît malavisé de comparer une personne écossaise à un «lutin», soufflé-je, surtout si elle a la main sur ton membre.

Il éclate de rire et me force à me retourner.

—Oh, quel tempérament de feu. Tu es d'humeur coquine, Emily?

Oh, mon Dieu – voilà qu'il commence à parler. Il est si merveilleux et si attentionné à d'autres niveaux, que je n'ai pas le cœur de lui avouer que je le trouve ridicule. Pas le cœur de conchier quelque chose qu'il semble adorer. Alors, au lieu de ça, je me contente de hocher la tête.

—Je sais que tu l'es, parce que ces chaussures rouges… Je sais pourquoi tu les as mises…

Parce que j'ai de l'allure avec, voilà pourquoi.

D'un geste rapide, il descend ma fermeture Éclair, et ma robe se retrouve par terre. *Oh, ma belle robe!* J'ai bien conscience que demander deux secondes pour la suspendre derrière la porte pourrait agir comme un tue-l'amour, donc je la pousse délicatement du pied, espérant qu'elle ne soit pas aspergée d'un quelconque fluide corporel. Robert déboutonne son pantalon tout en contemplant mes dessous – un ensemble Victoria's Secret rouge et noir orné de dentelle et d'un nœud à l'arrière. Il croit probablement que je m'habille toujours comme ça ; autant éviter de lui révéler que j'ai passé tout le début de la journée avec du poil aux pattes, et vêtue de vieux sous-vêtements dépareillés, de leggings et d'une tunique avec un trou mal recousu sous l'aisselle.

Je m'allonge sur le lit, m'appuyant sur mes coudes tandis qu'il retire le reste de ses vêtements, en marmonnant quelque chose quant au fait de me plier en deux, tout en luttant pour enlever ses chaussettes. Il ôte son caleçon blanc, et je constate aussitôt à quel point il est motivé, mais je n'ai pas le temps d'émettre le moindre commentaire. Il est déjà sur moi, en train de baisser ma culotte et d'insister pour que je garde mes chaussures, pour des raisons qui se retrouvent étouffées lorsque son visage disparaît entre mes cuisses.

J'ai couché avec Robert au moins une trentaine de fois depuis que nous avons commencé à nous fréquenter, et il n'y a que deux choses qui m'ennuient : la parlotte – *évidemment* – et le fait qu'il soit nul en préliminaires. Je lui ai pourtant expliqué qu'avec un membre aussi énorme, c'est ce qui fait toute la différence entre une partie de jambes en l'air géniale et un aller simple aux urgences, mais j'ai la nette impression que le message n'est pas passé. Peu importe, je ne compte pas laisser une chose aussi insignifiante qu'une lésion interne gâcher mon bonheur parfait, digne d'une lune de miel, avec cet homme séduisant et stable.

Il est 1 heure du matin quand j'appelle un taxi. J'aurais pu passer la nuit ici, mais c'est un soir de semaine et je ne veux pas qu'on me voie arriver au travail en robe de soirée et talons rouges, qui, Dieu soit loué, sont vernis et donc nettoyables. Robert est encore au lit, prêt à s'endormir, mais se tient éveillé jusqu'à mon départ. Je me brosse les cheveux près de la fenêtre, les yeux rivés sur la rivière sombre.

—Tu as tellement de chance d'avoir cette vue, fais-je remarquer. C'est ensorcelant.

—Je suis d'accord, acquiesce-t-il derrière moi. Ton cul n'est pas mal non plus.

—Arrête un peu! Je suis sérieuse! Ça me manque de ne pas avoir une belle vue. De mon appartement, je ne vois que de la circulation et des fenêtres encrassées. Tu sais, j'ai grandi entourée de champs, de collines et d'un ciel plein d'étoiles. Je ne crois pas que quoi que ce soit tienne la comparaison – pas même cette vue.

—Oh, foutaises. On est à Londres, glousse-t-il. Y a pas mieux. Nous avons l'architecture. Nous avons le glamour. Nous avons le siège du MI5. On peut voir l'endroit où vivent les espions.

Mon téléphone se met à sonner.

—C'est mon taxi. Tu verras, quand tu auras visité l'Écosse, tu comprendras ce que je veux dire. Tu vas adorer, j'en suis sûre.

Je me penche sur le lit et l'embrasse pour lui dire « au revoir ».

—J'en doute, rétorque-t-il en me gratifiant d'un clin d'œil. Il y a des *Écochais* partout.

—Un peu de respect! grondé-je en riant. Pourquoi personne n'arrive à imiter l'accent écossais comme il se doit?! ajouté-je avant de refermer la porte derrière moi.

L'immeuble de Robert est largement mieux que le mien, sur tous les points. D'une part, l'ascenseur arrive à la vitesse de la lumière et embaume le propre. D'autre part, il dispose d'un parking privé, ainsi que d'un concierge qui m'appelle « madame » et est assis derrière un comptoir somptueux, et non dans une loge minuscule qui ressemble à l'accueil des urgences et sent comme une vieille soupe au poulet. Je ne sais pas si cet appartement appartient à Robert ou à son entreprise, mais en tout cas, vu les tarifs en vigueur à Londres, il doit valoir scandaleusement cher. Pour le même loyer que celui que je paie en colocation, je pourrais avoir un prêt pour acheter une maison de trois chambres, avec jardin à l'avant et à l'arrière, et une allée privative à Newton Mearns. Non pas que j'aie fait des recherches.

Le sourire aux lèvres, je reprends mes roses à Trevor et monte à l'étage. J'entends vaguement le bruit de la télévision de Toby en entrant dans l'appartement. Les bottes de moto d'Alice traînent dans l'entrée, donc je présume qu'elle est déjà rentrée, contrairement à moi. Je referme la porte de ma chambre derrière moi, puis me déshabille et me jure de prendre une bonne douche demain matin, mais pour l'instant, je suis exténuée. Je mets mes fleurs dans l'eau, puis enfile un vieux tee-shirt, règle mon réveil et me glisse avec gratitude dans mon lit, avant de m'emmitoufler dans la couette.

Je ferme les yeux et me repasse les événements de la journée. En dépit des propos xénophobes malvenus de Robert sur la fin, c'était une journée géniale. Et surtout, il a accepté de venir avec moi pour Noël! J'ai gagné! Je ne me suis jamais sentie aussi heureuse de ma... *Qu'est-ce que c'est que ça?* Je me redresse dans l'obscurité et écoute attentivement le bruit sourd qui monte crescendo, puis des cris qui me sont familiers depuis hier. *J'y crois pas. J'ai besoin de sommeil!* Je ramasse une chaussure par terre et tape violemment contre le mur à trois reprises, avant de hurler « Fermez vos gueules! » à pleins poumons, et d'attraper mes bouchons en coton pour les enfoncer autant que possible dans mes oreilles. *Je le jure, je vais tuer ce type.*

Chapitre 4

ALICE, QUI MARMONNE QUELQUE CHOSE AU-DESSUS DE moi, me secoue pour me sortir de l'inconscience. Tout en me retirant mes bouchons d'oreilles faits maison, elle m'informe qu'il est presque 7 heures et que je n'ai pas entendu mon réveil, ce qui me pousse à me lever à une vitesse normalement réservée à des lévriers sur un champ de course. C'est pour cette raison précise que je ne porte jamais de bouchons d'oreilles. Pas le temps de me doucher, alors je me contente d'une toilette rapide au lavabo, puis attrape des sous-vêtements propres en dessous de ma table de chevet, pendant qu'Alice m'indique qu'elle m'a préparé un café, et qu'on doit partir dans un quart d'heure.

— C'est un homme mort, grommelé-je en prenant un pantalon noir dans mon armoire. Je vais lui arracher la tête et la planter sur... Non, je vais l'étrangler avec son propre...

— À qui tu parles?

Je me retourne et vois Toby me faire un grand sourire.

— Quoi ? À personne, je prévois seulement le décès du voisin d'à côté. Je suis tellement à la bourre ; tu peux me passer ce chemisier rouge ? Non, pas celui-là. Bon sang, tu le fais exprès ! Ça, c'est du rose, Toby ; le rouge est au bout !

Il me tend mon haut et retourne près de la porte.

— Tu es ronchon quand tu loupes ton réveil, fait-il remarquer. Bon courage pour ton meurtre. Essaie au moins de ne pas te faire pincer.

— Je m'en fiche de me faire pincer, rétorqué-je. Je parie que je dormirais comme un bébé en prison. Je suis sûre que les assassins et les braqueurs de banque font moins de bruit que l'abruti d'à côté.

Je rouspète toujours quand Toby disparaît de la pièce pour retourner dans la cuisine, où ma crise de colère ne le suit pas. Je sors ma trousse à maquillage de ma commode, dans l'espoir de me rendre un peu plus présentable pour aller au collège. Avec seulement deux minutes d'avance, je retrouve Alice en train de s'impatienter dans l'entrée.

Je me prépare à faire un scandale dès qu'Evan approchera de l'ascenseur, mais il ne se montre pas. Je suppose que, soit il dort, soit il est sur Tinder, à visiter les profils de pauvres filles qui n'ont pas idée de ce à quoi elles vont s'exposer quand je poserai une bombe chez lui.

J'observe Alice mettre son bonnet en laine sur sa tête et boutonner son manteau. Elle a l'air aussi crevée que moi.

— À quelle heure tu es rentrée ce matin ? lui demandé-je.

Elle réfléchit à la question un instant, puis fronce les sourcils.

— Les horaires, ça craint. On est allés chez Daisy après la fermeture du bar, et elle nous a servi du Baileys au chocolat. Je crois que j'ai bu la bouteille. Si je vomis dans le métro, ne m'abandonne pas.

— Je serai trop occupée à exhaler une odeur de sexe pour le remarquer… Oh, au fait, j'ai posé la question à Robert.

— Quelle question ?

L'ascenseur s'ouvre et je la laisse entrer en premier, en attendant patiemment qu'elle percute d'elle-même.

— Mais oui ! Noël !

Et voilà.

— Il a dit «oui», c'est ça ? Forcément, sinon tu serais d'une humeur massacrante.

— En effet ! répliqué-je surexcitée. C'est officiel, j'emmène mon petit ami chez moi pour les fêtes. Maintenant, il ne me reste plus qu'à parler à mes parents pour m'assurer qu'ils se tiennent bien.

Elle éclate de rire.

— Des chances que ça arrive ?

— Hmmm. Quasiment aucune.

— Ça se passera bien, assure-t-elle en me donnant un petit coup de coude. Arrête de t'inquiéter.

Elle a raison. Je dois me ressaisir. Aborder le problème de façon constructive et adulte. La seule chose que je puisse faire, c'est de leur expliquer à quel point Robert compte à mes yeux et leur demander d'être gentils.

Une fois au-dehors, nous longeons prudemment les trottoirs glissants jusqu'au métro. La température semble avoir chuté à un niveau polaire, et tous les gens que je croise sont ensevelis sous des couches de laine et ont l'air déprimés. Au moins, le vent frais m'éclaircit les idées, et je commence à réfléchir plus posément.

— Robert n'est pas Tomas, pas vrai ?

— Hmm, exact, concède Alice en s'agrippant à mon bras pour garder l'équilibre sur la glace boueuse. Tomas était beaucoup plus petit.

— Et Robert traite avec des personnes difficiles au quotidien, donc gérer ma famille sera du gâteau pour lui, poursuis-je.

— Bien vu… et qui sait, Emily ? Peut-être qu'ils s'apprécieront sincèrement ? Tu envisages le pire. Si ça se trouve, ils vont super bien s'entendre. Peut-être même que tes parents l'aimeront plus que toi.

— Je n'y avais pas pensé. Mais oui ! C'est très possible !

J'ai l'impression d'être montée sur ressorts maintenant.

— Grosse plaque de glace droit devant, Em.

— Ooh ! Peut-être que mon père et mon frère emmèneront Robert boire une bière au pub du coin ? On pourrait faire de longues balades en pleine campagne.

— Emily, attention…

— Peut-être, je dis bien « peut-être », que ça sera le moment le plus merveilleux…

Alice me lâche le bras, à l'instant même où mes pieds quittent la terre ferme et où j'atterris lourdement sur le sol. Une femme qui passe s'exclame « Aïe ! » à ma place.

— Oh, merde ! Tu n'as rien ?

Je lève les yeux vers Alice, qui essaie de jauger mes blessures avant de se mettre à rire.

— C'est un signe, déclaré-je tandis qu'elle m'aide à me relever. Un mauvais présage !

— Non, Emily, ce n'est pas un présage. Seulement la glace et la gravité. Tu es sûre que ça va ? C'était spectaculaire.

— Je crois que je me suis cassé le coccyx.

Elle me prend le bras pour m'assister, le temps que mon sang circule de nouveau dans mes fesses et que je puisse marcher toute seule. Lorsque nous atteignons le portail du collège, elle en rit encore. Moi, en revanche, j'ai la désagréable sensation que ce n'est qu'un avant-goût du désastre qui m'attend pendant les fêtes. *Je suis condamnée.*

Mon arrière-train décongèle enfin durant la pause-déjeuner, et, après avoir englouti un sandwich au jambon de la cantine, je décrète que c'est le moment idéal pour téléphoner à Iona et rattraper le temps perdu, vu que cette journée ne pourrait pas être pire. La salle des profs est trop bondée, donc je me réfugie dans ma classe. J'étends mes pieds sur mon bureau, et attends d'entendre la voix douce et apaisante de ma sœur.

— Enfin ! C'est quoi, ce bordel, Emily ?! Je t'ai appelée une dizaine de fois !

Ou peut-être pas.

— Moi aussi, ça me fait plaisir de t'entendre, Iona.

Ses bonnes manières téléphoniques laissent franchement à désirer. En réalité, ses manières en général sont loin d'être plaisantes. Elle est autoritaire, snobinarde, impatiente, et a une aversion perturbante pour les gens qui ne se cachent pas de faire leur shopping chez *Primark*.

— Bon, alors ? s'écrie-t-elle. C'est qui ? Je veux tout savoir.

— Oui, d'accord. On se calme. On ne va même pas discuter un peu avant mon interrogatoire ?

— Non. J'ai une réunion dans cinq minutes. Raconte.

— Aucune pression, hein ? Bon. Il s'appelle Robert. Il vient de Londres…

— Il travaille ?

— Oui, dans le marketing et…

— Voiture ?

— Mercedes.

— Pas mal. Des enfants ?

— Non… Iona, est-ce que tu es en train de lire une liste ?

— Quoi ? Non.

Bien sûr que si, c'est ce qu'elle fait.

— Bon, pas d'enfants. C'est une bonne chose, poursuit-elle.

— Pourquoi ça ?

— Parce que les enfants des autres sont insupportables.

— C'est toi qui es insupportable.

— Maman m'a dit qu'il venait pour Noël. C'est sûr ? Tu sais comment sont maman et papa.

J'éclate de rire.

— Iona, je sais comment vous êtes « tous », et c'est bien pour ça que tu dois me promettre d'être gentille. Je l'apprécie vraiment, vraiment, beaucoup. Il est incroyable et…

—Attends une seconde, il n'a rien en commun avec Tomas, au moins ? Je ne l'appréciais pas du tout.

—Oh, vraiment ?! J'aurais jamais deviné, ajouté-je sèchement. Non, il est complètement différent. Beaucoup plus grand.

—J'espère. Tu n'as jamais été très douée pour choisir tes petits amis.

Je suis à deux doigts de me frapper la tête contre mon bureau. Ma chute sur la glace de tout à l'heure était moins douloureuse que cette pique.

—Écoute, promets-moi seulement de bien te tenir, imploré-je. Toi « et » ton mari. Il a la dent aussi dure que toi.

Graham et Iona se sont rencontrés à l'université d'Édimbourg, où ils étaient tous les deux membres du club de bridge et partageaient une passion commune pour la salsa. Impossible d'inventer des détails pareils. Elle déteste *Primark*, et lui a un mépris incommensurable pour *Ikea*… et les gens en surpoids… et les musiciens de rue… sans parler du financement participatif, de Facebook, de la télé-réalité, des tatouages, des enfants et des chats. Une vraie perle rare.

—Oh, Graham ne pourra pas venir cette année. L'entreprise fusionne avec une firme aux États-Unis, donc il va passer la semaine là-bas.

—Et tu ne l'accompagnes pas ?

—Oh, mon Dieu, non. Les vols sont trop longs. En plus, j'ai hâte de passer du temps avec ma grande sœur.

—Donc tu seras sympa avec lui ? C'est important pour moi.

—Bon, il faut que je file, Emily, mais je vous verrai le 24, toi et ton homme mystère.

—Ce n'est pas un hom…

Elle a déjà raccroché. Je me sens plus stressée que jamais maintenant. Elle a à peine écouté un mot de ce que je disais, donc je n'ai pas grand espoir qu'elle fasse ce que je lui ai demandé, sachant qu'il faut encore que j'aie la conversation « pas touche à mon petit ami » avec mes parents et mon frère. Ça devra attendre demain. Pour l'instant, tout ce que je veux, c'est manger la barre chocolatée qui est dans mon sac, finir la journée en un seul morceau et prendre une bonne douche bien chaude avant de m'étaler dans mon lit devant Netflix. Et si Evan Grant a le malheur d'émettre ne serait-ce qu'un ronflement, je ferai en sorte de le soumettre à l'interrogatoire de ma sœur jusqu'à ce qu'il en crève.

Les cours de l'après-midi passent vite, et étant donné que le compte à rebours jusqu'aux vacances est déjà lancé, les enfants se comportent étonnamment bien. En toute honnêteté, ils ne sont jamais trop turbulents dans ma classe, et j'ai dans l'idée que c'est parce que je suis une prof géniale. Je termine à seize heures trente et, tout en me dirigeant vers la classe d'Alice à l'arrière du bâtiment, j'envoie rapidement un message à Robert pour connaître ses disponibilités cette semaine. Je passe la tête dans la pièce et vois Alice rouler du papier tout en se trémoussant au rythme d'une musique émise par une petite radio sur son bureau.

—Hé, Beyoncé. Prête à partir ?

—Dans deux petites minutes !

Elle continue à danser, même en mettant son blouson et son bonnet.

—J'envie ton énergie, marmonné-je. Je rêve de retourner dans mon lit depuis que je l'ai quitté.

—*Starbucks*? propose-t-elle, en éteignant la lumière d'un coup de coude. Je ne serais pas contre un brownie. Ou un salon de thé?

—Pas de café, répliqué-je. Je ne veux pas risquer de saboter le coma dans lequel je compte tomber très bientôt. Pourquoi pas un chocolat chaud, cela dit.

Vu les événements précédents de la journée, je marche prudemment jusqu'au métro, ce qui nous laisse le temps de jeter discrètement des coups d'œil à l'intérieur des maisons illuminées du voisinage. Certains ont déjà décoré leur sapin depuis des semaines.

—Tu crois qu'ils aiment Noël? glousse Alice alors que nous longeons un petit jardin jonché de bonshommes de neige clignotants et de guirlandes lumineuses. Difficile à dire.

—Mes parents mettent un père Noël grandeur nature à côté de l'allée tous les ans. Il est très vieux et flippant. Plutôt une réplique du père Fouettard. Ce truc me filait des cauchemars. Même le chien en a peur.

—Si tu ne m'envoies pas une photo, je ne te le pardonnerai jamais.

—Je le ferai, répliqué-je. Je suis sûre que, si tu l'examines d'assez près, tu apercevras Robert dans le fond en train de se carapater.

— Regarde ! Le numéro 7 a un de ces sapins merdiques en fibre optique. Ces gens doivent vraiment détester les fêtes. Qui achèterait un arbre qu'on ne peut pas décorer ?

— Mon frère, rétorqué-je en souriant jusqu'aux oreilles. Ce n'est pas qu'il déteste Noël, mais il aime tout ce qui est gadget. Il a aussi un de ces aspirateurs-robots et une femme pilotée par télécommande.

— Quoi ? Tu peux aussi m'envoyer une photo d'elle ?

— Je me sens mal de dire ça. Honnêtement, Kim est super. Elle est seulement un peu « rigide » avant d'avoir bu un verre. Bon sang, je n'arrive jamais à être vache avec quelqu'un sans m'en vouloir. Je me sens toujours mal après.

— Qu'est-ce qu'elle fait dans la vie ? m'interroge Alice.

— Hmm, elle fait un truc dans les sciences, de la recherche sur les cellules souches ou de la collecte de données pour établir des profils, je ne sais plus trop... Oh, pourquoi suis-je aussi méchante ? Qu'est-ce qui ne tourne pas rond chez moi ?

— C'est le stress des fêtes de fin d'année, répond Alice. Je ne te juge pas. D'autant que j'ai réfléchi.

— Ah, oui ?

— Robert vient chez toi pour Noël – c'est pas rien, poursuit-elle. Vous êtes ensemble depuis un moment, et maintenant il rencontre ta famille... D'ici peu, il va te faire sa demande...

— Ne nous emballons pas, rétorqué-je en ricanant. Mais je « sais ». Il parle même de m'emmener à Rome pour m'embrasser sur des marches, ou un truc dans le genre.

Elle éclate de rire.

— Je vois de grandes choses dans ton avenir, mademoiselle Carson, mais je te le dis tout de suite – si ma robe de demoiselle d'honneur est moche, ne compte pas sur moi pour être enthousiaste.

Nous nous arrêtons déguster un brownie et un chocolat chaud près de la station Liverpool Street. Dans l'optique d'arriver à me reposer ce soir, je monte un stratagème qui implique d'acheter deux brownies supplémentaires, que je n'aurai, hélas, pas le loisir de manger. Alice me laisse pour faire quelques emplettes, et je retourne chez moi à pied. Il me reste quelques cadeaux à faire, mais pas ce soir. *Ce soir, je ne vais penser qu'à moi, à l'exception d'un petit détail dont je dois m'occuper.*

Même si je suis fortement tentée de frapper à la porte d'Evan à coups de hache, je décrète qu'il vaut mieux agir de manière calme et civilisée, dans l'espoir qu'il aura la courtoisie de me garantir une nuit de sommeil sans interruption. Je me recoiffe, affiche mon plus beau sourire, et tape fermement mais poliment à sa porte. Quelques instants plus tard, je suis accueillie par Stéphanie, qui semble tout droit sortie d'un cercueil. Elle n'est pas contente de me voir.

— Salut ! Evan est là ?

Avant de répondre, elle arbore le plus gros sourire que j'aie jamais vu. J'ai l'impression d'être dans une vidéo d'Aphex Twin. Puis ses traits se déforment en sa grimace initiale, et j'ai la nette impression que, si Evan était effectivement là, elle n'aurait pas eu besoin de répondre à la porte.

—Non.

—Bon. Peux-tu lui dire que je le cherche?

—Qui es-tu?

—Sérieusement? rétorqué-je en dévisageant sa sale tête avec ses grands yeux.

Comment peut-elle ignorer qui je suis? Elle a emprunté notre foutue bouilloire le mois dernier.

—Je suis Emily... Votre voisine... Prêteuse de bouil-loire... Ça ne te dit rien?

—Ah, si, acquiesce-t-elle lentement. D'accord, Emma. Je le ferai.

Une sensation peu familière se diffuse en moi. Il se pourrait bien que ce soit de la compassion pour Evan. Elle referme la porte avant de me laisser l'occasion de corriger mon prénom, et je n'ai d'autre choix que de rentrer chez moi avec un sachet rempli de brownies, sans avoir résolu le conflit, ce qui m'aurait assuré une trêve pour la soirée.

Je me dirige droit dans la cuisine, où Toby se prépare des tortellinis au pesto et aux pignons, un des seuls plats qu'il fait qui n'implique ni chou kale, ni l'utilisation de son précieux taille-légumes.

—Comment ça va? s'enquiert-il en s'essuyant les mains sur un torchon.

Je tire une chaise de la table et me laisse tomber lour-dement dessus.

—Pas trop mal, merci, dis-je en sortant l'un des brownies de mon sac à main. Oh, j'ai un petit cadeau pour toi. Il est bio, sans gluten, etc.

—Merci, Em! s'exclame-t-il en le posant sur le plan de travail. Je le mangerai tout à l'heure.

—C'est ma façon de m'excuser de mon humeur massacrante ce matin. Je n'étais pas moi-même.

—Tu veux des pâtes? offre-t-il en indiquant la gazinière. J'en ai fait des tonnes.

—J'espérais que tu me le proposes. Je suis trop fatiguée pour cuisiner.

Il se penche vers moi et me serre dans ses bras.

—Bon, va donc prendre une douche et te détendre, je t'apporterai une assiette dans ta chambre.

J'espérais qu'il allait dire ça aussi.

—Toby, tu es mon héros. Si tu n'avais pas vingt-deux ans et que je n'étais pas une vieille peau, j'insisterais pour que tu m'épouses immédiatement.

Toby affiche un sourire radieux.

—Tu n'es pas une vieille peau – loin de là. Ton petit ami est un veinard.

—C'est vrai, hein? concédé-je en lui faisant un clin d'œil. Il nous reste du vin blanc?

Je me lève pour le chercher quand j'entends frapper à la porte d'entrée.

—Tu veux que j'aille répondre? demande Toby en éteignant la plaque chauffante, mais je secoue la tête.

—Non, ça doit être pour moi. J'y vais.

Je mets mon sac en bandoulière et remonte le couloir, un peu étonnée que Stéphanie ait bien transmis le message. Je suis prête à parier qu'Evan a dû appeler toutes les « Emma » qu'il connaît avant qu'elle ne mentionne qu'il s'agissait de la voisine. J'ouvre la porte et m'efforce d'avoir l'air contente de le voir.

—Salut, Evan.

Il recule d'un pas.

—Est-ce qu'on va se battre? Parce que, si c'est le cas, je devrais te mettre en garde : je fais du karaté.

—Non, plutôt l'inverse.

—Tant mieux, parce que je ne fais pas de karaté, en fait. Quoi de neuf?

—J'ai quelque chose pour toi, annoncé-je en fouillant dans mon sac.

—C'est un flingue?

—Encore tout faux, répliqué-je, faisant de mon mieux pour dissimuler mon sourire en coin. C'est pour toi.

Il a l'air perdu.

—C'est un gâteau. Pourquoi est-ce que tu me donnes un gâteau?

—C'est un brownie… En réalité, c'est plus qu'un brownie. C'est une offrande de paix, expliqué-je. Une tentative désespérée pour réveiller ta meilleure nature.

—Je suis intrigué, renchérit-il en croisant les bras. Continue.

—Le truc, c'est que je suis fatiguée, Evan. Et ce soir, je compte bien remédier à la situation. Ce soir, je prévois de dormir au moins dix heures, en paix. Sans interruption. D'une seule traite. Sans…

—J'ai compris.

— Et je t'offre ce brownie pour acheter ton silence.

Je lui tends le gâteau et j'attends.

— Tu es très étrange, reprend-il en acceptant le brownie pour l'examiner. Et si je n'aime pas les brownies ?

— Qui n'aime pas ça ?

— Des tas de gens. Je ne dis pas que je ne les aime pas, je te demande seulement ce qui se passerait si c'était le cas ? Qu'est-ce que tu négocierais ?

Ce garçon joue dangereusement avec mes nerfs.

— Quoi ? J'en sais rien ! Un biscuit ? Une bière ? Un repas ? Un…

— Va pour un repas, m'interrompt-il. Ça pourrait marcher.

— Oh, très bien, je vais te commander une pizza ou…

— Non, Emily. Un repas avec moi… J'accepte de ne pas faire de bruit ce soir, si tu consens à dîner avec moi.

Hein ? Incrédule, je le regarde fixement.

— Tu n'es pas sérieux.

— Si, tout à fait sérieux.

— J'ai un petit ami, rétorqué-je. Il s'appelle Robert.

— Eh bien, il n'est pas le bienvenu.

Je n'ai jamais rencontré quelqu'un d'aussi prétentieux de toute ma vie ! Je lui arrache le brownie des mains.

— Je ne fréquente pas d'hommes plus jeunes, et je préfère dîner dans des endroits qui ne proposent pas de réductions étudiantes, ni de menus enfants.

— Aïe, ricane-t-il. Je ne suis pas étudiant, et je suis plus vieux que ce que tu ne crois. Allez, devine mon âge.

Cette scène commence à devenir surréaliste.

— Quoi ? J'en sais rien… Quatorze ans ?

— Non, vingt-neuf depuis la semaine dernière. Tu vois : plus vieux.

Je reste plantée là en secouant la tête.

— La réponse est toujours « non », Evan. J'ai un petit ami.

— Oui, tu l'as déjà dit…

— Et je suis trop vieille pour toi.

— Quel âge as-tu ?

— Mais surtout…, poursuis-je en éludant complètement sa question. Oh, attends une seconde : qu'est-ce que c'était déjà ? Ah, oui ! Je ne t'aime pas !

Il fronce les sourcils.

— Tu m'aimes assez pour me donner un brownie.

Je sens physiquement mes nerfs lâcher. De toute évidence, mon plan machiavélique ne va pas fonctionner, donc je déchire l'emballage et engloutis la moitié du biscuit en une bouchée. J'aurais dû y réfléchir à deux fois. J'ai l'impression d'avoir du ciment entre les dents, tandis qu'il me regarde d'un air amusé.

— Il y a une blague à faire avec l'expression « avoir les yeux plus gros que le ventre », lance-t-il.

Alors qu'il commence à rire, l'autre moitié du gâteau se décolle de ma main et percute violemment son épaule droite.

— C'est à cause de gens comme toi que certains n'aiment pas les brownies, marmonne-t-il en époussetant les miettes.

Plus loin dans le couloir, j'entends les portes de l'ascenseur s'ouvrir. Une jeune femme d'une vingtaine d'années,

75

portant un bonnet en laine pourvu d'oreilles d'ours, en sort les joues rosies, et se dirige vers nous. *C'est sûrement la brailleuse.* Evan ne l'a pas encore repérée, vu qu'il est trop occupé à rire de sa plaisanterie. *Voyons à quel point il va aimer la suite…*

— Mais tu m'as dit que tu m'aimais! m'écrié-je. Je pensais qu'on allait se marier!

J'ai toujours pensé que je serais excellente dans un drame historique.

Evan cesse d'épousseter son manteau et me regarde comme si je venais de perdre la boule, jusqu'à ce qu'une voix résonne derrière lui.

— Evan? Tout va bien?

Et là, il comprend, et si un regard pouvait tuer, je serais morte quinze fois de suite.

Il s'empresse de se tourner vers elle.

— Cassie. Comment ça va, bébé?

Discrètement, j'aspire le restant de brownie coincé entre mes dents, pendant qu'il tente de reprendre les rênes de la situation.

— Tout va bien, poursuit-il en la poussant vers sa porte d'entrée. Ignore-la; elle n'est pas dans son assiette. Allons à l'intérieur.

— Tu m'as brisé le cœur, Evan! m'écrié-je. Comment as-tu pu me faire ça?!

Il se retourne vers moi, mais curieusement, il ne semble pas en colère. Il a l'air intrigué. Sa petite amie, en revanche, est scandalisée.

—Evan, qu'est-ce qui se passe ici?

Maintenant, Cassie a les mains plaquées sur les hanches, mais c'est dur de la prendre au sérieux avec son bonnet d'ours.

—Attends une minute, dit-il en posant une main rassurante sur son bras.

Il fait quelques pas vers moi, mais je ne bouge pas. Nous voilà tout près l'un de l'autre – j'arrive à renifler son odeur – et il sent... le frais et l'après-rasage qu'il a mis ce matin. Je me rappelle soudain que je ne me suis pas douchée depuis hier. *Et merde.*

—Tu as fini? demande-t-il doucement, en affichant un sourire en coin.

—Non, murmuré-je en réponse. Tu aurais dû accepter le brownie.

—Je vais rentrer maintenant, souffle-t-il, mais c'est loin d'être terminé...

Avant qu'il n'ait le temps d'ajouter quoi que ce soit, je le pousse d'une façon théâtrale.

—Je suis vide à l'intérieur, Evan! m'exclamé-je. Je n'ai plus rien! Je suis une coquille vide!

J'enfouis mon visage dans mes mains et me mets à pleurnicher si fort que Toby apparaît à notre porte.

—Qu'est-ce qui se passe? Emily, ça va?

Penaude, je hoche la tête et prétends reprendre mes esprits en reniflant.

—Ça va aller, Toby, avec le temps. Emmène-moi loin de lui.

Evan reste figé sur place, bouche bée, pendant que Toby me raccompagne à l'intérieur. J'entends Cassie s'écrier : «C'est quoi, ce bordel, Evan?» avant de refermer la porte derrière moi, en poussant des sanglots particulièrement forts pour en ajouter une couche.

—Tu veux bien m'expliquer? demande Toby avec un sourire confus.

—Je ne suis pas sûre d'en être capable, avoué-je. Disons juste qu'il devrait y réfléchir à deux fois avant de me chercher dorénavant.

Toby n'a pas l'air convaincu, mais il est trop bien élevé pour relever. Au contraire, il pointe ma chambre du doigt.

—Ton plat de pâtes est servi. Ton verre de vin aussi.

Je le remercie et me retire dans mes appartements en me sentant profondément fière de mon coup. Les pâtes ont déjà refroidi, mais au moins, c'est une assiette que je n'ai pas eu à préparer, donc je l'engloutis gaiement avant de prendre une bonne douche bien méritée. Triomphante, je me mets à chanter sur Hozier en espérant que, si je beugle assez fort, le chanteur en personne va apparaître comme par magie dans la douche près de moi.

Quand je finis par me mettre au lit, je suis tellement détendue que je me sens ramollie. J'arrive à tenir deux épisodes de *Jessica Jones* avant que mes yeux pleins de fatigue m'ordonnent d'arrêter. Je succombe aussitôt. En réglant mon réveil, je constate que Robert m'a envoyé un message pour me souhaiter «bonne nuit» et m'inviter à dîner vendredi. Je réponds avec deux émoticons «bisous», vu que c'est à peu près tout ce que mon état d'épuisement m'autorise. Je n'entends pas le moindre gazouillis provenir d'à côté et je m'endors sans tarder, ravie de constater qu'Evan Grant a trouvé un adversaire à sa taille.

Chapitre 5

—… ET LÀ, LE SINGE LUI A VOLÉ SES LUNETTES ! IL A fini par les lâcher quand John lui a donné une banane. C'était à mourir de rire !

Ma meilleure amie, Kara, me parle de sa lune de miel depuis exactement une heure et six minutes. Pour sa défense, je lui ai demandé de tout me raconter dès qu'elle m'a rejointe dans notre resto préféré, le *Poppy's*, mais je ne m'attendais pas à ce qu'elle me dise… eh bien… absolument tout.

—Le mieux au Mexique en décembre, c'est qu'il ne fait pas trop chaud. Je me souviens quand on est partis pour Chypre en plein été ; il faisait tellement humide que nous étions littéralement collés l'un à l'autre pendant l'amour –comme avec du Velcro. J'ai eu des brûlures pendant tout notre séjour à cause du frottement.

—Merci d'avoir gravé cette image dans ma tête, lancé-je en grimaçant. J'aurais été ravie de ne jamais rien savoir. Je te pardonne pour cette fois, mais seulement parce que tu m'as offert du Chanel.

Elle me sourit ; ses dents parfaites paraissent encore plus blanches avec son bronzage.

—Je vais prendre un café. Qu'est-ce qui te tente ?

Elle fait un signe de main à la serveuse, et même si sa tenue est appropriée pour le temps froid, le peu que j'aperçois de sa peau me rend folle de jalousie. Je suis assise en face d'elle, la mine blafarde – tirant légèrement sur le vert – et lui réponds que je prendrais bien un cappuccino.

—Je crois que je n'ai jamais été aussi bronzée, me lamenté-je. Je me contente de cramer et de peler.

—J'avoue que ça aide d'être à moitié iranienne, répond-elle en balançant sa longue chevelure brune en arrière pour faire son effet. C'est vrai que je prends bien le soleil, mais souviens-toi, pour pouvoir me mettre en Bikini et avoir un bronzage pareil, il faut que je m'épile le corps entier. En totalité. C'est loin d'être une sinécure.

La serveuse débarrasse nos assiettes, et Kara commande le café pendant que je tente de défaire discrètement ma ceinture.

—Je vais vraiment essayer de partir en vacances l'an prochain, annoncé-je. N'importe où où il y a du soleil.

—Il faut que tu ailles à Cancún, insiste Kara. C'est tellement beau, tu adorerais.

—Avec mon salaire ? m'esclaffé-je. C'est ça, je pensais plutôt à l'Espagne.

—Tu n'es toujours pas proviseur de ton collège ? s'enquiert-elle. Tu y travailles pourtant depuis longtemps. Oh, il faut que j'aille faire pipi. Je reviens tout de suite.

Elle part en trombe aux toilettes, manquant au passage de faire tomber la serveuse qui revient avec nos cafés. Celle-ci pose à la hâte un ramequin rempli de carrés de sucre à l'air infâme, donc je demande des sucrettes à la place. Je sors mon téléphone et envoie un petit message à Robert. Je n'ai pas eu de ses nouvelles aujourd'hui – il doit être occupé, vu qu'il est toujours le premier de nous deux à se manifester. Tandis que j'attends Mme Pipi, je repense à ses derniers propos, et j'admets qu'elle marque un point. Je fais le même travail dans le même établissement depuis des années, et je n'ai eu aucun avancement, ni en termes de salaire, ni de carrière. *Est-ce que c'est normal ? Est-ce que je suis en train de moisir dans un trou ?*

Kara revient au moment où la serveuse me tend un bol plein de sucrettes.

— De quoi on parlait déjà ? interroge mon amie en jetant un coup d'œil suspicieux au sucre.

— De vacances, dis-je. Du fait que je ne peux pas me permettre une destination qui coûte plus cher que mon loyer.

Elle fronce les sourcils.

— Ton mec doit rouler sur l'or… Exige qu'il t'emmène dans un palace.

Je vide une dosette d'aspartame dans ma tasse de café.

— Je pourrais, concédé-je en remuant jusqu'à ce que les petits cœurs mousseux se désagrègent, mais je vais d'abord attendre que Noël soit passé. Il m'accompagne chez moi, tu sais.

Elle me dévisage derrière sa tasse.

—Chez toi, «chez toi»? En Écosse?

—Oui.

—Avec tes parents?

—Eh oui. Ils ont insisté.

Je baisse les yeux sur le menu en bois sur la table, en me demandant s'il reste de cette tarte à la noix de pécan que j'aime tant.

—C'est génial! s'écrie-t-elle, contre toute attente. J'adore tes parents. Ils sont dingues. J'aimais beaucoup les fêtes qu'ils donnaient pour Noël. Danser dans le jardin… Prendre du champagne en douce dans ta chambre…

—Vomir n'importe où…

Elle manque de recracher son café américain.

—Ah, ah, exactement! Tu crois que Robert est de ce genre-là? Enfin, je ne l'ai rencontré qu'une fois, mais il ne m'a pas semblé être du genre à mettre un chapeau en carton pour picoler avec plein d'inconnus…

—Figure-toi que je commence justement à travailler les miens au corps pour qu'ils se tiennent bien, répliqué-je. Je prie pour un miracle.

Nous réfléchissons à cette remarque un moment.

—Je suis foutue, hein? soupiré-je.

Elle hausse les épaules.

—Peut-être pas. Écoute, s'il t'aime, il faudra qu'il fasse avec ta famille. Entre toi et moi, la mère de John me sort par les yeux, mais je ne la vois qu'une à deux fois par an et puis, bon, elle va bien finir par mourir un jour. Bref, c'est mon petit ami, je ne considère pas que ce soit un gros sacrifice.

— Mari, rectifié-je.

— Quoi ? Oh, merde, c'est vrai ! Mari ! Bon sang, je ne m'y habituerai jamais. Ça me donne l'impression d'être tellement vieille.

— On aura quarante ans dans deux ans, Kara. On est vieilles.

— Foutaises, proteste-t-elle. On ne sera jamais vieilles même quand on le sera.

À 22 heures, je dis « au revoir » à Kara et lui promets de l'appeler le jour de Noël, quand elle sera en train de divertir la mère de John et ses propres parents, et pourrait avoir besoin d'entendre ma douce voix pour renoncer au suicide. Elle tourne à gauche en direction du métro, tandis que je pars à droite et entame le court trajet qui me sépare de mon appartement. Nous ne sommes que mercredi, pourtant les rues sont bondées. J'ai l'impression d'être en week-end, mais durant la semaine qui précède Noël, tous les soirs ressemblent à un samedi soir, surtout à Londres. Je suis entourée de gens qui vont faire les boutiques, d'employés de bureau à l'expression hagarde, de cadres avec un coup dans le nez, de touristes, et j'en passe, tous évitant le moindre contact visuel et cherchant désespérément à se réfugier dans un endroit chaud. Je m'arrête dans une épicerie pour acheter des petits pains et du lait pour demain matin, vu qu'Alice en consomme autant qu'un nouveau-né.

Elle est encore debout quand j'arrive et me demande de venir dans sa chambre, où je la trouve étalée sous la couette, en train de bouquiner, vêtue d'un vieux tee-shirt des Rolling Stones et d'un gilet.

— T'as passé une bonne soirée ? s'enquiert-elle. Comment va ton amie ?

— En pleine forme. Sa lune de miel avait l'air géniale. Qu'est-ce que tu lis ?

Elle brandit son livre pour que je puisse voir la couverture.

— Amy Poehler. C'est hilarant. Je te le prêterai quand je l'aurai terminé.

Ce foutu livre est à moi.

— Oh, et tant que j'y pense, on n'a plus de lait, ajoute-t-elle avant de se replonger dans sa lecture, m'indiquant clairement que cette conversation à sens unique est déjà terminée.

Iona avait raison : les enfants des autres sont insupportables.

Prendre un café aussi tard n'était peut-être pas la meilleure idée au monde, parce que maintenant, je suis bien réveillée. J'approche de la porte de Toby pour discuter avec lui, mais je l'entends parler au téléphone, donc je passe mon chemin et atterris dans la cuisine, qui sent le bacon et la javel. J'allume la bouilloire et commence à farfouiller dans le placard, en quête de biscuits à grignoter, tout en jetant les nombreuses boîtes de conserve et autres pots à épices qui traînent depuis des lustres. *Comment peut-on avoir trois pots neufs et périmés de safran, et pas une*

85

seule brique de crème anglaise ? Ces gens n'ont pas le sens des priorités.

À minuit, j'éteins la lumière et je constate que, pour le deuxième soir d'affilée, je ne subis aucune nuisance sonore. C'est une première. Je mets mon programme en pause et tends l'oreille pour en avoir le cœur net. *Pas de musique, pas de chuchotis, pas de coups de feu sur la Xbox, pas de bruits de fornication — le calme plat. Ça ne ressemble tellement pas à Evan.* Lorsque je ferme les yeux, j'en viens à me demander si mon plan a fonctionné, ou s'il se trame quelque chose de plus grave. *Peut-être que la jolie Cassie en bonnet d'ourson a sauvagement massacré Evan ? Peut-être qu'elle l'a plaqué ? Peut-être que je suis allée trop loin. Peut-être… Peut-être qu'ils complotent tous les deux pour me tuer dans mon sommeil, et que je devrais aller vérifier que j'ai bien verrouillé la porte d'entrée en arrivant.*

Je vais faire ça.

À minuit et demi, je ne dors toujours pas. Mon oreiller étouffe les cris de frustration que je pousse, parce que je suis folle de rage qu'Evan Grant ait la faculté de me garder éveillée, même quand il se tient tranquille.

Chapitre 6

Je me réveille tôt vendredi matin, assez pour voir la neige qui saupoudre délicatement Londres, comme une nappe chic en dentelle. Tandis que j'ouvre mes rideaux, je m'émerveille en constatant que ma rue, d'ordinaire morne et grise, est devenue lumineuse et ravissante. Tout, des toits des voitures aux poubelles couvertes de givre, en passant par des carrés de neige immaculée, me réjouit d'une façon dont seul un Noël blanc en est capable. Moins d'une semaine avant de rentrer en Écosse, j'éprouve enfin de l'excitation.

Après avoir lu le message mièvre que Robert m'envoie tous les matins, j'enfile ma robe de chambre et me précipite dans la cuisine, où Toby a déjà rempli la bouilloire et chante à tue-tête sur du Adele, qui passe à la radio.

— Waouh, tu connais « toutes » les paroles, Toby. Je suis impressionnée, fais-je remarquer tout en cherchant dans le frigo quelque chose à étaler sur mon petit pain.

— Dommage que tu ne connaisses pas aussi les notes ! s'écrie une voix dans la salle de bains.

Et c'est reparti pour un tour.

Alice sort en trombe de la salle de bains, vêtue de son tee-shirt des Rolling Stones et d'un bas de pyjama rouge.

— Bonjour, tout le monde, gazouille-t-elle. Vous avez vu la neige ? Quelqu'un veut faire un bonhomme ?

— Je ne pense pas qu'il y en ait assez, réplique nonchalamment Toby.

Je glousse aussitôt derrière la porte du frigo.

— Contente de voir que tout le temps passé dans ta chambre à regarder *La Reine des neiges* a fini par payer, Toby, grommelle-t-elle.

Ils continuent à se chamailler pendant que je déniche du fromage à tartiner au fond du frigo. Il est périmé depuis hier, mais je suis prête à risquer une infection, la salmonellose, voire la mort, pour ce petit pain à l'oignon rouge.

— Je vais aller écouter la chorale de Noël à Spitafields ce soir, l'un de vous est partant ? annonce Alice. Marrons grillés et bons sentiments ? Quelqu'un ? Il me semble qu'il y aura un concours *a capella*.

— Oh, ce serait avec plaisir, mais j'ai des projets avec Robert, expliqué-je. Dommage, ça a l'air sympa.

— Eh bien, moi, je suis partant, réplique Toby. Convaincs Robert de nous accompagner. Il pourra donner à ces gens quelques centimes pour régler tous leurs problèmes.

La mine déconfite, je regarde Toby et Alice se claquer dans la main. Ils semblent avoir trouvé un terrain d'entente à mes dépens. *Les enfoirés.*

—Vous vous trompez sur Robert, insisté-je. Il a vraiment le sens des réalités.

—Oh, ne sois pas aussi susceptible, gronde Alice tandis que je coupe sauvagement mon petit pain en deux. Seulement, passer un vendredi soir dans le froid au milieu d'une foule en banlieue n'a pas l'air d'être sa tasse de thé.

—À quelle heure ça commence? m'enquiers-je en baissant le levier du grille-pain.

—Vingt heures.

Je retourne dans ma chambre, ramasse mon téléphone par terre et envoie le message suivant:

Chorale de Noël à Spitalfields ce soir! Rejoins-moi là-bas à 19 h 30. On dînera après. Ne prends pas le volant. Je t'aime.

Je retourne dans la cuisine au moment où mon toast très légèrement brûlé bondit du grille-pain.

—C'est fait, claironné-je en le jetant sur une assiette. On y sera.

—Super nouvelle! s'exclame Alice en se servant des céréales. Je savais qu'aujourd'hui serait une bonne journée. Oh, et je vais chez le coiffeur après le travail, donc je te retrouverai directement là-bas.

J'acquiesce en souriant, tout en étalant le fromage sur mon petit pain, m'attendant à moitié à entendre mon téléphone sonner avec la réponse de Robert qui me demande de nous en tenir au projet initial, qui implique sans doute entrée-plat-dessert, de la musique douce, du bon vin et mes chaussures. En fin de compte, il ne se manifeste qu'à seize heures trente, alors que je suis encore en classe en train d'enseigner :

Pas de souci. On se voit là-bas.

Pas le message enthousiaste que j'espérais, mais ça fera l'affaire. Je commence à répondre, quand un appel anonyme m'interrompt dans ma lancée, et je décroche sans même y penser.

— Salut, frangine. Comment ça va ?

— Patrick ! C'est toi ? Ta voix est bizarre.

— Je suis sous la douche. Je t'ai mise sur haut-parleur.

— Tu veux bien me rappeler quand tu ne seras pas nu, espèce de tordu ?

Pour une raison obscure, je suis la personne que Patrick a toujours envie d'appeler quand il fait autre chose. J'ai perdu le compte du nombre de fois où on s'est parlé au téléphone pendant qu'il faisait ses courses, qu'il jouait au golf, qu'il était en voiture, ou même aux toilettes.

— Papa m'a dit que tu invitais quelqu'un pour Noël. Je voulais seulement savoir si tu avais complètement perdu la boule.

— Possible, concédé-je. Mais ça vaut toujours mieux qu'une autre année à entendre des commentaires désobligeants, ou des leçons de morale quant au fait que je ne vais pas en rajeunissant et que je suis la seule à dormir dans son lit d'enfant avec le chien.

Il pouffe.

— Et Iona et toi êtes tout aussi insupportables que maman et papa.

J'entends le bruit d'eau s'arrêter, puis un grincement qui doit provenir d'un rideau de douche qu'on tire.

— T'es dure, proteste-t-il. Je n'ai rien à voir avec eux.

— Patrick, l'an dernier, tu as changé les paroles de la chanson de *C'était la veille de Noël* en *C'était la vieille de Noël*, et tu me l'as dédicacée.

— Oh, arrête, c'était…

— Puis tu as essayé de m'arranger le coup avec Ross, ton pote du collège, parce que tu estimais qu'un homme qui a passé deux ans en prison pour fraude constituait un parti décent pour ta sœur.

— Pour sa défense, tout le monde dans son bureau était…

— Et toutes les personnes que j'ai invitées par le passé ont catégoriquement refusé de revenir parce que vous êtes cinglés. Vous tous.

— Tu parles de l'Espagnol, pas vrai ? C'était un con, de toute façon. Écoute, c'est notre boulot de faire fuir les sales types. Ma grande sœur mérite la perfection. On t'a fait une fleur.

Visiblement, pas un seul membre de ma famille ne compte assumer la responsabilité de ses actes.

— Patrick, tout ce que je demande, c'est que vous y alliez doucement avec Robert, parce que je l'aime et je ne veux pas que quoi que ce soit interfère dans notre relation.

—Waouh! Alors comme ça, tu sors les violons? La barre est haute maintenant; il ferait mieux d'être à la hauteur.

Une fois encore, je suis à deux doigts de me scarifier dans ma salle de classe.

—D'accord, Patrick, peu importe. Il faut que j'y aille, de toute façon. Embrasse Kim pour moi. On se verra la semaine prochaine.

Je raccroche, et mon téléphone me ramène au message que j'ai commencé à taper pour Robert. Je lui écris que je le retrouve bientôt, puis éteins la lumière de ma salle et entame le trajet pour rentrer chez moi.

J'arrive dans un appartement vide et trouve un mot de Toby sur la table de la cuisine, expliquant qu'il est parti manger avec des amis et qu'il nous rejoindra plus tard au concert. Je meurs de faim, moi aussi, mais comme on a prévu de dîner tard, je résiste à ma folle envie d'avaler une boîte entière de Pringles et me contente d'en manger trois avant de refermer le couvercle à contrecœur. Il me reste une heure à tuer avant l'arrivée de Robert, ce qui me laisse le temps de me doucher et de me changer. Voire de grignoter un autre Pringles.

J'écoute de la musique à fond uniquement pour embêter Evan –*s'il est toujours en vie*–, puis j'enfile ma robe bleue préférée, celle que je portais le soir où Robert m'a draguée dans ce bar de Soho, et je boucle les pointes de mes cheveux, dont la quasi-totalité sera dissimulée sous mon bonnet à pompon. S'il croit que je vais rester plantée dans la neige en talons hauts, il se fourre le doigt dans l'œil. Optant pour mes bottes fourrées et ma parka à capuche, je suis parée pour affronter le froid, et aussi mon petit ami.

Quand les portes de l'ascenseur s'ouvrent au rez-de-chaussée, je vois Robert en pleine conversation téléphonique. Il me repère et me fait signe d'approcher, m'indiquant qu'il n'en a pas pour longtemps. Alors que je suis accoutrée de vêtements dépareillés entre rembourrage et fourrure, Robert a l'air d'avoir été habillé par Christian Dior en personne : un long manteau en laine gris, des gants en cuir noir, les cheveux parfaitement tirés en arrière – sans bonnet ridicule – et des chaussures vernies, qui brillent tellement qu'on croirait qu'elles n'ont fréquenté que des tapis en velours. *Bon sang, on dirait qu'il va à l'opéra. Alice avait raison : il va détester cette soirée.*

—Désolé, chérie, lance-t-il en rangeant son téléphone dans sa poche intérieure.

Nous nous enlaçons, mais la seule chose qu'il parvient à serrer contre lui, c'est le rembourrage de mon manteau.

—J'espère que tu portes quelque chose de coquin là-dessous, murmure-t-il.

—Emily !

Surprise, je me retourne. Il semble que, pendant que j'embrassais mon petit ami, Evan Grant en a profité pour surgir de nulle part. *Il n'est pas mort, en fin de compte.* Nous échangeons un bref regard – dont seuls nous deux avons conscience – et nous comprenons au même instant que je suis foutue.

— S'agit-il de l'homme dont j'ai tant entendu parler ?!

Il n'attend même pas ma réponse. Au contraire, il tend la main à Robert.

— Evan. C'est un plaisir de vous rencontrer… enfin, elle m'a dit que vous étiez séduisant, mais waouh !

Jésus Marie Joseph ! Qu'est-ce qu'il fabrique ? Mon rythme cardiaque crève le plafond, et il est fort possible que je fasse une attaque.

Robert lui serre poliment la main avant de répondre, tout en me jetant un regard qui signifie : « C'est qui, celui-là ? »

— Merci. Je crois. Vous vivez dans l'immeuble ?

J'ai envie de tirer Robert par la manche et de prendre la fuite, mais je me sens coincée, comme clouée sur place.

— Nous sommes voisins ! déclare Evan avec enthousiasme. Nous partageons un mur. Nous partageons beaucoup de choses, à la vérité. Emily était présente quand j'ai rompu avec ma petite amie.

Oh ! là, là ! Mayday, mayday !

— Robert, il faut qu'on y aille !

— Vraiment ? Dommage. Où est-ce que vous allez ? demande Evan en souriant.

Je garde la bouche scellée. *Hors de question que je révèle quoi que…*

— Oh, juste écouter une chorale de Noël à Spitalfields, répond Robert.

Ah, non ! Il sait tout maintenant. Mission annulée ! Mission annulée !

—Vous m'en direz tant, réplique Evan. J'y vais aussi. Quelle coïncid…!

—Bon ben, bonne soirée! l'interromps-je en traînant un Robert quelque peu décontenancé vers l'entrée de l'immeuble.

Je regarde en arrière et vois Evan nous saluer de la main, tandis que mes yeux lui plantent des milliers de poignards imaginaires en pleine tête.

Nous nous promenons jusqu'au marché de Spitalfields, faisant un détour au cas où Evan réapparaîtrait pour nous tenir la jambe, vu que nous nous dirigeons tous vers le même endroit. Je sais que Robert pense à Evan, parce que, après une scène pareille, qui ne le ferait pas?

—Le moins qu'on puisse dire, c'est que ton ami est exalté, finit-il par remarquer. Ça fait longtemps que tu le connais?

—Pas vraiment, répliqué-je l'air de rien.

—Tu n'es jamais sortie avec lui?

—Quoi? Moi?! Non, jamais.

Bon sang, reprends-toi un peu, Carson!

—Il est gay. Donc non, ajouté-je.

—N'a-t-il pas dit que tu étais présente quand il a rompu avec sa petite amie?

Et merde!

—Non, je suis quasiment sûre qu'il a dit «petit ami». Et je les ai seulement vus se disputer dans le couloir…, insisté-je en revoyant Cassie et son bonnet. Je pense qu'il aime les ours.

Robert hausse les épaules.

— En tout cas, il avait l'air de faire copain-copain avec toi.

Je glousse. Non seulement parce que mes nerfs sont en train de lâcher, mais aussi parce que je sors avec un homme qui utilise le terme «copain-copain».

Je pince le bras de Robert.

— Non, nous ne sommes même pas amis. Des connaissances, et encore. Attends une minute... Tu es jaloux?

— Pas vraiment, répond-il. Seulement curieux... Oh, regarde! Ce serait pas ton colocataire?

Je me tourne vers l'endroit qu'indique Robert et repère facilement le bon mètre quatre-vingt-dix de Toby, qui nous salue de la main. Son grand sourire amical est plus que bienvenu à cet instant. Alors que nous nous rapprochons, je remarque que, enroulée autour de sa taille, une femme nettement plus petite le regarde avec adoration.

La place de l'ancien marché est bondée et bruyante comme jamais. La chorale n'a pas encore commencé à chanter, mais les gens sont de bonne humeur, portant des guirlandes en guise d'écharpes, des branches de gui à la main, tout en sifflant du vin chaud et en postant des selfies pour montrer à leurs amis Facebook à quel point leur vie est bien remplie et variée –#mavieesttropcool. Nous nous frayons un chemin dans la foule pour rejoindre Toby.

— Salut! Alice n'est pas encore là? m'enquiers-je. Toby, tu te souviens de Robert?

Toby et Robert ne se sont vus qu'une fois, quand Robert a fait l'erreur malencontreuse de monter chez nous par l'ascenseur qui pue, et que Toby lui a concocté un atroce thé aux fruits pendant que je me préparais. Une expérience qu'il a juré de ne jamais réitérer.

Toby serre la main de Robert.

— Comment ça va ? Oui, Alice est en chemin.

Nous regardons maintenant l'amie de Toby, mais elle a toujours les yeux rivés sur lui et nous ignore.

— Tu fais les présentations, Toby ?

— Désolé, oui. Voici Becca. Becca, Emily et Roberto.

« Roberto » ? J'ai bien l'impression que Toby a fumé un joint.

Becca arrache son regard de Toby, mais ne se décolle pas de sa taille. Elle ressemble à un de ces porte-crayons koala que j'avais à l'école primaire. On échange quelques banalités, mais je sens bien qu'elle se moque éperdument de qui nous sommes. Elle n'a d'yeux que pour mon colocataire.

— Comment vous êtes-vous rencontrés, tous les deux ? tenté-je, en me demandant si Becca ne s'est pas enduite de glu pendant que Toby regardait ailleurs.

— Sur Tinder, répond-il en faisant un clin d'œil. Il apparaît qu'on y trouve des gens normaux, en définitive.

— Je ne pourrais dire, répliqué-je, ce que Toby sait faux, mais pas Robert.

En réalité, j'ai passé presque un an sur Tinder, à rencontrer et fréquenter certains des plus gros nazes de Londres. Que ce soit l'homme qui mentait de quinze ans sur son âge, celui qui promettait d'appeler mais ne le faisait jamais, celui qui devenait détestable quand je refusais de le rappeler, ou n'importe quel autre. Ils me faisaient tous mourir d'ennui ou la réciproque, parce que je n'avais ni l'expérience, ni le corps d'une fille de vingt-deux ans. Puis j'ai rencontré Robert. Pas de photos de profil, pas d'inscriptions, pas d'attentes. Il était seulement sorti dans un bar, tout comme moi.

— Nous sommes allés à une dégustation de gin pour notre premier rendez-vous, explique Becca, le son de sa voix me ramenant à la réalité. Je n'aime même pas le gin, mais j'ai trouvé Toby tellement sexy.

Elle n'aime pas le gin ? De quel genre de monstre s'agit-il ?

— Et qu'est-ce que vous faites dans la vie ? demande-t-elle.

Elle regarde fixement Robert, comme si elle essayait de prendre ses mensurations.

— Je suis dans le marketing, répond-il. Et vous ?

— Esthéticienne.

— Oui. Je l'aurais parié, réplique-t-il avant de se tourner vers moi. Tu veux un café ?

Je ne sais pas si je suis plus abasourdie par sa réponse odieuse, ou par le fait que Becca semble l'interpréter comme un compliment. Je demande un *latte*, et il se retire gaiement de notre petit cercle. Toby est toujours dans la lune et n'a même pas remarqué notre conversation.

— Salut, les nullos ! Ça a déjà commencé ?

— Alice !

Je suis tellement contente de la voir que je pourrais l'embrasser.

— Si tu savais la soirée que j'ai passée jusqu'ici, me lamenté-je. Franchement, je suis bonne à jeter.

— Où est ton copain? demande-t-elle en balayant les environs du regard.

Je montre du doigt le stand qui vend du café, où l'intéressé prend tout son temps.

— Ah, oui. Dis donc, y a un de ces mondes... Emily, c'est qui, cette fille collée aux basques de Toby?

Pour quelqu'un qui prétend s'en moquer éperdument, Alice est vraiment nulle pour cacher son intérêt évident.

— Elle s'appelle Becca. Ils se sont rencontrés sur Tinder, expliqué-je à voix basse. Elle est esthéticienne.

— Ça se voit pas.

— Toby est défoncé, en revanche, ajouté-je. Je ne suis même pas sûre qu'il soit conscient de sa présence.

— Je ne suis pas inquiète, assure-t-elle.

— Hmm, je n'ai pas dit que tu l'étais.

— Tant mieux. Je vais le saluer. Oh, regarde! Voilà Evan.

— Si Toby veut... Quoi? Où est Evan?

— Juste ici, répond-il dans mon oreille gauche. Je t'ai manqué?

Paniquée, je jette un coup d'œil à Robert, qui fait encore la queue, puis à Alice, qui vient d'entamer une conversation avec Toby, au grand dam de Becca.

— Oh! Encore toi! Est-ce que tu me suis, Evan?

—Bien sûr que non, rétorque-t-il en fronçant les sourcils. Je suis avec des amis. Je t'ai dit que je venais ici.

—Les amis imaginaires ne comptent pas.

Il pointe des gens du doigt au milieu de la foule.

—Tu vois ces trois mecs avec des bonnets de père Noël ?

Difficile de les louper. Ils ont des carrures de rugbymen et ont rentré leurs cols roulés dans leurs jeans.

—Je les vois, confirmé-je. Sont-ils aussi charmants qu'ils en ont l'air ?

—Aucune idée, admet-il. Je ne les connais pas. Je suis venu avec les deux types qui font ringards juste à côté d'eux.

Il adresse un signe de la main à deux maigrichons débraillés, dont l'un nettoie ses lunettes sur l'écharpe de l'autre.

—On a un truc à fêter ce soir. Grosse journée au boulot.

—Tant mieux pour toi. Ça m'est bien égal. Pourquoi tu n'irais pas les rejoindre ?

Il n'en fait rien. Au lieu de ça, il sort des gants de la poche de sa veste en cuir et les enfile.

—Cassie t'envoie le bonjour, au fait. Son bonjour consistant en un doigt d'honneur et une invitation à aller nous faire voir tous les deux.

De toute évidence, il s'attend à des excuses de ma part.

Les chanteurs de la chorale viennent de se mettre en place, et le silence s'est installé au sein de la foule qui patiente gentiment.

—Écoute, Evan, je ne perds pas mon sang-froid d'habitude, mais mets-toi à ma place… Du bruit en permanence… J'étais épuisée…

Les premières phrases de *Douce Nuit* résonnent dans les airs. Evan affiche un sourire narquois face à l'ironie de la situation. Je regarde derrière moi pour voir où en est Robert, et m'aperçois qu'il revient vers nous.

—Je te présente mes excuses, Evan, grommelé-je les dents serrées. On peut passer à autre chose ?

Je dirais n'importe quoi pour que cet abruti dégage.

—Je vais y réfléchir, répond-il tout en observant Robert se diriger vers nous. Cela dit, une petite question avant que je parte.

—Soit. Laquelle ? murmuré-je, consciente que tout le monde se fait nettement plus discret que nous.

Il s'approche lentement, puis fait un geste en douce vers Robert.

—Ma question est… Ce mec ? Sérieusement ?

—Oh, va te faire voir, Evan !

Je le pousse pour le faire reculer, mais il continue à parler. Une femme avec un bonnet vert vif nous ordonne de nous taire.

—Tu penses qu'il a remué ton café avec sa petite cuillère en argent ?

—Oh, grandis un peu.

—Enfin, je sais que tu complexes sur ton âge, mais il a combien ? Cinquante piges ?

—Au revoir, Evan, grogné-je à voix basse.

—À plus tard, voisine, s'esclaffe-t-il pendant que je lui tourne le dos. Salue ton papa pour moi.

Quelques instants plus tard, Robert arrive, nos cafés à la main. S'il a remarqué Evan, il n'en dit rien et se contente d'enrouler son bras autour de moi. Je me pelotonne contre lui et sirote lentement mon breuvage, m'efforçant de savourer ce qui devrait être un moment romantique digne d'un conte de fées. Il fait sombre, les gens ont de fausses bougies à la main, et il y a des fêtards béats qui chantent sur la paix dans le monde, nom de Dieu! *Je ne vais pas laisser ce petit minable me contrarier.* Je suis déterminée à finir cette journée en apothéose. Je parviens presque à changer d'humeur, avant d'entendre une voix familière s'écrier :

— Écarte ta sale tronche de mon petit ami, pétasse !

Robert et moi, ainsi que tous les gens dans un rayon de trois kilomètres, nous tournons pour observer Toby et Alice s'embrasser comme si leurs vies en dépendaient, ainsi qu'une Becca furieuse, près du camion de café, en train de se faire enguirlander par la femme au bonnet vert.

Chapitre 7

Avant même la fin du concert, Becca s'était fait expulser par la sécurité, tandis que Toby et Alice s'étaient exclus eux-mêmes, sans doute pour rentrer à la maison et nous laisser aller dîner, Robert et moi, dans un restaurant italien quelconque du quartier.

Je vois bien à l'expression de son visage que ce n'est pas ce qu'il avait en tête pour le dîner de ce soir, ou alors, il est seulement contrarié d'être resté dans le froid, parmi une foule de gens qui font probablement leurs courses chez *Lidl*. Quoi qu'il en soit, il n'a pas l'air dans son assiette.

Le serveur nous installe vers le fond de la salle bondée et bien éclairée, à côté d'une table de six femmes de plus de soixante ans, qui semblent passer un bon moment. En regardant leurs mines réjouies, je me souviens aussitôt de l'aura particulière que dégagent les femmes quand elles ont trouvé leur tribu. On dirait un champ de forces. Elles rayonnent.

— Il n'y avait pas de loto ce soir ? glousse Robert à voix basse.

J'ai un pincement au cœur. *Pourquoi ce commentaire désobligeant ?* Je jette un coup d'œil en espérant que ses propos n'aient pas pénétré le champ de forces, mais la femme assise tout près de nous le foudroie déjà du regard. En souriant humblement, je prends la carte au centre de la table et lui ordonne de ne pas être aussi méchant.

— Le snobisme n'a rien d'attirant, lancé-je en guise d'avertissement, mais il est trop occupé à trouver quelque chose à son goût sur le menu bon marché.

Une femme meilleure l'aurait forcé à s'excuser. Un homme meilleur n'aurait pas fait de remarque en premier lieu.

Notre serveur revient, nous informe qu'il s'appelle Mike, que la soupe du jour est un minestrone, et qu'il n'y a plus de calamars. Robert commande les pennes aux champignons des bois, et j'opte pour les raviolis au crabe.

— Désirez-vous du pain ou des olives ? demande Mike pour la centième fois de la journée.

— Les deux, répond Robert. Et une bouteille de pinot. Rapidement, si possible.

Je remercie poliment Mike et lui rends ma carte, en espérant qu'il ne crachera que dans l'assiette de Robert et épargnera la mienne. Je n'avais pas conscience d'à quel point ses manières pouvaient être exécrables ; d'ailleurs, je crois qu'il n'en a aucune idée non plus. En tout cas, le sortir de sa zone de confort dispendieuse m'a ouvert les yeux.

Quelques minutes plus tard, le pain, les olives et le vin arrivent. Affamée, je me précipite aussitôt sur le pain et refuse poliment les olives, parce que les olives, c'est dégueu.

— Tout va bien ? m'enquiers-je doucement. Tu n'as pas l'air dans ton état normal ce soir.

— Ça va, répond-il en m'observant tremper mon pain dans de l'huile pimentée. Bientôt les vacances de Noël ? En même temps, vous les enseignants, vous êtes toujours en congés.

— Dans quatre jours, confirmé-je. Vivement. On a beau avoir beaucoup de vacances, on travaille dur !

Il prend le ramequin d'olives et le renifle avant de le reposer sur la table.

— Tu devrais essayer ce pain, ajouté-je pour changer de sujet. Il est délicieux.

Il s'exécute et prend un petit morceau de *ciabatta* dans la corbeille.

— J'ai parlé à mon frère aujourd'hui, reprends-je. Il est impatient de te rencontrer. Ils le sont tous. Je me disais qu'on devrait partir...

— Ah, oui... À ce propos..., m'interrompt-il. Je voulais t'en parler. Je ne... Oh, super ! les plats arrivent.

Mike pose nos assiettes et nous propose un tour de moulin à poivre, que Robert accepte.

— Je ne pense pas pouvoir venir, poursuit-il en faisant signe à Mike d'arrêter de moudre. Je vais travailler pour le réveillon et...

—Dans ce cas, on partira plus tard! Ce n'est pas un problème.

—Non, je ne veux pas chambouler tes projets.

—Ou tu peux nous rejoindre en voiture quand tu auras fini, et rencontrer mes parents à ce moment-là. Je vais t'envoyer leur adresse. Attends une seconde.

Il prend une bouchée de pâtes, et me regarde taper rapidement l'adresse de mes parents et lui envoyer par message.

—C'est fait. Ou tu peux prendre un train jusqu'à Édimbourg, et je passerai te chercher.

Le SMS arrive sur son téléphone, mais il ne le regarde même pas. Au lieu de ça, il me prend la main.

—Peut-être une autre fois. J'ai tellement de pain sur la planche. Mais profites-en bien.

Il ne peut pas me faire ça. J'arrache ma main de la sienne et poignarde mes raviolis.

—Écoute, on pourrait se contenter d'y passer deux jours, plaidé-je. Ou même une seule nuit?

Il secoue la tête.

—Bon sang, Emily. Je ne peux pas venir, un point, c'est tout. Je n'aurais pas dû accepter. Je suis désolé.

—Mais j'ai dit à tout le monde que tu venais maintenant! imploré-je. Les miens nous attendent. Pourquoi est-ce si difficile de dégager deux jours pour passer Noël avec moi et mes proches?

Il rive les yeux sur la table. Mais il ne dit rien. *Bon sang, quelqu'un l'aurait-il mis en garde?* Il prend une lampée de vin.

—Parce que je vais passer Noël avec ma famille, Emily.

—Dans ce cas, on n'a qu'à partager entre la tienne et la mienne! m'exclamé-je. Ça pourrait fonctionner. J'adorerais rencontrer tes proches. Les parents m'adorent, et...

—Tu ne m'écoutes pas, Emily. J'ai une famille.

Je lève les yeux au ciel.

—Mais si, je t'écoute! J'essaie seulement de trouver une solution qui...

Et là, je l'écoute réellement. Je l'écoute et j'ai l'impression de prendre un train en pleine face; j'en ai le souffle coupé. Il me faut un moment pour trouver mes mots.

—Combien d'enfants?

Il semble un peu pris de court.

—Deux. Un garçon et une fille.

—Épouse ou petite amie?

—Épouse. Depuis dix ans. Enfin, c'est compliqué.

Je saisis ma serviette sur mes genoux et la jette sur la table. J'ai envie de vomir.

—Oh, mon Dieu, je suis une maîtresse. Putain, je suis une maîtresse! Comment as-tu pu me faire ça? Non, attends. Comment as-tu pu leur faire ça?

—Emily, je n'ai jamais voulu te faire de mal. Je ne comptais pas tomber amour...

Ma serviette effectue un second trajet, de la table à sa sale tronche.

—Amoureux? C'est ça que tu allais dire? Tu es sérieux, là? craché-je.

Le sanglot coincé dans ma gorge refuse de sortir, mais quelque chose doit céder, donc j'éclate de rire. Un rire nerveux. Un rire hébété. Un de ces rires qui pourraient se transformer en crises de larmes à tout moment, et j'ignore moi-même comment il va évoluer. Je prends mon sac à main.

— Tu n'as pas le droit de me dire ça, Robert. En fait, tu n'as pas le droit de me dire quoi que ce soit. Garde tes mots doux pour ta femme et tes enfants, espèce de salopard.

Toujours hilare, j'attrape la bouteille à moitié entamée dans le seau et traverse le restaurant. Mon rire persiste jusqu'à ce que j'atteigne la porte et que je me retrouve tremblante sur le trottoir. J'avale une bonne gorgée de vin, et un sanglot éclate enfin au fond de ma gorge. *C'est parti pour les grandes eaux.*

— Vous allez bien ?

Dans son rétroviseur, le chauffeur me regarde hocher la tête en silence, tandis que je farfouille dans mon sac en quête d'un mouchoir, ou de quoi que ce soit d'autre qui pourrait faire un substitut acceptable. Robert m'a laissé trois messages durant le temps qu'il m'a fallu pour détaler au coin de la rue, me planquer, siffler le vin, et trouver un taxi. *Je me fiche de ce qu'il a à dire. Croit-il sincèrement pouvoir s'en tirer à bon compte en s'expliquant ?*

— Expliquer quoi ?

Oh, génial ! Non seulement je suis une épave en larmes, mais en plus, je pense à voix haute devant des inconnus.

— Rien du tout, affirmé-je, en essuyant mon mascara avec un vieux ticket de caisse. J'habite juste là, sur la gauche.

Je ressors dans le froid et me précipite vers mon immeuble. Je me sens vide. Non, je me sens bête – bête et pathétique – et, le pire, c'est que je vais devoir expliquer à ma famille que mon radar à baratineurs est déréglé, et que je rentrerai seule à la maison cette année. J'imagine déjà l'interrogatoire qui va suivre.

« Comment ne t'es-tu rendu compte de rien ? »

« Sa femme est au courant ? »

« Oh, Emily, tu ne fais jamais les choses comme il faut, hein ? »

« Comment as-tu pu t'investir avec un être aussi méprisable ? »

« Il a des enfants ? Oh, bon sang, Emily, pense un peu aux enfants ! »

J'ouvre la porte de mon appartement, qui est plongé dans l'obscurité. J'appelle pour voir si Toby et Alice sont là, mais n'obtiens aucune réponse. Je me demande où ils sont passés. Je laisse tomber mon sac et enlève mon manteau, soulagée d'être seule. Je n'ai pas envie d'expliquer pourquoi je pleure. Je veux seulement aller dans ma chambre, mettre la tête sous la couette et rester cachée jusqu'au nouvel an. Mais pour mettre ce plan en œuvre, il va me falloir plus d'alcool. Tout l'alcool que je pourrai trouver.

Je ne prends même pas la peine d'allumer la lumière en entrant dans la cuisine, et chipe la bouteille de Jim Beam que je garde près du micro-ondes. Seulement, il semble qu'Alice l'ait bue et remplacée par un bourbon minable de supermarché, en espérant que je ne remarque rien. Certes, je n'ai peut-être pas été assez observatrice pour comprendre que mon petit ami était marié, mais je ne suis pas une abrutie non plus. En levant mon verre, je fais le serment de venger la disparition de Jim, mais ce n'est pas le bon moment pour ça. C'est le moment de finir soûle comme une grive.

Au bout de trois shots, je me dis que ce bourbon pas cher n'est pas si mal et a considérablement amélioré mon état d'esprit, sans parler de ma capacité à bâtir un fort génial constitué de mon fauteuil, d'une chaise de la cuisine, d'oreillers et de ma couette. J'allume mes enceintes Bluetooth et ouvre l'application Spotify sur mon téléphone. *Qu'est-ce que je suis d'humeur à écouter ? Lana Del Rey ? Beurk, non, trop intense. Nirvana ? Trop rageur... J'ai besoin d'un truc ringard. Quelque chose de léger et entraînant. Les Backstreet Boys ? Oh que oui ! J'ai bien l'intention de danser jusqu'à l'oubli.*

Avant même la fin de *Backstreet Back*, je n'ai déjà plus de fort, plus de robe, et plus de souffle. Soit je n'ai vraiment pas la forme, soit je suis incroyablement ivre, mais je ne m'arrête pas pour si peu, vu que la prochaine chanson dans la liste est *The Call*, et... *Mais qui est-ce qui tambourine comme ça ?* Je cesse de sauter dans tous les sens et tends l'oreille. C'est reparti – un martèlement incessant contre le mur. Je coupe la musique et entends une voix hurler :

— Éteins cette horreur !

Bon sang, c'est une blague. Evan Grant a le culot de se plaindre que « je » fasse trop de bruit ?

— Va te faire voir !

Non seulement je remets la musique, mais j'augmente le volume. *Voyons voir si ça lui plaît quand les rôles s'inversent.*

Je vais peut-être même pousser la chansonnette, histoire d'être sûre qu'il ne manque pas un mot de ces paroles fabuleuses.

Le martèlement reprend une minute de plus, puis s'arrête. *Victoire! Peut-être qu'il comprend enfin ce qu'il me fait endurer depuis un an.*

Puis j'entends la sonnette.

Et encore.

Et.

Encore.

Je sais que c'est lui, et je sais qu'il continuera tant que je ne répondrai pas. J'enfile un vieux tee-shirt et titube dans le couloir jusqu'à la porte.

C'est Robert.

Et merde, je l'avais pas vue venir, celle-là! Il a l'air malheureux.

Bien fait.

—Je t'en prie, Emily. Il faut qu'on parle. Ça ne peut pas se terminer comme ça…

En entendant la musique, il s'interrompt et jette un coup d'œil derrière moi.

—Tu es seule?

Je referme légèrement la porte.

—Ouais, seule et complètement déchirée. Maintenant, va-t'en de chez moi. Tu n'es pas le bienvenu ici.

—Si tu voulais bien me laisser entrer, je pourrais…

—Non, merci. Entrer pour quoi? Tu m'as gâché ma soirée, et tu m'as gâché Noël. J'en ai assez entendu comme ça, maintenant barre-toi!

Je suis en train de hurler ? Bon sang, j'ai la bouche sèche. Est-ce que je porte des sous-vêtements au moins ?

Il se rapproche et me caresse la joue.

— Mes sentiments pour toi sont sincères. Laisse-moi entrer pour qu'on en discute. Tu ne devrais pas rester seule.

— Elle n'est pas seule. Désolé que ça ait pris aussi long-temps, Emily.

Surpris, Robert dévisage Evan qui le contourne et me tend des bières.

— Joli tee-shirt, au fait, poursuit Evan, un large sourire aux lèvres. Et si tu allais mettre ça au frais ?

— On essaie d'avoir une conversation ! aboie Robert, totalement décontenancé par ce qui est en train de se passer.

Evan s'interpose entre nous.

— Mon vieux, je suis certain que vous pourrez la ter-miner demain, quand Emily ne sera plus en train de pleurer et de crier à moitié nue dans le couloir.

Même si mon temps de réaction est nettement altéré, je comprends ce qu'il tente de faire.

— Mets les bières dans le frigo, Evan, j'arrive dans une minute.

Tandis qu'il disparaît dans mon appartement, je me retourne vers Robert, qui a l'air furieux.

— Une vague connaissance, hein, Emily ? Oh, je ne suis pas dupe.

— Tu n'as pas le droit de présumer de quoi que ce soit, Rabbie, et je préférerais prendre une bière avec Jack l'Éventreur que de passer une seconde de plus à te parler. Va retrouver ta femme. Va donc lui tenir des discours salaces. On verra si elle est d'accord pour que tu bousilles ses chaussures, parce que moi, j'ai assez donné !

Il commence à rétorquer mais je ferme la porte, parce que je refuse de l'écouter. Si je le faisais, il pourrait trouver quelque chose qui atténuerait ma colère, et je ne suis pas encore prête pour ça. Je décrète que le mieux à faire est de m'asseoir par terre.

—Ça va ? m'interpelle une voix de la cuisine.

—Oui, très bien, m'écrié-je en retour.

—Emily ?

—Quoi ?

—Il faut vraiment que tu me racontes cette histoire de chaussures.

—Tu peux t'en aller maintenant.

J'entends le cliquetis d'une capsule de bouteille, puis Evan apparaît dans le couloir.

—Je plaisante, assure-t-il. Plus ou moins. Tu as envie d'en parler ?

—Non, assuré-je en levant les yeux vers lui. J'ai envie d'un autre verre. Tu as de la barbe ?

Il se penche pour m'aider à me lever.

—Je crois que tu as déjà assez bu comme ça, fait-il remarquer.

—Tu n'as pas à me dire ce que je dois faire. Tu n'es pas mon vrai père.

Il éclate de rire.

113

—Bon, je vais m'en aller, une fois que tu auras bu de l'eau. Et éteins cette musique pourrie. Franchement, des boys bands, Emily ? J'avais une plus haute estime de toi.

Je passe à côté de lui et trébuche en me dirigeant vers ma chambre.

—Je compte continuer ma petite soirée pathétique, Evan. Tu peux te joindre à moi ou rentrer chez toi, comme tu préfères.

Je retourne dans ma chambre et repère mon verre à shots. Spotify est passé à Dionne Warwick et je m'empresse de changer, sinon mon cœur pourrait bien exploser. Je poursuis ma quête de ringardise et mets les New Kids on the Block. J'en suis au milieu de la chorégraphie de *Hangin' Tough,* quand je remarque qu'Evan se trouve dans ma chambre, sirotant une bière d'une main, et tenant une bouteille d'eau dans l'autre.

—C'est malsain, commente-t-il en m'observant, partagé entre horreur et amusement. J'envisage une intervention en urgence.

Avant que je puisse protester, il s'assoit par terre et parcourt ma playlist en secouant la tête. Les New Kids cèdent la place à Weeknd.

—Bah, tes goûts musicaux sont atroces, grommelé-je, ignorant la bouteille d'eau pour me servir un autre shot.

Il tend la main vers le bourbon.

—Hmm, c'est de ta playlist qu'on devrait discuter pour l'instant. On dirait un appel au secours.

Je lui tends la bouteille, qu'il renifle avant d'en prendre une gorgée.

— Bon, tu comptes me raconter ce qui s'est passé avec ton petit ami ou il va falloir que je devine ? demande-t-il.

— Ce ne sont vraiment pas tes affaires, rétorqué-je en lui reprenant la bouteille des mains.

— Il est marié, hein ?

— J'étais donc la seule à ne pas être au courant ?

— J'ai entendu le mot « femme » quand vous vous disputiez.

— Oh, eh bien, tant mieux pour toi, Sherlock, marmonné-je en me balançant au bord du lit. Oui, apparemment, il a une femme et un enfant – non, « des enfants » – mais, en plus, il a gâché Noël.

— Comme le Grinch ? J'ai remarqué qu'il n'y avait pas beaucoup de décorations chez toi. T'aurait-il « volé Noël », Emily ?

J'éclate de rire et me laisse glisser du lit sur le sol.

— J'avais tout planifié ! Il était censé venir avec moi ! Il incarnait la raison pour laquelle ma famille n'allait pas me harceler sur ma vie privée. Pour une fois, ça s'annonçait comme la meilleure période de l'année, au lieu de la torture habituelle.

— Pourquoi tes parents te harcèlent sur ta vie privée ? Qu'est-ce qu'elle a qui cloche ?

Je fais cogner la bouteille contre mes dents de devant. *Bon sang, je n'arrive même pas à la voir correctement, alors ne parlons pas d'en boire !*

— J'ai trente-huit ans, Evan ! Je vis en colocation ! Je n'ai pas d'enfants, pas d'économies, même pas d'assiettes assorties! J'habite à Londres depuis des années et je n'ai pas de maison à moi, et ne suis même pas vraiment en couple.

Il reste silencieux un moment.

— Tu as trente-huit ans?

— Oh, la ferme.

— Une autre plainte à formuler?

— Oui. J'ai des voisins insupportables.

Evan lève sa bouteille en arborant un grand sourire.

— Tout cela est peut-être vrai, mais tu as très bon goût en matière de camping d'intérieur. Ce n'est pas rien.

Et là-dessus, il se faufile à l'intérieur du fort.

— Tu devrais te reconvertir dans le secteur. Allez, dépêche-toi d'apporter l'alcool, ajoute-t-il.

Je rampe à côté de lui et cale un coussin derrière ma tête. En me réveillant ce matin, je n'aurais jamais supposé qu'à 23 heures, je serais célibataire, ivre, et blottie dans un fort improvisé avec mon nul de voisin.

Il baisse les yeux vers moi.

— Emily, ça m'est égal ce qu'on pense de toi. Je te trouve géniale.

— Qui a dit…? Oh, d'accord… Je suis plutôt géniale, c'est vrai.

— Maintenant, à ton tour de dire quelque chose de gentil à mon sujet.

J'éclate de rire.

— Comme quoi?

— Eh bien, je t'ai sauvée des griffes d'un sale type, donc je suppose que je suis un peu ton héros.

Je secoue la tête.

— « Sauver », c'est un peu fort. Tu m'as aidé à apaiser des tensions avec mon petit ami. Oups, « ex-petit ami ».

— L'homme-chaussure, ça lui va bien, rétorque-t-il en prenant une bonne gorgée de sa bouteille. Dis-moi, est-ce que les discours salaces impliquaient des chaussures, ou…

— Arrête tout de suite ! insisté-je.

— Arrêter quoi ?

— De faire le malin ! Et de poser des questions indiscrètes.

— Je ne suis pas indiscret. Je suis seulement curieux.

— Eh bien, rentre chez toi, et sois curieux… chez toi.

Aïe, l'alcool limite sérieusement mon vocabulaire. C'est mauvais signe. Je ressors du fort en rampant et monte le volume de la musique.

— Si tu insistes pour rester, alors il va falloir que tu danses, l'avertis-je. Et que tu boives. Ce sont les règles.

Il se lève et descend un shot de bourbon.

— Cette musique n'est pas un peu trop…

— Danse !

— Bon sang, qu'est-ce que tu peux être autoritaire ! D'accord, mais tant que je peux…

Tout ce dont je me souviens après, c'est me réveiller seule dans mon fort, avec une gueule de bois de tous les diables. Près de moi, je vois une bouteille d'eau et mon iPod, sur lequel il manque au moins trente chansons.

Chapitre 8

—C'est Robert que j'ai entendu partir ce matin ? lance Alice en me regardant entrer dans sa chambre pour me coucher en position fœtale sur son lit. Parce que, si c'est le cas, il a mangé ton yaourt au citron.

—Bien tenté, répliqué-je calmement. Contente-toi de m'en acheter un autre. Je m'en fiche.

Hilare, elle attrape quelque chose derrière son dos puis continue à avaler mon yaourt.

—D'humeur clémente ? Je suppose que ça s'est bien passé ?

Je suis trop fragile pour avoir cette conversation maintenant. La seule chose que je sente dans ma bouche, c'est un goût de vieux bourbon et de quelque chose qui s'apparente à des regrets. J'enfouis la tête sous sa couette en espérant qu'Alice lâche l'affaire.

—En tout cas, il a l'air de faire des efforts pour toi. La chorale… Rencontrer ta famille… Ta mère va être aux anges! Elle va choisir des chapeaux, et tout le tintouin. Je pense à un mariage estival…

— Il est déjà marié, Alice. Il a une femme et des gosses. On n'a même pas terminé le dîner.

Elle pose son yaourt.

— Non! Tu déconnes? Comment est-ce possible?

— Je n'ai pas posé la question, expliqué-je, mais je suppose que chaque fois qu'il prétextait travailler le week-end, c'étaient des conneries.

— Donc il vit à Londres pendant la semaine et rentre le week-end? reprend-elle, pensive. Je me demande si son épouse a des soupçons.

— Aucune idée.

— Je suis prête à parier que oui. Les femmes savent toujours quand leurs hommes s'envoient en l'air en douce.

J'enlève la couverture de mon visage.

— Eh bien, moi, je n'en savais rien! Visiblement, je suis passée complètement à côté!

Je disparais de nouveau sous la couette, où sa mine apitoyée ne peut pas me suivre. Je sens sa main me caresser gentiment les cheveux.

— Quel connard. Je suis tellement désolée… Je sais que tu fondais de grands espoirs sur lui. Si tu as besoin de pleurer, je suis là.

— Merci.

Je suis trop déshydratée pour pleurer.

Je l'entends s'attaquer de nouveau à son yaourt.

—Mais, attends une minute, si toi et Robert n'avez même pas fini de dîner…

Et voilà, on y est.

— … alors qui ai-je entendu partir ?

—Evan, dis-je sous la couette. C'était Evan.

Elle me découvre la tête.

—Quoi ? Evan ? Comment ça a pu… ? Tu ne l'as pas fait… si ?

—Aucune idée, avoué-je en essayant de m'asseoir. Je me souviens d'avoir bu… puis Robert est arrivé à la porte… et Evan est sorti de chez lui et l'a fait fuir. Ensuite, on s'est cachés dans mon fort.

—Ton « fort » ? Tu étais ivre à quel point ?

—Au point maximum. À quelle heure l'as-tu entendu partir ?

—On est rentrés vers 3 heures du matin, et c'était peu de temps après.

—Attends un peu ! Toi et Toby vous êtes embrassés. Discutons plutôt de ça.

—Il ne s'agit pas de nous, proteste-t-elle. Concentrons-nous sur toi.

—Soit, mais tu sais pertinemment que je vais y revenir quand je me sentirai mieux, hein ?

—Ça, je sais… Mais Evan. Qu'est-ce qui s'est passé ?

J'essaie de retracer le cours des événements, mais la soirée reste floue.

—Je n'en suis pas tout à fait sûre. J'irai lui parler plus tard, ajouté-je en tentant de me lever. Il me faut plus d'eau. Tu as une bouteille qui traîne ?

Je prends une des deux bouteilles d'eau de deux litres dans le frigo et l'apporte dans ma chambre, avant de fouiller la salle de bains en quête de paracétamol. J'en prends deux comprimés et extirpe ma couette du fort avant de me remettre au lit. Mon téléphone bipe. Deux fois. Je sais que c'est Robert et je ne suis pas en état de lui parler. J'éteins mon portable et le jette sous le lit. J'espère que Robert passe un aussi mauvais week-end que moi.

À l'heure du déjeuner, Toby passe la tête dans ma chambre avant de partir pour le travail. Il porte une écharpe rouge qui fait la longueur d'un anaconda et me demande si j'ai besoin de quoi que ce soit. Ce que je veux vraiment, c'est mon remède écossais contre la gueule de bois écossais – du soda Irn-Bru avec des saucisses carrées et des scones de pomme de terre – mais ici, on est à Londres, et il perdrait sa journée à tenter de trouver les produits en question.

—On a des chips? m'enquiers-je. Je crois que j'ai besoin de malbouffe.

—J'ai des chips de banane séchée, offre-t-il, ou des galettes de riz?

—Est-ce qu'on a quoi que ce soit qui ne soit pas diététique? Il secoue la tête.

—Oh, si, Alice garde des chips dans sa chambre. Ça te va?

—Comment sais-tu ce qu'il y a dans sa chambre? répliqué-je en le toisant du regard.

Il rougit et arbore un sourire.

—Tu veux que je t'apporte un paquet?

— Non, refusé-je. Pas « un ». Tous. Apporte-les tous.

Deux secondes plus tard, il réapparaît avec deux paquets de chips nature pleins, et un autre goût fromage à moitié entamé.

— Tu viens peut-être de me sauver la vie, m'exclamé-je en les prenant sous la couette avec moi. Tu es un trésor national.

Il s'éclipse de la pièce pendant que je dévore la réserve d'Alice. Me sentant un peu mieux, je regarde des vidéos de John Oliver en ligne en sirotant un bon thé bien chaud. Ma chambre sent la même odeur qu'un vieil ivrogne, donc je me vois forcée d'ouvrir légèrement la fenêtre, laissant entrer le vent froid de décembre tandis que je reste pelotonnée sous ma couette, où je peux prétendre que tout va bien. Je sais que, quand j'en sortirai, je devrai affronter Robert, Evan, ma famille, ainsi que la couche répugnante qui couvre mes dents, mais je ne suis pas prête. J'aimerais que le monde disparaisse, rien qu'aujourd'hui.

Je ne réussis pas tout à fait à passer la journée entière à dormir, et me réveille à 22 heures dans une chambre sombre et gelée. Me sentant mieux que ce matin, mais toujours pas dans une forme olympique, je n'arrive à penser qu'à une chose : manger. Je ferme ma fenêtre et m'aventure dans la cuisine pour préparer mon deuxième plat le plus réconfortant après les chips : des tartines. Des tonnes et des tonnes de tartines tièdes et délicatement beurrées.

En découvrant qu'il n'y a pas « un seul » bout de pain dans tout l'appartement, pas même un quignon, j'éprouve une colère gargantuesque, pour ainsi dire. Je balance des torchons, je renverse des chaises, je jette des casseroles, et je claque la porte du frigo avant tant de forces que les cartes de vœux fixées par des aimants tombent et s'éparpillent à mes pieds.

Heureusement pour eux, Alice et Toby ne sont pas dans les parages, parce que sous ce toit, il n'y a que des imbéciles qui sortent avec des hommes mariés et pètent les plombs par manque de leur dose industrielle de glucides un samedi soir. Je retourne en trombe dans ma chambre, attrape mon téléphone et l'allume pour envoyer un texto aux voleurs de pain. Même s'ils ne sont pas là pour subir mon courroux, je compte bien me défouler par messages interposés, qui pourraient bien se résumer à une suite ininterrompue d'émoticons en forme de crottes. Mon téléphone s'allume enfin.

« Vous avez 17 appels manqués. »

« Vous avez 12 nouveaux messages. »

Dans ma furie, j'avais oublié pourquoi je l'avais éteint à la base, et me voilà maintenant les yeux rivés sur les nombreuses tentatives de Robert pour me joindre depuis hier soir. En soupirant, je m'assois sur mon lit et commence à effacer ses textos. J'aperçois des bribes de ses explications, de ses excuses, de ses mensonges, mais je ne m'attarde sur rien de tout ça pendant trop longtemps. *Ils sont séparés… Ils restent ensemble pour les enfants… Il m'aime… Il semble incapable d'épeler « nécessaire »… Il est désolé…* J'efface tout. Je n'écoute aucun de ses messages vocaux, appuyant sur la touche «Supprimer» avant qu'il n'ait la moindre chance de me polluer l'esprit. Puis j'entreprends le geste grandiloquent, quoique inutile, de l'enlever de mon répertoire ; je connais son numéro par cœur et je sais que, de toute manière, il m'aura réécrit avant la fin du week-end. *Mais quand même. Qu'il aille se faire voir.*

Je retourne à la table de la cuisine tandis que l'éclairage de mon téléphone s'estompe. À la même heure la semaine dernière, je racontais à ma mère à quel point ma vie était merveilleuse, et maintenant, je n'ai pas de petit ami, pas d'invité pour Noël, pas la moindre idée de ce qui s'est passé avec Evan hier soir et, le plus tragique, pas de tartines.

En plus, demain, c'est dimanche. Le jour où ma voix va parcourir les six cent soixante kilomètres qui séparent Londres des côtes écossaises, pour atteindre directement l'oreille de ma mère et l'informer que j'ai commis une erreur. *Il semble que non, je n'ai pas rencontré quelqu'un de bien, en définitive.*

Chapitre 9

Voir Kara à ma porte d'entrée ce matin est plus que bienvenu. Elle a manqué son cours de yoga du dimanche pour m'apporter du thé, du réconfort, et un sandwich provenant du café au coin de la rue.

— Tu n'avais pas besoin de te déplacer, assuré-je en lui prenant le petit sac en papier des mains pendant qu'elle enlève son manteau.

Je jette un coup d'œil dans le sachet.

— Y a du bacon dedans ?

— Bacon, saucisse et ketchup. Je t'aurais bien pris des champignons, mais il n'y en avait plus.

— Je ne sais pas ce que j'aime le plus, toi ou ce petit déjeuner. Viens dans la cuisine. Les autres sont encore au lit.

Kara me suit, tout en faisant des commentaires élogieux sur mon appartement, ce que nous savons toutes deux être un mensonge. Alice le décrit comme « rétro » sur Airbnb, mais franchement, c'est un terme codé pour « peut contenir de l'amiante ». Apparemment, la personne qui vivait ici dans les années 1960 était obsédée par le crépi, et s'est assurée que tous les murs et les plafonds soient ringards et bosselés. Refusant de s'en débarrasser ou d'ajouter une couche de plâtre, le propriétaire s'arrange pour faire repeindre notre couloir en braille de temps en temps. L'an dernier, il a renoncé au blanc insipide habituel et a repeint les murs dans une charmante teinte blanc cassé que je me plais à appeler « vomi de bébé ». À l'exception de ma chambre, les rénovations dans l'appartement sont restées minimes, mais nous faisons tous de notre mieux pour le rendre confortable, en y apportant nos petites touches personnelles. Alice adore les cartes postales artistiques et les bougies parfumées, et moi, j'apprécie les guirlandes lumineuses et les fleurs fraîches. Quant à Toby, il aime laisser traîner ses chaussures dans le couloir.

Kara s'installe à table.

— Je veux tout savoir, commence-t-elle en soufflant sur son thé chaud. Ensuite, je déciderai s'il vaut mieux le mutiler ou le tuer.

— Pas grand-chose à ajouter, répliqué-je. Comme je te l'ai dit par message, il est marié, et c'est fini entre nous.

Elle m'observe mordre dans mon sandwich et m'accorde ce petit instant de plaisir, quand la bouche rencontre le bacon et que le monde paraît un peu meilleur, avant de se remettre à me harceler.

— Voilà ce qui arrive quand tu fréquentes quelqu'un qui n'utilise ni Twitter ni Facebook. C'est évident que ces gens cachent quelque chose. En plus, il ose te plaquer avant Noël ! Eh bien, je n'ai jamais…

—Mon. E lé paqué!

J'ai beau être en train de m'empiffrer comme un cochon, je ne peux pas laisser passer ça.

—Quoi? Oh, tu l'as plaqué?

J'avale rapidement ce qui me reste dans la bouche.

—Oui! J'ai choisi d'arrêter. C'est lui, le naze! Je ne me suis pas fait plaquer!

—D'accord, je ne…

—C'est moi qui l'ai jeté. Pas lui. Moi.

—… crois pas que ça ait beaucoup d'impo…

—Au Mexique, on m'appellerait *El Plaquo.*

Elle crachote des postillons de thé.

—Ha ha, soit. J'ai saisi. Je dois bien l'avouer, je pensais que tu serais de plus mauvaise humeur.

Je hausse les épaules et continue de manger.

—Dans l'ensemble, ça va, assuré-je. Je suis triste, mais je me sens bête, surtout. Je voulais tellement que ça marche que j'ai baissé ma garde. Les signes étaient là, mais je ne les voyais pas. Après tout, il m'a demandé si on se faisait des cadeaux cette année! Qui oserait dire ça à quelqu'un avec qui il n'a jamais fêté Noël?! Et travailler tous les week-ends? Des conférences pendant les vacances scolaires? Pouah, je devrais être plus maligne que ça.

Kara se penche au-dessus de la table pour me faire un câlin.

—Je t'en prie, ne te reproche rien. Ce n'est pas ta faute si c'est un sale menteur.

—Qu'est-ce que je dis à ma famille? Je vais passer pour une ratée pathétique. Bon sang, Kara, je croyais vraiment que c'était le bon.

Elle tend la main sous la table, ramasse une des cartes de vœux qui sont tombées du frigo et me la donne.

— Invente un truc… Raconte qu'il a été retenu au travail. N'importe quoi.

— Donc soit c'est un sale type qui refuse de prendre du temps pour rencontrer la famille de sa petite amie, soit c'est un sale type mort.

Je remets la carte sur le frigo avant qu'Alice ne remarque sa disparition.

— Tu pourrais venir passer les fêtes avec nous ? suggère-t-elle.

J'enfouis ma tête dans mes mains.

— Pourquoi est-ce que c'est ça, ma vie ?

Soudain, un Toby à moitié nu apparaît sur le seuil de la cuisine.

— Bonjour. Il m'avait bien semblé entendre des voix. Salut, Kara. Comment ça va ?

Kara se dresse comme un piquet et fait son plus beau sourire à Toby.

— Bien, répond-elle. Comment se porte le monde glamour du mannequinat ?

— Lentement, réplique-t-il en se grattant l'estomac. *London Connections* organise un casting le mois prochain. J'espère y dénicher du boulot.

Il passe à côté de moi en se dirigeant vers le réfrigérateur et en sort du jus d'orange qu'il boit directement au goulot.

— Ça ne se fait pas, Toby, grommelé-je. Inutile de remettre la bouteille dans le frigo. Elle est pleine de bave maintenant.

— Pardon, maman.

Il sourit et emporte la bouteille dans sa chambre, tandis que Kara ricane.

— Oh, non, je parle comme une mère, me lamenté-je en me prenant de nouveau la tête dans les mains. Remarque, il n'a que vingt-deux ans. Je suis assez vieille pour l'avoir mis au monde.

Kara cesse de sourire.

— Autrement dit, moi aussi. Putain que c'est déprimant. À propos de mère, celle de John arrive demain et j'ai encore un million de choses à préparer. Ça t'ennuie si je file ?

— Pas du tout, affirmé-je. Il est temps que je m'habille, de toute façon. Merci d'être venue, j'apprécie vraiment.

J'arrive à entendre Alice et Toby s'embrasser quand nous longeons le couloir jusqu'à la porte d'entrée. Kara s'arrête pour tendre l'oreille.

— Est-ce qu'ils… ? souffle-t-elle.

— Oui, murmuré-je en retour.

— Depuis quand ?!

Je lui fais signe d'avancer.

— Environ un mois après l'emménagement de Toby, chuchoté-je. C'est devenu officieusement officiel vendredi.

Elle ouvre la porte et sort.

— La poisse, décrète-t-elle en secouant la tête. Vivre avec un couple, y a pas pire. Ils vont soit s'envoyer en l'air, soit s'engueuler, soit faire des projets, et tu te sentiras toujours comme la conne qui n'a pas son mot à dire. Fais-moi confiance. Enfin bref, j'y vais. Essaie de profiter de Noël. Ne laisse pas cette vermine te le gâcher.

Elle m'embrasse sur les deux joues, et je l'observe se diriger vers l'ascenseur, tout en réfléchissant à ses propos. *Elle a raison, bien sûr, comme toujours. Je vais devenir la cinquième roue du carrosse. Non seulement je serai témoin de leurs chamailleries habituelles, mais il va aussi falloir que je tolère les câlins, les baisers, les parties de jambes en l'air et, pire que tout, leur foutu bonheur. Je ne suis pas encore prête à me réjouir pour eux.*

Je rentre dans l'appartement et parviens à faire trois pas dans le couloir avant qu'on frappe à la porte. Je fais demi-tour et la rouvre, m'attendant à trouver Kara, mais je tombe sur Evan Grant, tout sourires.

— Il faut qu'on parle de l'autre soir.

Mon estomac se noue. *Oh, mon Dieu, qu'est-ce que j'ai fait ?* Tout est tellement flou depuis la danse.

— Oui, je comptais venir te voir justement, m'empressé-je d'acquiescer. Écoute, s'il s'est passé quelque chose… je ne m'en souviens pas. J'avais beaucoup bu et…

— Houla ! m'interrompt-il en levant les mains. Tu étais ivre morte. Je suis peut-être beaucoup de choses, mais certainement pas ce genre de type. Quelle horreur !

Je sens mes joues rougir.

— D'accord. Qu'est-ce qu'il y a, dans ce cas ?

Il semble agacé, mais il poursuit :

— Au sujet de ta proposition.

— Ma quoi ? Quelle « proposition » ? Oh, pitié, dis-moi que je ne t'ai pas demandé en mariage.

Je le regarde d'un air exaspéré, et il en fait de même.

— Ton idée…

Non. Toujours rien.

— Tu… Je dois bien l'admettre, tes cheveux sont hallucinants au réveil. Ils sont toujours aussi hérissés ?

Je lève les mains et les pose sur la gauche de ma tête.

— De l'autre côté.

J'aplatis le côté droit. *Pourquoi Kara m'a-t-elle laissée m'asseoir tranquillement alors que je ressemble à une cinglée ?*

— Evan, de quoi tu parles, à la fin ? m'écrié-je. Crache le morceau !

— De Noël ! s'exclame-t-il. Tu m'as demandé de venir chez toi pour Noël !

Sidérée, j'éclate de rire.

— Quoi ? C'est ridicule !

Il hoche la tête.

— Absolument ridicule, concède-t-il, mais ça n'en est pas moins vrai.

Je me creuse la cervelle pour me souvenir de quelque chose. *N'importe quoi. Je refuse de croire que je lui ai proposé de passer Noël chez moi.*

— Tu mens, je ne ferais jamais…

« Tu n'auras qu'à te faire passer pour lui pendant quatre jours. Ils n'ont jamais rencontré Robert. Ça pourrait tout à fait être toi… »

Oh, oh !

« Tu me sauverais littéralement la vie… Je te paierai ! Un mois de loyer… »

131

Mon expression neutre cède vite la place à la panique.

—Tu resitues maintenant?

—Oh, putain! Non. Attends… Oh, putain! Oublie ce que j'ai dit. C'était l'alcool qui parlait.

Il sourit.

—Peut-être, mais ça ne me ferait pas de mal de quitter Londres quelques jours… de prendre un bol d'air en Écosse. Je suis partant…

—Tu n'as pas à être partant pour quoi que ce soit, Evan! Te payer pour que tu te fasses passer pour mon petit ami pendant quatre jours? Je ne ferais ça pour rien au monde!

Il sort son téléphone et appuie sur l'écran à plusieurs reprises.

—Comment dire… Tu l'as déjà fait.

Et là, sur sa banque en ligne, je vois un virement de 650 livres d'Emily Carson. J'ai envie de vomir. *Plus jamais je ne boirai une goutte d'alcool.*

—En réalité, ce n'est pas la proposition la plus bizarre qu'on m'ait faite…, ajoute-t-il.

—Ça suffit! Lis sur mes lèvres, Evan: ça n'arrivera pas!

Je me rue à l'intérieur et claque la porte derrière moi. J'entends Alice me demander s'il y a un problème et ma bouche lui répondre que tout va bien, mais ça ne pourrait pas être plus éloigné de la vérité. Je me sens comme une idiote pour la seconde fois du week-end, et la seule chose que j'aie envie de faire, c'est de hurler.

Les tourtereaux finissent par sortir de la chambre d'Alice à l'heure du dîner, sans doute pour recharger leurs batteries en vue de leur prochain marathon sexuel. Je devrais leur couper des quartiers d'orange, leur masser les épaules, et surtout leur jeter de l'eau en pleine figure pour faire disparaître leurs sourires béats.

—Ici Mary Poppins, lancé-je à Toby, qui ouvre et referme les mêmes placards, comme si de la nourriture allait apparaître par magie. Je vais faire des courses en ligne tout à l'heure. Fais une liste, si tu veux, mais je ne peux pas avancer l'argent. Bizarrement, je suis à sec cette semaine.

—Super, répond-il en levant son pouce vers le haut. Je vais pas tarder à m'en occuper.

—Surtout, ne rachète pas ce ketchup bio allégé en sucres, insiste Alice en s'attachant les cheveux. Il est dégoûtant. Il a le goût de vraies tomates.

Toby pousse un soupir.

—Je sais qu'avoir un régime alimentaire sain est un drôle de concept à tes yeux, mais tu devrais vraiment revoir le tien.

—Et toi, tu devrais revoir ta coupe de cheveux.

—Oh, par pitié, arrêtez! m'écrié-je. Je ne suis pas d'humeur à écouter…

La sonnerie de mon téléphone me fait sursauter. *Et merde! On est dimanche. J'ai oublié. Comment ai-je pu oublier?*

—Tu comptes répondre, Grincheux? s'enquiert Alice. Ou tu vas te contenter de faire les gros yeux à ton portable jusqu'à ce qu'il arrête de sonner?

—Je choisis la seconde option. C'est soit ma mère, soit Robert. Je ne veux parler à aucun des deux.

Alice attrape l'engin sur la table.

—Allô ? Bonjour, madame Carson ! Oui, c'est Alice…
Je vais bien, et vous ?

Je tends la main pour lui reprendre mon téléphone, mais
elle continue à jacasser.

—Oui, Emily est là… Son petit ami ? Eh bien, je…

Je lui arrache l'appareil des mains et me précipite hors
de la cuisine.

—Salut, maman. Comment vas-tu ?

—Je vais bien, Emily. Comment se porte ton nouvel
homme ?

Flûte, elle ne perd pas de temps. Je sens la moindre partie
de mon corps se crisper. Je ne suis pas préparée pour ça.
Gagner du temps. À tout prix.

—Et moi alors ? tenté-je. Tu ne vas pas demander à ta
fille aînée et ton enfant préférée comment elle va ?

—Bien sûr que si. Comment vas-tu ?

Je prends une profonde inspiration.

—Eh bien, pour tout te dire, je suis…

—Papa vient d'aller acheter des bouteilles, m'interrompt-
elle de façon prévisible. Nous avons pris du rab pour ton
Robert. Est-ce qu'il boit du gin ? Ton père a pris le rosé que
tu aimes tant.

—Oh, d'accord. Génial… mais comme je le disais, il y
a eu un…

—Oh, au fait, tu es au courant ? m'interrompt-elle
encore. Le mari d'Iona ne vient pas. Une ridicule histoire
de boulot.

— Vraiment ?

Je fais l'autruche. Je préfère ne pas m'en mêler. J'ai déjà assez d'ennuis comme ça.

— Oui, répond-elle. Enfin, qui abandonne sa femme pour Noël ? C'est méprisable. Ton père l'a traité de « branleur fini », et tu sais pourtant à quel point il déteste les gros mots.

Mon père pousse des jurons environ... toutes les dix-neuf secondes, tout comme le reste de ma famille.

— Un homme digne de ce nom penserait à ses proches en priorité, poursuit-elle. Peux-tu imaginer Robert faire passer « quoi que ce soit » avant toi pendant les fêtes ?

Seulement son épouse. Et ses enfants...

— Nous comptons lui en toucher deux mots quand elle arrivera. Enfin bref, qu'est-ce que tu disais ?

C'est la panique totale. *Je ne peux pas lui sortir l'excuse « Robert a du travail » maintenant, si ? Et si j'opte pour celle de Kara, « Robert est mort », elle voudra venir à l'enterrement et me fera remarquer que je porte la mauvaise nuance de noir. Oh, non ! Il va falloir que j'avoue la vérité.*

— Écoute, maman, commencé-je pour me lancer. Il y a une chose dont je dois te parler au sujet de Robert, et ça ne va pas te plaire, mais...

— Oh, Seigneur, ne m'annonce pas une autre mauvaise nouvelle. De quoi s'agit-il ? Il n'est pas allergique aux chiens, au moins ?

— Quoi ? Non.

— Parce que je refuse d'enfermer Pacino dans la véranda toute la nuit, il se sentirait seul.

— Ça n'a rien à voir avec le chien, maman, mais il…

— Tu m'inquiètes. Oh, Emily, dis-moi qu'il n'est pas végétarien.

— Non, si tu voulais bien me laisser…

— Bon, alors qu'est-ce qui se passe ? Emily Carson, je vais finir par avoir une…

— Il est beaucoup plus jeune que moi !

Je grimace et me donne une bonne tape sur la tête. *Mais qu'est-ce qui ne tourne pas rond chez moi ?* Après un moment de silence, elle s'éclaircit la voix.

— Plus jeune à quel point ?

— Hmm… presque dix ans, dis-je en grimaçant toujours. J'ai seulement pensé que tu devrais le savoir.

J'attends qu'elle me réponde, mais elle se contente d'étouffer le micro du combiné.

— William ! William… Emily s'est dégotté un homme-objet… Je vais lui demander…

Elle revient, à plein volume.

— Ton père veut savoir si les cougars peuvent encore boire du gin.

Je leur dis d'aller se faire voir tous les deux, mais ils sont trop occupés à rire pour m'entendre, donc je raccroche. Il semble que le thème des insultes de Noël de cette année soit déjà tout trouvé.

Je regarde le mur que je partage avec Evan et reprends mon souffle. Je suppose qu'il ne me reste plus qu'une chose à faire. Je longe le couloir, passe la porte d'entrée et me retrouve rapidement devant celle d'Evan, prête à ramper.

Avant que je n'aie le temps de toquer, Stéphanie sort en trombe de l'appartement, suivie par l'autre colocataire d'Evan, Ling.

— Evan est là ? m'enquiers-je en affichant un sourire poli.

Stéphanie se montre aussi aimable que d'habitude et m'ignore, mais Ling hoche la tête et appelle l'intéressé.

Je la remercie et reste plantée là, attendant qu'il apparaisse, ce qu'il finit par faire, en peignoir.

— Je comptais aller prendre une douche.

Il a des poils sur le torse. Je le pensais imberbe. C'est perturbant.

— Je suis venue m'excuser.

Bon sang, je n'arrive pas à en détourner les yeux. Ils sont plus foncés que ce que j'imaginais. Non pas que j'imaginais quoi que ce soit. Oh, nom de Dieu, Emily, reprends-toi !

Il croise les bras en souriant.

— Qu'est-ce que tu regardes ?

— Rien… Enfin, j'aurais mis ma main à couper que tu t'épilais. Mais te voilà. Poilu.

— Je suis un homme, Emily, répond-il de sa voix la plus caverneuse.

Je lève les yeux vers son visage.

— Écoute, il semble que je vienne de dire à ma mère que Robert sera à cent pour cent présent pour Noël. Papa a acheté du gin, vois-tu.

— Ah. Tu as besoin de mon aide maintenant.

— En effet.

— Eh bien, dans ce cas, la réponse est… « non ».

— Quoi ? Pourquoi non ?

— Parce que tu as raison, c'était une idée stupide. Bon, j'ai déjà ouvert le robinet de la douche…

— Oh, allez ! Je t'ai déjà payé en plus !

— Maintenant j'ai l'impression de m'être bradé…

Je sens ma peur s'installer et commence à paniquer.

— Que dois-je faire, Evan ? Que dois-je faire pour que tu dises « oui » ? Tout ce que tu voudras.

Il considère mon offre un moment, sans doute plus longtemps que nécessaire. J'entends couler l'eau de la douche en fond. Si tout le reste échoue, je nous noierai tous les deux.

— Que conduit Robert ?

— Une Mercedes.

— Alors j'en veux une pour y aller. Voilà ce que je veux. Une grosse voiture qui en jette.

— Ça va coûter une fortune ! Je pensais que nous irions en train. Je n'ai pas les moyens de louer une Mercedes !

— Oh, je suis certain que la grosse liasse de billets que te glisse ton père chaque Noël couvrira les frais.

Je recule d'un pas. *Comment le sait-il ? Même ma mère n'est pas au courant.*

— Tu ne te souviens vraiment pas de notre conversation de vendredi soir, hein ? Bref, je gâche de l'eau, là. On est d'accord ?

— Soit, répliqué-je les dents serrées.

— Parfait ! s'exclame-t-il en levant la main pour la claquer dans la mienne. On devrait faire une répétition demain... Attends une minute : faut-il qu'on s'entraîne à s'embrasser ? Ta famille s'attendra à nous voir nous bécoter, non ?

— Argh, tu es un porc, Evan.

Je tourne les talons et l'entends m'interpeller tandis que je me traîne jusqu'à mon appartement.

— Robert. Tu es un porc, « Robert », rectifie-t-il.

Je referme la porte d'entrée derrière moi et je fonce droit dans ma chambre pour m'écrouler sur mon lit. J'ai la tête qui tourne. *Même si Evan parvient à faire un cadre supérieur convaincant, comment vais-je bien pouvoir jouer sa petite amie, quand la seule chose dont j'aie envie, c'est étrangler ce sale petit morveux ?* On a vraiment du pain sur la planche si on veut que ça fonctionne un tant soit peu.

Chapitre 10

ALORS QUE DES TEMPÊTES DE NEIGE FRAPPENT LE NORD du pays, Londres semble plutôt être en train de fondre, la circulation dense bousillant les chaussures et provoquant des éclaboussures majeures, avec les tonnes de neige boueuse qui couvrent les rues. Je pars de chez moi une heure plus tôt que d'habitude pour corriger des copies, avant que les cours commencent et fichent ma journée en l'air. Vu que le collège ferme demain, j'ai bien l'intention de limiter la quantité de travail à rapporter chez moi pendant les fêtes. J'ai demandé à Alice si elle voulait partir en avance aussi, mais je n'ai obtenu pour toute réponse qu'un tonitruant « Va te faire voir ! » de l'autre côté de la porte de sa chambre.

Le trajet en métro du lundi matin se fait uniquement en station debout, et j'ai beau me recroqueviller, faire ressortir mon ventre et feindre des nausées matinales, personne ne cède jamais son siège. Pas étonnant. À Londres, je pourrais monter dans un train en rampant avec les jambes et le coccyx cassés, pas un seul usager n'abandonnerait pour autant sa précieuse place. Je m'accroche à une des poignées et me retrouve face à une femme avec un petit paquet qui dépasse de son sac à main, sans doute en prévision d'une soirée de Noël d'entreprise. Avant, on organisait un arbre de Noël secret au collège, jusqu'à ce que les cadeaux deviennent de plus en plus insultants. La goutte qui a fait déborder le vase fut celui que reçut Kenneth Dawson en 2012 : une tasse blanche unie revêtant l'inscription « Je suis un connard » sur le dessous. Un membre de l'équipe de direction a ordonné que le responsable présente ses excuses, mais Alice ne l'a jamais fait.

Je mets la main dans ma poche et en ressors un petit bout de papier. Hier soir, Evan a gentiment glissé son numéro de portable dans ma boîte aux lettres, griffonné au dos d'un ticket de caisse d'une boutique de cosmétiques. Non seulement on va devoir discuter de la supercherie à venir, mais aussi de ses goûts en matière de soins capillaires. Coinçant le papier entre mes dents, je cherche mon téléphone dans mon sac, en espérant que le métro ne s'arrête pas brutalement, me renversant moi et toutes mes affaires au passage. J'enregistre son numéro dans mes contacts, mais seulement après lui avoir envoyé un court message :

Il me faut ton permis de conduire pour l'assurance de la voiture. Oh, et le magasin de cosmétiques des années 1930 a téléphoné. Ils veulent récupérer leur Gomina.

Puérile peut-être, je n'en glousse pas moins discrètement en rangeant mon téléphone dans mon sac et en prenant bien de soin de refermer la fermeture Éclair.

J'ai tellement de trucs à préparer avant jeudi. Dans ma tête, je commence mentalement à faire mes bagages en prévision du séjour. *Cadeaux, pulls chauds, nouvelle nuisette – non, plus aucun intérêt –, trousse à maquillage, brosse à cheveux, tenue sympa pour sortir, ces boucles d'oreilles en diamant que Robert m'a offertes…* Soudain, mon cœur cesse de battre. Robert me les a offertes pour mon anniversaire. J'étais vraiment impatiente de les porter. Puis je prends conscience que Robert ne m'a pas appelée depuis ce fameux soir, et ça me contrarie. Ça ne devrait pas, mais c'est le cas. J'ai beau le mépriser, il y a une petite partie de moi qui a besoin de croire que j'étais spéciale, que je n'étais pas juste une passade, que je comptais pour lui, qu'il a tout risqué pour être avec moi parce que je suis extraordinaire. Mais je ne suis pas extraordinaire. Je suis une femme célibataire de trente-huit ans qui a de la boue plein les cuisses et le cœur un peu plus lourd chaque jour.

Le métro s'arrête à East Acton et je me fraie un chemin parmi les autres passagers pour sortir. J'ai besoin d'air. Le temps que j'arrive au portail du collège, mon humeur maussade cède vite la place à une colère saine. *Qu'il aille se faire voir*, me dis-je en me dirigeant vers l'entrée principale. *Qu'il aille se faire voir avec son appartement hors de prix, ses costumes sur mesure, ses manières et son ton pompeux.* En réalité, Robert a tout risqué parce qu'il incarne le cliché ambulant du type d'âge mûr faible et incompétent, comme il en existe des millions. Je ne suis peut-être pas extraordinaire, mais lui non plus. Il est même pire que ça. Il est tout juste dans la moyenne.

—Je t'ai imprimé une copie de mon permis.

Evan me tend une feuille A4 et j'y jette un coup d'œil, m'attendant à voir des points retirés pour excès de vitesse ou une limitation l'autorisant uniquement à conduire un tricycle. Il s'assoit à côté de moi à la table de la cuisine et prend une pomme dans la corbeille à fruits.

—Cette pomme est à Toby, l'informé-je.

Evan examine attentivement la pomme, puis lève les yeux vers moi.

—Non, tu dois confondre avec une autre. C'est la mienne. Ça fait des années que je l'ai.

Il croque dedans, et je m'efforce de ne pas sourire. *Bon sang, il a vraiment réponse à tout!*

—Oh, et quand tu réserveras la Mercedes, essaie d'en prendre une avec des sièges chauffants, ajoute-t-il.

—Autre chose? Un minibar? La voix de Morgan Freeman pour la navigation par satellite?

Il affiche un grand sourire et continue à grignoter la pomme de Toby.

—As-tu réfléchi à la manière dont nous allons jouer cette farce? s'enquiert-il. Quelle est la motivation de mon personnage?

—Survivre à Noël.

—En dehors de ça. Dis-moi ce que j'ai besoin de savoir sur Robert, ou plutôt, ce que tes parents savent déjà.

Je mets la copie de son permis de côté.

—Par chance, ils ne savent pas grand-chose sur lui, mais je vais t'énoncer les grands traits.

Je traverse la pièce jusqu'au frigo, sur lequel je prends le paquet de Post-it qu'on conserve là pour étiqueter la nourriture.

—Bon. Tout d'abord, son nom de famille est Shaw, qui est aussi celui d'un acteur, donc cherche-le sur Google au cas où ils plaisanteraient sur le sujet.

—Je sais qui est Robert Shaw, Emily. « Levons notre verre aux femmes qui boivent et qui fument… » *Les Dents de la mer*, Emily. Il a joué dans *Les Dents de la mer*.

—Je sais *(je l'ignorais)* et il travaille dans le marketing. Comme cadre supérieur. Je ne peux pas changer ces détails-là, vu que j'en ai déjà parlé à ma sœur et qu'elle retient tout. Tu peux choisir le secteur d'activité, cela dit. Prends quelque chose de rasoir pour qu'ils ne te harcèlent pas de questions.

J'inscris « Faire des recherches sur le marketing » sur le premier Post-it et le colle sur son tee-shirt.

—Est-il vraiment nécessai…

—Non.

—Très bien.

—Ensuite, on est ensemble depuis avril. Nous nous sommes rencontrés dans un bar à Soho. Tu m'as fait servir un verre accompagné de ta carte de visite, et je t'ai appelé le lendemain.

—Waouh! Je suis vraiment ringard, réplique-t-il tandis que je plaque fermement le Post-it suivant «Drague avec un cocktail et une carte de visite» sur son avant-bras.

—Je porterai des boucles d'oreilles en diamant le jour de Noël, poursuis-je. Tu me les as offertes pour mon anniversaire, pendant notre séjour au *Beaumont*.

—Donc je suis ringard et je n'ai pas d'imagination?

—C'était adorable! protesté-je. Nous avons beaucoup ri ce week-end-là. C'était le moment où j'ai su que...

Je m'interromps avant de fondre en larmes.

—Tout va bien, me rassure Evan. Tu as le droit d'être triste, tu sais. Il s'est mal comporté.

—Dans ce cas, quelle est ta vision d'un anniversaire romantique? rétorqué-je, ignorant son commentaire. Une bague en bonbon et une séance de pelotage dans un motel?

J'écris «Beaumont et diamants» sur le troisième pense-bête et le lui fourre dans la bouche. Il marmonne quelque chose en retour.

—Enfin, ma famille. Autant te le dire tout de suite: on dirait une meute de chiens enragés. Ils vont t'encercler, te renifler, et repérer tes points faibles avant d'attaquer. Il vaut peut-être mieux faire le mort. Si ma mère devait avoir un préféré parmi ses enfants, ce serait le chien; ma sœur est snob, mon frère est immature, et mon père te forcera à danser, tôt ou tard. Sache aussi qu'ils sont au courant de notre différence d'âge et qu'ils ont déjà commencé à plaisanter sur les cougars. Prépare-toi à te faire traiter d'homme-objet, de gigolo, ou de n'importe quel autre terme qu'ils trouveront avant notre arrivée.

J'écris « Méfie-toi des Carson » sur mon ultime Post-it et le colle sur son front.

— C'est à peu près tout, conclus-je. Je suppose que tu as beaucoup de recherches à faire. Je te préviendrai si quoi que ce soit d'autre me revient.

Il demeure planté là, couvert de petits papiers, son trognon de pomme à la main.

— Tu voulais me parler d'autre chose ? insisté-je.

Il retire le Post-it de sa bouche et sourit jusqu'aux oreilles.

— Écoute, je n'aurai aucun mal à me faire passer pour Robert, mais il reste un point à éclaircir.

— Pour les couchages ? Oui, je sais. Tu n'auras qu'à dormir par terre, ou alors, on mettra un oreiller entre…

— Non, m'interrompt-il. Quel genre de couple… étiez-vous, toi et Robert ? Démonstratif ? Distant ? Du style à vous donner en spectacle en public ? Comment vous seriez-vous comportés devant tes parents ?

— Oh.

Je réfléchis un moment. C'est une bonne question. Nous n'étions pas du genre à nous tenir la main, ça, c'est sûr, et en général, nous nous manifestions notre affection en voiture, ou dans l'intimité de son appartement. *Tout à fait logique, maintenant que je connais sa situation.*

— Tu es toujours avec moi ? demande Evan. Ça ne doit pas être une question bien difficile, si ?

— Non, seulement… Peu importe. On se comportera comme deux personnes follement amoureuses, mais respectueuses des limites à observer sous le toit de mes parents.

— Oh, putain, s'esclaffe-t-il. Écoute, Emily, si je suis ton petit ami, l'homme que tu pourrais épouser, il va falloir que tu donnes l'impression que je te plais. Il va falloir que tu me jettes des regards aimants, que tu me caresses le bras, que tu me laisses murmurer dans le creux de ton oreille, et surtout, que tu m'embrasses.

Je me frictionne le visage.

— Eh oui, Emily, ajoute-t-il. Si tu ne m'embrasses pas comme si tu en avais vraiment envie et sans faire cette tête, les jeux sont faits.

— Je franchirai ce cap quand on sera devant le fait accompli, répliqué-je en me levant. Bon, si ça ne te dérange pas, j'ai plein de choses à faire.

Il enlève les Post-it restants et les met dans sa poche.

— Très bien. Je t'appellerai si j'ai besoin de savoir quoi que ce soit d'autre avant jeudi.

J'ouvre la porte, impatiente de le voir sortir de chez moi, et j'aperçois Alice traverser le couloir en trombe jusqu'à sa chambre.

— Je t'ai vue! hurlé-je à son intention.

Oh, génial! J'enfouis ma tête dans mes mains. *Je parie qu'elle n'en a pas perdu une miette. Comment vais-je bien pouvoir m'expliquer?*

Je remarque qu'Evan est parti seulement lorsque j'entends la porte d'entrée se refermer derrière lui. Deux secondes plus tard, Alice apparaît tout sourires.

— Fais bouillir de l'eau, Em. Je veux tout savoir.

Chapitre 11

Le dernier jour de classe arrive à vitesse grand V. La moitié de mes élèves n'est pas venue et l'autre moitié plane à dix mille, à l'idée de terminer plus tôt et d'avoir deux semaines de vacances. Mon plan d'action est simple : faire redescendre les ados du plafond, mettre un film pour passer le temps, distribuer des chocolats et foudroyer du regard le premier qui ose contrarier ma nature généreuse. Quand la sonnette retentit enfin, mes collègues et moi souhaitons à nos élèves chéris un merveilleux Noël et une heureuse année, avant de nous diriger vers la salle des professeurs, de mettre de la musique et de savourer notre premier café officiel des vacances – un irish coffee, bien sûr. Ce moment incarne un pied de nez à tous les travailleurs qui n'ont pas droit à quinze jours de congés, mais je reste préoccupée par le fait que, dans deux jours, je serai en train d'arriver chez les Carson, accompagnée d'un homme qui est presque aussi irritant que séduisant.

J'ai laissé le choix aux vingt élèves de onze ans qui ont daigné se montrer aujourd'hui de regarder soit *World War Z*, soit *Gatsby le Magnifique*; c'est donc sans surprise que j'entends maintenant Brad Pitt parler sur l'écran derrière moi, tandis que je pianote sur le clavier de mon iPad, m'efforçant de me concentrer sur les jours à venir.

En validant ma réservation sur le site de location de véhicules, je dis « adieu » aux 500 livres que vient de me coûter une Mercedes noire Classe C pendant quatre jours, y compris l'assurance, le radar de recul et les sièges chauffants. Même si ça me fait mal de l'admettre, Evan avait raison pour cette histoire de voiture. J'ai déjà dit à Iona ce que Robert conduit et ce qu'il fait dans la vie; si on s'était présentés en Fiat, les questions auraient fusé.

Mon téléphone vibre dans mon sac, et même si je ne tombe pas des nues en voyant une notification de message de Robert, j'ai l'estomac noué. Je mange trois carrés de chocolat avant de me décider à le lire.

Ça ne peut pas être fini, Emily. Je t'aime. Demande-moi tout ce que tu veux, je le ferai.

J'engloutis trois carrés de plus avant de répondre :

Je veux que tu ne sois pas un trou du cul marié, menteur, infidèle et fourbe, qui a tout gâché. Tu peux faire ça ? Merci. Salut.

Pas la repartie idéale, mais ça fera l'affaire.

À un moment donné, je me faufile jusqu'à la salle des professeurs, où je repère Alice en train de discuter avec *Herr* Weber, le seul professeur d'allemand que j'aie jamais rencontré qui soit effectivement allemand. En dépit de sa moustache bizarre, je le trouve très séduisant – sentiment partagé par une bonne partie du personnel féminin, qui le surnomme *Herr* Choupi. Alice préfère l'appeler Hans Gruber et raconte à qui veut l'entendre qu'elle lui donnerait volontiers accès à son coffre-fort. J'ai dû regarder *Piège de cristal* pour saisir l'allusion.

Elle se jette sur moi dès que j'entre dans la pièce.

— Je suis tellement déçue. Tu sais ces mecs sur Tinder qui ont des photos d'eux en train de gravir des montagnes et d'escalader des murs à l'aide d'un seul doigt ? Il en fait partie. Il vient de passer dix minutes à me raconter qu'il passait Noël dans la Forêt-Noire, à faire je ne sais quelle connerie en ski de fond, et il fallait que j'aie l'air impressionnée.

J'ouvre le frigo et en sors le jus vitaminé que j'y ai déposé ce matin, tout en jaugeant l'intéressé du regard.

— Tu ne te figures quand même pas qu'il a un physique pareil en restant assis sur son der…

— Qu'est-ce que t'es en train de boire ? m'interrompt-elle, visiblement horrifiée.

Je regarde la bouteille.

— C'est un genre de smoothie. Un truc vert et de l'ananas. C'est étonnamment bon. Toby m'a fait goûter l'autre…

— Oh, bon sang, y a-t-il une seule personne dans cette pièce qui ne soit pas obsédée par sa santé ?

Je lui montre discrètement Gwyneth Conroy, directrice du département de sciences sociales, qui porte une guirlande de Noël autour du cou et dévore un pot de Nutella à 11 heures du matin.

— J'adore cette femme, chuchote Alice. Bon, maintenant raconte-moi : comment se présente le gros mensonge de Noël ? Tu devrais essayer de refiler une laryngite à Evan. Tout ce qu'il aurait à faire, c'est hocher la tête pendant quatre jours.

— Je regrette de t'en avoir parlé, répliqué-je pendant que nous nous installons dans le canapé. Tu me fais me sentir coupable et ridicule à la fois.

— Eh bien, techniquement, tu ne m'en as pas parlé. Je t'ai entendue discuter dans le couloir…

— « Entendue » ?! Tu m'as espionnée !

— Aucune importance. Ce qui compte, c'est que vos versions concordent.

Je hoche la tête en avalant mon jus.

— Il sait quoi dire pour se faire passer pour Robert… et nous y allons avec une voiture appropriée. Il m'a assuré qu'il est capable de bluffer sur n'importe quelle question de boulot liée au marketing et de s'abstenir de…

— Non, m'interrompt-elle. Ce que je voulais dire, c'est que vous êtes sortis ensemble pendant huit mois, non ? Est-ce qu'Evan sait où Robert t'a emmenée pour votre premier rendez-vous ? Quel côté du lit tu préfères ? Ce que font tes parents dans la vie ? Si tu ronfles ou pas ? Qui était ta meilleure amie à l'école ? Quel cadeau t'offrir pour Noël ?

Je cesse aussitôt de boire. Je me fige.

— Est-ce qu'il sait quels films tu aimes, ce qui te fait rire, quel âge ont tes frères et sœurs ? Il devrait savoir toutes ces choses au bout de huit mois.

— C'est bon, j'ai compris ! rétorqué-je, à l'instant même où la sonnerie retentit. Je lui parlerai en arrivant à la maison.

J'ai les mains moites. C'est la panique totale. J'ai envie d'arracher ce pot de Nutella des mains de Gwyneth et de m'empiffrer jusqu'à tomber dans le coma. Evan sait où nous sommes allés pour mon anniversaire, mais il ne connaît pas ma date de naissance. *Et merde ! On n'arrivera jamais à être crédibles.*

Alice perçoit ma peur sur mon visage et me serre le bras.

— Hé, du calme. Écoute, je te rejoindrai ici à treize heures trente et je t'aiderai à faire une liste. Souviens-toi juste qu'il faut non seulement qu'il connaisse tout de toi, mais aussi de Robert.

— Tu as raison.

— Et tu n'as que jusqu'à jeudi… « Tic tac, tic tac »…

Elle me fait un sourire machiavélique avant de retourner en classe.

Argh, c'est le diable en personne.

En rentrant chez moi, je fais un saut à *Waterstones* afin d'acheter des livres pour tout le monde pour Noël, à l'exception de Patrick, qui considère la lecture comme une perte d'un temps précieux qu'il pourrait consacrer aux jeux vidéo, et m'a demandé des bons d'achat à la place. Une fois à l'intérieur, je retire mon écharpe et flâne tranquillement dans les rayons, passant en revue les présentoirs comme si j'étais entourée d'amis. Tant d'auteurs qui m'ont inspirée, forgée, choquée ou enchantée sont réunis dans ce seul endroit, et pourtant, aucun d'entre eux n'est conscient de l'influence qu'il a eue sur ma vie. Si les sœurs Brontë étaient toujours de ce monde, je serais une véritable groupie.

J'achète le dernier Harper Lee pour Iona, Brian Blessed pour maman, Frederick Forsyth pour papa, Jon Ronson pour la femme de Patrick, ainsi que *L'Année du oui* pour moi-même, que j'emballe avec amour en sachant qu'Evan me l'offrira le matin de Noël, accompagnée du flacon de Chanel neuf que Kara m'a rapporté de sa lune de miel. Histoire de sauver les apparences, il héritera de la chemise Armani que j'ai achetée pour Robert, et que je compte bien rendre à la boutique dès notre retour à Londres.

Une heure et plusieurs achats compulsifs plus tard, j'admets ma défaite et proclame mes emplettes terminées jusqu'à l'an prochain. Il fait sombre et froid lorsque je repars vers chez moi, les mains chargées de sacs, et je ne peux m'empêcher de me demander ce qui se serait passé si Robert n'avait pas été marié – à quel point j'aurais été impatiente de célébrer notre premier Noël ensemble. Au lieu de ça, j'ai l'estomac de plus en plus noué parce que nous n'avons plus qu'un jour devant nous. *Un jour pour rendre notre histoire crédible. Un jour pour peaufiner nos sourires béats. Un jour pour devenir le couple parfait.*

—Emily, ça fait des heures qu'on y est. J'ai besoin d'une pause.

Evan se lève pour se dégourdir les jambes, tandis que je demeure assise sur le sol de sa chambre, entourée de Post-it, de fiches et d'emballages de bonbon.

—Prends cinq minutes dans ce cas, concédé-je à contre-cœur. Mais il nous reste encore plein de sujets à traiter.

—Foutus profs, marmonne-t-il dans sa barbe, avant d'aller nous chercher à boire.

La chambre d'Evan n'est pas telle que je l'imaginais. Déjà, elle est ordonnée : ses vêtements sont suspendus, son lit est fait, et ses sous-vêtements ne traînent pas partout par terre. Le plus surprenant, c'est qu'il n'y a pas de posters de mannequins à moitié nus, pas d'écharpes de football, ni de sculptures en canettes de bière. Rien de tout ça. Il fait honte à la communauté des étudiants. Nos chambres sont identiques, avec une salle de bains intégrée, mais, à l'endroit où j'ai une causeuse, il a mis un grand bureau surplombé d'un ordinateur qui paraît hors de prix, d'un écran de télévision LCD et de plusieurs consoles de jeux. *Enfin quelque chose que j'attendais.*

—Bel ordinateur, fais-je remarquer quand il réapparaît. Et bizarrement, ta chambre n'a rien de celle d'un étudiant. Où est le bang ? Où est la pile de linge sale ?

Il me tend une bouteille de bière.

—Emily, je ne suis pas étudiant. J'ai vingt-neuf ans ! Je ne vais plus à la fac depuis des années.

—Ah, oui, désolée, répliqué-je, quelque peu confuse. J'ai seulement cru… Enfin, tu vis avec des étudiants, tu n'es jamais habillé comme si tu avais un travail digne de ce nom, et… eh bien, tu fais un boucan pas possible quand tout le monde essaie de dormir.

Il hausse les épaules et me tend le décapsuleur.

— D'où te vient ta tendance à porter des jugements à l'emporte-pièce ?

J'éclate de rire.

— De ma mère. Pour ma défense, ma sœur est encore pire que moi. Estime-toi heureux de ne pas faire semblant de sortir avec elle. Alors qu'est-ce que tu fais dans la vie ? Sacrée installation informatique. Tu es un hacker ? Tu es Mister Robot ?

Il s'assoit par terre à côté de moi.

— Concentrons-nous sur ce que fait Robert. Si je te le dis, tu seras tellement folle d'admiration que tu en oublieras pourquoi nous sommes ici.

Je souris. De toute évidence, il est gêné par ce qu'il fait, donc je n'insiste pas.

— Soit. Bon, je pense que ton baratin en marketing est assez convaincant. Très impressionnant, d'ailleurs. Je n'arrive pas à déterminer si c'est du grand n'importe quoi ou pas ; c'est bon signe.

Il lève sa bouteille.

— OK. Interrogatoire express. Quel jour tombe ton anniversaire ? m'enquiers-je.

— Le 31 février.

— Evan…

— Je plaisante ! Le 21.

—Et le mien?

—Le jour d'Halloween. Tu as trente-huit ans.

—Exact. Qui est ma chanteuse préférée?

—Ça dépend de ton humeur, mais ces temps-ci, tu adores Sia.

—Exa...

—Parce qu'elle est bizarre, comme toi, ajoute-t-il.

—La ferme. Question suivante : qui est ma meilleure amie au monde?

—Caroline.

—Non. Kara! m'écrié-je en passant en revue mes amis Facebook pour lui montrer une photo d'elle. Mémorise bien les traits de son visage. Nous avons tous déjeuné ensemble cet été. Je la connais depuis le lycée.

—Jolie. Elle est célibataire?

Je lui flanque un coup de poing dans le bras.

—Un peu de sérieux!

—Aïe! s'esclaffe-t-il en se massant le biceps. Bon, très bien. Question suivante.

—Qu'est-ce qui t'agace le plus chez moi?

—Tout.

Je le foudroie du regard.

—Le fait que tu ronfles et que tu aies toujours les pieds froids, rectifie-t-il.

—Et qu'est-ce qui m'agace chez toi?

—Je travaille trop et j'estime qu'acheter des fleurs revient à jeter l'argent par les fenêtres.

Je brandis un poing victorieux.

— Je pense qu'on a terminé.

Je lui tends ma bouteille pour l'inviter à trinquer, mais il secoue la tête.

— Serre-moi plutôt dans tes bras.

— Quoi ? Hors de question.

Il se lève.

— Je suis ton petit ami. Je t'ai acheté du parfum et un livre super intéressant pour Noël. Je tolère tes pieds gelés. Il va bien falloir que tu me fasses un câlin tôt ou tard.

Je me redresse à mon tour.

— Très bien. Mais ça s'arrête là. Rien de plus. Je ne t'embrasserai pas devant mes parents, donc inutile de s'entraîner.

Il ouvre les bras, et j'avance prudemment vers lui. Sa tête se retrouve à gauche de la mienne et ses bras s'enroulent autour de mes épaules, tandis que je détourne les yeux et lui donne une tape amicale dans le dos. Nous restons ainsi environ trois secondes avant qu'il ne s'écarte de moi en riant.

— Exactement ce que je craignais. Tu as déjà pris quelqu'un dans tes bras auparavant, n'est-ce pas ?

Je m'éloigne de lui.

— Eh bien, je n'étais pas préparée ! Tu as fait toute une montagne d'un malheureux câlin. Tu m'as rendue nerveuse.

— Si on reproduit cette étreinte bizarre et hésitante devant ta famille, ça te poursuivra toute ta vie. Tu devrais m'enlacer avec passion, tu n'es pas censée faire ce truc, quoi que ce soit.

— Je sais ! D'accord, recommence, insisté-je. Nous allons nous enlacer jusqu'à ce que ça devienne naturel.

— Emily, tu gigotes comme un champion de boxe prêt à défendre son titre. Ça devrait venir naturellement. C'est juste un câlin.

Nous recommençons, et cette fois, nous entrelaçons nos bras et nos têtes comme il se doit. Il me serre un peu, et mon corps entier se retrouve pressé contre le sien. J'essaie de m'écarter, mais il ne me lâche pas.

— Arrête de te tortiller, Emily. Tiens la position, soldat. Quand ça ne nous fera plus bizarre, on pourra arrêter.

Nous restons là en silence.

— Evan, j'arrive à sentir ta peau.

— Ouais, d'accord, Miggs. Insinuerais-tu que je pue ?

— Non. Tu sens le savon. Seulement, on est plus proches que ce à quoi je m'attendais.

— Eh bien, tes cheveux sentent l'oignon, rétorque-t-il en reniflant mon crâne. Tu as la même odeur qu'un vendeur de hot dogs.

— Désolée. Toby en a fait griller pour le dîner.

— Ce n'est pas entièrement déplaisant.

Je commence à ricaner, avant de frissonner de la tête aux pieds.

— Qu'est-ce qui te fait rire ? demande-t-il.

— Miggs.

Il se met à rire, lui aussi. En toute honnêteté, la référence au *Silence des agneaux* n'était pas si drôle que ça, mais le parfait ridicule de notre situation nous rend quasi hystériques.

Quand nous finissons par nous calmer, j'appuie ma tête sur son épaule. Je me blottis légèrement contre lui. Ce n'est pas si mal, en fin de compte. *Étrange, peut-être, mais pas complètement...*

—Je pense que c'est bon, annonce-t-il soudain, d'une voix légèrement brisée. Nous avons passé l'épreuve du câlin.

Il s'écarte vivement et regarde sa montre. Il n'en porte pas, donc il cherche son téléphone.

—Il est presque minuit. Restons-en là pour ce soir ; il faut que je fasse mes valises.

Son visage est rouge, et il a l'air mal à l'aise.

—Bien sûr, pas de souci, acquiescé-je en ramassant mes affaires par terre. On nous livre la voiture à 8 heures, donc tiens-toi prêt avant ça.

—D'accord, à demain alors. Bonne nuit, Emily.

Une minute nous nous étreignons en riant, et la suivante, je me retrouve dans mon appartement avec une poignée de Post-it. *Oh ! là, là, mes cheveux sentent si mauvais que ça ? Il semblait impatient de me virer de chez lui.*

Je me brosse les dents et me passe un gant sur le visage, puis je me mets au lit. Contrairement à Evan, je suis organisée. Ma valise est faite, mes cadeaux sont emballés, mon téléphone et mon iPad sont en train de charger, et une tenue confortable pour voyager m'attend sur le dossier de mon fauteuil. La seule chose que j'aie à faire demain matin, c'est de débarrasser mes cheveux de cette odeur d'oignon, et je serai prête à partir. Sachant que demain est la première journée de notre supercherie de quatre jours, je me sens étonnamment calme – inquiète, peut-être, mais pas au bord de la panique comme je m'y attendais. *Peut-être, je dis bien peut-être, que nous allons y arriver.*

Chapitre 12

Jour 1

Quand je retrouve Evan, il est assis sur sa valise dans le couloir, en train de siroter du café d'une Thermos. On dirait cette maudite Eva Peron.

— Tu es prête ? lance-t-il gaiement. J'ai emporté de quoi grignoter sur la route.

Il donne un petit coup dans le sac plastique à côté de son pied, attirant mon attention sur la réserve de chips et de douceurs qu'il a achetées ou volées quelque part.

— Oh, et j'ai fait une playlist pour le trajet, ajoute-t-il. On ne peut pas faire une virée sans bonne musique.

— Evan, nous ne partons pas en vacances. Nous ne sommes pas Thelma et Louise ! Ce trajet est l'occasion parfaite de tout passer en revue encore une fois ; nous n'allons pas le gâcher en écoutant du hard rock.

— Ce n'est pas du hard rock… Enfin, pas uniquement…

Je retourne dans mon appartement et en sors mes bagages, avant de refermer la porte derrière moi.

— La voiture sera là dans quelques minutes, l'informé-je. On ferait mieux de descendre l'attendre – tu sais à quel point c'est agaçant de se garer en double file.

Je me penche pour arranger la fermeture Éclair de ma valise, et prends conscience que mon jean juste lavé est raide et moulant. J'aurais probablement dû mettre mon treillis.

— J'aime bien tes baskets, me complimente-t-il. Des Converse ?

Je hoche la tête. *J'adore ces chaussures. Je m'y sens comme dans des pantoufles.*

Il les examine de plus près.

— Je croyais que les années 1990 étaient révolues, mais apparemment, je me suis trompé.

— Evan, j'ai déjà fréquenté assez d'hommes qui avaient toujours leur mot à dire sur mes chaussures.

Il éclate de rire.

— Oh, pardon, j'avais oublié. Je suppose que Robert n'était pas du genre à fantasmer sur tes tennis, cela dit…

— Fiche la paix à mes pompes, sale crétin !

Je me dirige en trombe vers l'ascenseur et appuie sur le bouton d'appel. *Si Evan s'avise de se moquer de moi pendant les quatre jours qui viennent, un seul d'entre nous fera le trajet du retour.*

Evan me suit et se plante à côté de moi. Il boutonne sa veste. *Très jolie, d'ailleurs.* Un manteau en laine bleu marine qui le met en valeur. Mon faux petit ami a du goût. Ça fera toujours un motif de moquerie en moins pour ma famille. Il me donne un petit coup de coude.

— Tu sais que je te fais marcher, hein ? Tes baskets sont super. Elles te vont bien.

— On pourrait changer de sujet, s'il te plaît ?

— Bien sûr... D'accord... Euh, tu veux conduire en premier ou je commence ? demande-t-il. On devrait échanger à mi-chemin. Peut-être à York ?

— Je vais prendre la première moitié, affirmé-je. Jusqu'à la frontière anglaise.

— Pourquoi pas moi d'abord ? gémit-il, comme je m'y attendais.

Il veut essayer la Mercedes en premier. *Les garçons sont tellement prévisibles.*

— Parce qu'il se pourrait que tu conduises très mal, répliqué-je. Si tu t'apprêtes à me tuer dans un accident, j'aimerais autant que ça arrive en Écosse, auprès des miens.

Les portes s'ouvrent et nous traînons dans l'ascenseur le contenu de nos vies pour les quatre jours à venir.

— Je préférerais largement me promener dans la campagne écossaise que prendre l'autoroute, reprends-je en pressant le bouton du rez-de-chaussée.

Il colle. *Pourquoi est-ce qu'il colle ?* Quelques secondes plus tard, je fouille dans ma valise pour trouver une lingette.

— Bon sang, c'est déprimant, rétorque-t-il. J'ajoute « d'humeur épouvantable au réveil » à la liste des choses qui m'agacent chez toi. J'ai comme l'impression que la liste

163

en question dépassera la centaine d'entrées d'ici à ce qu'on parvienne en Écosse.

— Tu peux bien y ajouter ce que tu veux, mais seulement si je peux mettre : « utilise le terme "épouvantable" » sur la tienne. Oooh… « épouvantable ». Je croirais entendre ma mère.

Je déniche une lingette pour le visage dans ma trousse de toilette et lave rapidement mon doigt collant, avant de refermer ma valise.

— Marrant. Ta mère emploie aussi le mot « fermeture Éclair » ?

— Non, vu qu'il s'agit de deux mots.

D'un œil amusé, Trevor nous observe sortir de l'ascenseur et continuer à nous chamailler jusqu'à la porte de l'immeuble. Je jette un coup d'œil au-dehors pour voir si notre voiture est arrivée, mais je n'en vois pas la moindre trace, donc je retourne vite fait à l'intérieur, à l'abri du froid, et entends Trevor expliquer qu'il n'est jamais allé à Glasgow et nous souhaiter un bon séjour. Confuse, je le remercie, tandis qu'Evan s'approche de moi.

— « Glasgow » ? soufflé-je. Tu sais que nous n'allons pas à Glasgow, au moins ?

Il se penche vers moi.

— J'ai seulement dit ça à Trevor parce que je n'arrivais pas à me souvenir du nom de ton village paumé, me taquine-t-il. Comment il s'appelle, déjà ? Melba ? Mellow ? Mel…

— Melrose ! m'écrié-je, exaspérée. Et c'est une ville. Le *Da Vinci Code* a été tourné là-bas.

Je souris en pensant à ma mère me raconter qu'elle était allée à l'abbaye de Melrose, dans l'espoir d'apercevoir Tom Cruise. Elle a poireauté trois heures avant de s'apercevoir qu'il s'agissait de Tom Hanks.

« J'ai fait le pied de grue sous la pluie pour ce foutu Forrest Gump. On ne m'y reprendra pas. »

Evan fait un pas de côté pour laisser passer Mme Holborn et son chien incontinent.

— Ah, oui. Melrose. Mais tu vis dans une ferme, pas vrai ?

Je fronce les sourcils.

— Non ! D'où est-ce que tu sors ça ?

— C'est toi qui as dit que tu avais grandi dans un corps de ferme !

Je lève les yeux au ciel.

— Oui, mais ça n'a rien à voir avec une ferme en activité. C'est pas vrai ! Est-ce que j'ai l'air d'y connaître quoi que ce soit en agriculture ?

Il arbore un large sourire.

— Eh bien, comment étais-je censé deviner ? Quand je pense aux côtes écossaises, j'imagine des fermes, des collines et des promenades dans les champs. Je te voyais en train de couper du bois et de marcher dans de la bouse de vache voire de brûler des épouvantails avant le petit déjeuner.

Il nous prend pour des culs-terreux. Ma sœur pourrait le bouffer tout cru.

— C'est l'heure de partir en virée ! s'exclame Evan en regardant dans la rue, où, bien évidemment, notre voiture vient de se garer.

Notre imposante et étincelante Mercedes noire. Je charge Evan d'apporter nos bagages, tandis que je sors m'occuper de la paperasse. Un homme souriant avec un bonnet en laine nous demande de présenter nos pièces d'identité, de signer sur les pointillés, puis, après un rapide état des lieux du véhicule, nous remet les clés.

Je m'installe sur le siège conducteur pendant qu'Evan charge les valises dans le coffre, m'autorisant à m'enthousiasmer en secret pour cette superbe voiture pendant qu'il ne me regarde pas. Je suis montée de nombreuses fois dans celle de Robert, mais c'est différent d'être à la place du conducteur. *La grande classe.* Le cuir est doux, l'appuie-tête est rembourré, et il n'y a pas le moindre CD de Nickelback en vue. Alors que je suis occupée à caresser le tableau de bord, Evan bondit sur le siège du passager et claque la portière derrière lui.

— Je suis fière de toi, Emily. Plus de doute, c'est la prochaine voiture que je vais acheter. J'hésitais entre celle-ci et la BMW Série 5.

Je démarre le véhicule et l'écoute ronronner.

— C'est ça, oui. Et moi, j'hésitais entre une Lamborghini et un jet privé. Attache ta ceinture.

Je démarre la navigation par satellite, qui charge rapidement, puis entre le code postal de mes parents.

« Distance : 661,9 kilomètres. Durée de trajet estimée : 7 heures 19 minutes. »

Je pousse un soupir. Entre les bouchons et les arrêts en station-service, on sera plus près des neuf heures. Toutefois, je devrais pouvoir dormir quand Evan conduira, ou rattraper mon retard de lecture. Je boucle ma ceinture de sécurité pendant qu'il active le Bluetooth pour synchroniser sa playlist, qui réunit sans doute tous les groupes de rock des années 1990, et quelques autres inconnus au bataillon que je vais détester. Je lève la main pour l'arrêter dans sa progression.

— Hé! Pas si vite. Il faut qu'on établisse des règles.

Il s'arrête net.

— Quelles «règles»? Ne joue pas les profs avec moi, Emily. Je suis un adulte!

Je fais de mon mieux pour ne pas me moquer de son ridicule accent américain.

— Quand je conduis, je veux écouter ma musique. Pas la tienne. Je refuse de me coltiner tout le répertoire d'Oasis derrière le volant. Quand tu prendras le relais, tu pourras mettre ce que tu veux. C'est d'accord?

Il acquiesce à contrecœur et réserve son téléphone pour plus tard, tandis que je connecte le mien et appuie sur «lecture».

— J'ai la désagréable sensation que tu vas me forcer à écouter...

La musique démarre.

— ... des chants de Noël. J'en étais sûr.

Il appuie sa tête contre le siège pendant que Bing Crosby chantonne à la gloire d'une féerie hivernale.

— Ça va nous mettre dans l'ambiance! m'exclamé-je avec enthousiasme, tout en passant la première vitesse. Mais ne t'en fais pas, il y a aussi Sia, Kate Bush, Adele, plein de chansons de pop, de la dance, et j'ai même ajouté les Proclaimers, rien que pour toi.

— Oh, pitié, achève-moi tout de suite. Je ne plaisante même pas. Pousse-moi dehors et roule-moi dessus.

— Trop tard, déclaré-je. On s'en va.

Je démarre et tourne à droite au bout de la rue, comme me l'indique la navigation par satellite. Il est 8 h 25, et nous nous apprêtons à laisser Londres derrière nous. J'entends des chants de Noël résonner dans une oreille, et dans l'autre, un type ronchon qui me demande de mettre un terme à ses souffrances.

On n'a plus rien à perdre.

Chapitre 13

—BON SANG, EVAN! FAUT-IL VRAIMENT QUE TU chantes « toutes » les chansons ?

Pour un homme qui a commencé sa journée en critiquant mon répertoire musical, Evan a massacré vocalement tous les morceaux qui sont passés. Franchement, comment est-il possible qu'il connaisse les paroles de *I Heard a Rumour* de Bananarama ? Il le fait exprès.

—Je sais que tu es secrètement impressionnée par mes talents de chanteur et ma culture musicale, rétorque-t-il en appuyant son bras contre la fenêtre du passager. Je suis plus surpris par ton manque de participation. Tu as à peine fredonné une note depuis qu'on est partis, il y a une heure, à moins que ce ridicule éternuement haut perché compte ?

En général, j'adore chanter à tue-tête, surtout pendant les trajets en voiture, mais je ne fais pas suffisamment confiance à cet homme pour me laisser aller devant lui. Je chante comme une casserole et je me passerais volontiers des moqueries d'un type qui vient d'avaler des bonbons à la fraise pour le petit déjeuner. En plus, j'ai eu d'autres chats à fouetter. J'étais bien trop occupée à parcourir les rues de Londres dans un véhicule que je n'ai pas l'habitude de conduire. Je suis soulagée de ne pas avoir calé, de ne pas avoir renversé un cycliste, ou d'être rentrée dans quelque chose.

— J'avais plus important en tête, comme éviter de passer sous les roues d'un bus, répliqué-je sur un ton solennel. Espérons que tu sois aussi prévenant quand tu prendras le relais à York.

— Oh! là, là, qu'est-ce que tu es froide ce matin, gémit-il. Je vais activer ton appuie-tête chauffant, ça pourrait te dérider un peu.

Je renifle nonchalamment et suis une file de voitures au ralenti sur Islington High Street. Devant nous, se trouve un monospace vert clair, et un énorme berger allemand nous dévisage de la banquette arrière, visiblement subjugué par la reprise endiablée d'Evan de *Uptown Funk*. Je me penche vers mon sac et en sors une bouteille d'eau qui semble avoir été scellée à la glu. Je fais signe à Evan de m'aider, et il s'exécute.

— Je suis tellement fort, fanfaronne-t-il. Tu vois : sans moi, tu aurais été coincée, à échanger des œillades avec ce chien, toute seule et assoiffée.

Je prends une bonne gorgée avant de poser la bouteille dans le porte-gobelet.

— Non, Evan, rectifié-je. Je serais dans un train, avec un bon livre, peut-être même en première classe, où on propose du café gratuit et des compartiments tranquilles sans garçons.

—Hmm, je ne crois pas que ce soit le cas.

—C'est mon fantasme! C'est moi qui décide de ce qu'on propose ou pas.

—Ce chien me fout la trouille, reprend-il en frissonnant. Tes parents ont un chien, non? Il ressemble à Cujo, comme celui-là?

—C'est un dogue danois appelé Pacino, expliqué-je, tout en foudroyant du regard le conducteur qui essaie de me faire une queue-de-poisson. C'est un amour, mais aussi un vrai pot de colle. S'il t'apprécie, il te suivra partout, y compris aux toilettes… Hé, abruti! Signaler ton intention ne signifie pas que c'est à toi de passer!

—Les dogues danois sont gigantesques! s'exclame Evan tout en regardant de travers le chauffeur odieux. Chouette nom, cela dit. Nous n'avons jamais eu d'animaux; notre maison était trop petite, même pour un chat.

—Tu as grandi à Londres?

—Non, à Brighton. Pas la partie huppée, en revanche, à Whitehawk.

—Jamais entendu parler. C'est un coin malfamé?

Il hausse les épaules.

—Ça a mauvaise réputation, mais j'y étais heureux enfant. Quand on est jeune, on ne se demande pas si c'est mieux ou moins bien qu'ailleurs, car on ne connaît rien d'autre.

—Tes parents sont toujours là-bas? m'enquiers-je, en m'efforçant de contenir ma rage au volant. Tu ne vas pas leur manquer pour Noël?

— Nan, grommelle-t-il. Ça fait des années que je n'ai vu aucun des deux. Ils étaient plutôt inutiles. Ma mère restait à la maison, et mon père était agent d'entretien dans une école. Il gardait ses salaires, et elle gardait le silence. Je ne me rappelle pas grand-chose, mais j'ai souvenir qu'ils aimaient la drogue et l'alcool... C'est ma grand-mère qui m'a élevé.

— Ta « grand-mère » ? Elle est toujours dans les parages ? demandé-je.

— Non, elle est morte en 2004. Je me suis installé à Londres l'année suivante, poursuit-il en se tournant pour regarder par la fenêtre. Je n'aime pas trop parler de tout ça.

— Oh. D'accord.

Je ne trouve pas mieux à répondre. Je ne sais pas comment réagir. Ce n'était pas comme ça que je voyais l'enfance d'Evan. J'imaginais des parents inquiets mais aimants, qui toléraient ses caprices, encourageaient son comportement immature et lui avaient financé une année sabbatique à Bali.

— J'ai entendu dire que mon père avait été arrêté pour braquage à main armée il y a quelques années. Il a voulu s'en prendre à un bookmaker du coin. Et il a tiré dans la jambe d'un policier.

— Putain ! m'exclamé-je en lui jetant un regard effaré. Tu es sérieux ?

— Non..., répond-il lentement. Pas du tout. Enfin, ma grand-mère est bien morte en 2004, mais ce sont mes parents qui m'ont élevé. Ils sont tous les deux médecins. Ils ont émigré au Canada il y a deux ans. En réalité, je vais leur rendre visite en février – la saison des sports d'hiver.

—Oh, sale petite ordure! m'écrié-je. Je me sentais presque désolée pour toi.

Il farfouille dans son sac et en sort une bouteille de soda.

—«Désolée» pour moi? répète-t-il, en dévissant le bouchon. L'expression de ton visage était plus horrifiée qu'apitoyée. Tu as eu peur de ramener chez toi le fils d'un criminel issu de la classe ouvrière, hein?

—Dixit l'homme qui croit que ma famille est adepte des sacrifices par le feu. Tu dois vraiment avoir une piètre estime de moi. Je m'en contrefiche de ce que font tes parents dans la vie.

—Je suppose que ça intéresse ta famille, en revanche, rétorque-t-il. Sinon, tu ne m'aurais pas fait mémoriser le fait que les parents de Robert sont tous les deux allés à Cambridge, ajoute-t-il en prenant un accent snob surfait. Maman étudiait la théologie, et papa, la linguistique. J'ai choisi le commerce, bien sûr, parce qu'ils avaient les moyens et que je n'ai pas trouvé un seul cours de léchage de bottes dispon…

Je lui donne une claque sur le bras, et ma réaction le fait rire. Il a l'air très content de lui. Je ne peux m'empêcher de rire à mon tour.

—Ma famille se moque de tout ça! insisté-je. Enfin, mon frère et mon père. Ma mère a ses humeurs, quant à ma sœur… eh bien, oui, elle est un tantinet élitiste, mais… oh, et puis zut, ça n'a aucune importance, de toute manière.

Ce n'est pas toi qu'ils jugent ; c'est Robert. Fais seulement en sorte de ne pas être « toi », et tout ira bien.

Je ne voulais pas que ça sonne aussi cruel, mais il ne réagit pas, donc moi non plus. Au lieu de ça, je monte le volume des Waitresses sur la stéréo et continue à avancer malgré la circulation.

Enfin, nous atteignons l'autoroute, et je commence à me détendre un peu. C'est une belle matinée, le ciel est dégagé et le trajet est direct d'ici jusqu'à l'Écosse, et donc sans motards qui pourraient surgir sans prévenir sur mon chemin. En plus, il y a un régulateur de vitesse en bonus sur cette voiture chic, ce qui me donne la sensation d'être dans la série *K 2000*. Evan se tait depuis un moment et regarde par la fenêtre, perdu dans ses pensées, sûrement pour se préparer mentalement aux quelques jours à venir.

—Il y a une station-service dans une trentaine de kilomètres, annoncé-je, le tirant de son rêve éveillé. Je ne serais pas contre un café.

Il hoche la tête et bâille en même temps, ce qui me donne envie de bâiller à mon tour, mais je m'efforce de me contenir en faisant une grimace bizarre. Je ne peux pas encore me laisser aller à somnoler. Je me reposerai quand Evan prendra le volant. On dirait bien qu'il a la même idée.

—Donne-moi un coup de coude quand on y sera, m'ordonne-t-il en roulant son pull en boule pour s'appuyer dessus. Je suis crevé.

Je ne proteste pas. De toute manière, je préfère ne pas forcer la discussion avec quelqu'un qui invente n'importe quoi. Un père agent d'entretien qui cambriole un bookmaker, par exemple. Après, il va me raconter qu'il travaille comme agent secret pour le FBI, ou que son meilleur pote est James Franco, ou encore que ses jambes sont entièrement constituées de bacon. *Tout est possible.*

Je prends à gauche après la sortie 11 et me gare sur le parking de la station-service. Une pause prématurée, peut-être – nous avons encore beaucoup de route à faire – mais j'ai sous-estimé mon besoin de caféine avant de partir ce matin. Evan roupille contre la fenêtre et ne remue que lorsque je lui hurle « Debout là-dedans ! » dans l'oreille droite. Il essaie de me chasser comme il le ferait avec une mouche.

— Putain ! s'écrie-t-il. J'ai failli me faire dessus.

— Allez, la Belle au bois dormant, roucoulé-je. Tu peux bien m'offrir un *latte.*

Il enfile sa veste.

— Oui, m'dame. Autre chose ? Une viennoiserie ? Un sandwich ?

— Oui, pourquoi pas. N'importe quoi avec du beurre.

— Comme dans la scène du *Dernier Tango à Paris,* ou…

— Oui, Evan, soupiré-je, en levant les yeux au ciel. C'est exactement ça que je veux. On croirait que tu lis dans mes pensées. Peux-tu me dire ce que je pense là ?

— « Va te faire voir » ?

— Bien joué.

Nous sortons de la voiture et entrons dans la station, passant à côté d'une famille avec quatre enfants en bas âge, qui paraissent tous aussi malheureux les uns que les autres.

Nous nous dirigeons vers le café, et je m'installe à une table qui a l'air sale pendant qu'Evan va commander. Nous n'avons fait que soixante kilomètres, mais j'ai l'impression que c'était plus long. Kara et moi sommes rentrées en voiture à Melrose il y a quelques années, et c'était super marrant. On ne s'ennuyait pas. On ne faisait pas de blagues sexuelles inappropriées sur Marlon Brando. On chantait en chœur tous les morceaux de l'album *True Blue* de Madonna, on jouait à « Devine ce que je vois » et chaque fois, la réponse était : « Une bagnole ! » Ce voyage était sympa. Rien à voir avec celui-ci.

— Un *latte* et un croissant aux amandes.

Evan pose le plateau sur la table et me sourit. Je deviens aussitôt suspicieuse.

— Qu'est-ce qui te fait sourire ? Tu as craché dans ma boisson ? Evan, est-ce que tu as léché ma viennoiserie ?

— Bon sang, Emily, je viens seulement de me sortir la scène du beurre de la tête.

— Grandis un peu. Tout n'a pas un rapport au sexe.

Il ôte le couvercle de son café et le remue. J'arrive à sentir l'odeur du sirop de noix.

— Pour répondre à tes questions : non, je n'ai rien fait subir à ta nourriture, et je souris parce que j'ai une idée.

— Ah, oui ? répliqué-je en enlevant le couvercle de mon *latte*.

Son café sent meilleur que le mien. Je regrette de ne pas avoir demandé de sirop.

— C'est quoi, cette idée ?

— On se comporte encore beaucoup trop bizarrement l'un avec l'autre, commence-t-il. Au mieux, on pourrait passer pour des amis, mais on n'a pas l'air d'un couple. Tu n'es pas d'accord ?

— Si… Donc… ?

— Donc il faut qu'on apprenne à se connaître. Pas seulement les conneries que j'ai mémorisées. On doit se sentir « vraiment » à l'aise ensemble. Il faut qu'on arrive à se faire rire. À se regarder comme si on avait partagé nos pensées et nos secrets les plus intimes. Il faut qu'on ressemble à ce couple près de la porte, ajoute-t-il en indiquant des gens derrière lui.

Je regarde dans la direction vers laquelle il penche la tête, et vois un homme et une femme d'une bonne quarantaine d'années, en train de prendre un petit déjeuner. Lui rit à gorge déployée quand elle parle et la contemple comme si elle était la plus charmante créature qu'il ait jamais vue. En baissant les yeux, je remarque qu'elle a les jambes tendues vers les siennes et que leurs chaussures se touchent, tout en se caressant de temps en temps. Ces deux personnes s'adorent.

Je mords dans mon croissant et mâche lentement.

— Tu vois leurs pieds ? demande-t-il. Ils pourraient ne rien se dire, on saurait quand même qu'ils se plaisent. C'est cette impression qu'on doit renvoyer.

Je sais qu'il a raison, mais je ne suis pas pressée de l'admettre.

— Et tu peux arrêter ça, pour commencer.

— Arrêter quoi? De manger?

— Non, cette «attitude». Et ces regards qui envoient des éclairs. C'est quoi, ton problème? Tu ne m'apprécies pas, j'ai saisi, mais il va falloir que tu commences à prétendre le contraire.

Je pose mon café, en m'efforçant de garder une expression aussi neutre que possible.

— D'accord. C'est quoi, ta brillante idée, alors? Comment on redresse le tir? Je ne compte pas te faire du pied en public, mon rayon de soleil.

— Eh bien, reprend-il en arborant un sourire machiavélique, je me suis dit qu'on pourrait jouer à un jeu.

— Un «jeu»? répété-je, visiblement confuse. Est-ce que le jeu s'appelle «Ferme-la»? Parce que j'aime bien ce jeu-là. Tu commences.

— Je pensais plutôt à «Action ou vérité».

— Tu plaisantes, j'espère?

— Absolument pas. D'ici à ce qu'on arrive en Écosse, on se connaîtra et on s'appréciera juste assez pour que tu ne fasses pas une crise, ni même que tu fronces un sourcil, quand je fais ça!

Il chipe ma viennoiserie sur mon assiette et croque dedans à pleines dents.

— Donne-moi ça! m'écrié-je en essayant de la lui reprendre.

— Les couples partagent leur nourriture, glousse-t-il en me repoussant. Tu sais, cette façon que tu as de me tordre le bras – aïe! – n'est pas vraiment digne d'une personne qui serait amoureuse de moi.

Les gens commencent à nous dévisager, donc à contrecœur, je me rassois sur la chaise en plastique, autorisant Evan à terminer ma pâtisserie. Je n'ai pas pris ce détail en compte une seule fois quand je lui ai demandé de participer à mon stupide projet. Je pensais qu'il devrait se faire passer pour Robert et que je me contenterais d'être moi-même, mais son analyse de la situation est pertinente. *Je vais devoir être faussement amoureuse du faux Robert.*

Je prends une bonne inspiration avant de me lancer.

—Action (son visage s'illumine) ou vérité?

Il penche la tête en arrière et éclate de rire.

—Je suis tellement heureux à cet instant! D'accord… Vérité.

Je n'ai pas joué à ce jeu depuis mon adolescence, quand on se demandait si on s'était déjà fait peloter, ou sur qui on craquait au collège. *Quel genre de questions se posent les adultes, exactement?*

—As-tu déjà volé quelque chose? m'enquiers-je en guise de première question.

Pathétique, je sais.

—Bien sûr, répond-il. Je suis un fou dangereux. Mon dernier larcin était un sac plastique dans un centre commercial.

—Donc tu n'as pas payé les 5 centimes que coûtent ces sacs. Waouh, me voilà assise en face d'Al Capone.

—Soit. Même question, petite maligne.

Je prends une gorgée de café.

—Le dernier en date? De la nourriture à mes colocataires, mais ils me font la même chose. Avant ça…

Un bracelet dans une boutique, quand j'avais douze ans. Je ne l'ai jamais porté, en revanche, au cas où ma mère m'aurait demandé d'où il venait.

Il applaudit.

— Le crime le plus inutile au monde. Bien joué.

Je courbe la tête en guise de remerciement.

— Bon. Action ou vérité? demandé-je.

— Ça commence à t'amuser, pas vrai? Je vais encore choisir «vérité».

Je tapote des doigts contre le bord de ma tasse.

— Quel a été ton moment le plus gênant?

— Seulement aujourd'hui, ou durant ma vie entière?

Il réfléchit un instant avant d'enlever son manteau.

— Soyons clairs, on garde tout ce qui se dit entre nous, hein?

— Bien sûr, assuré-je. Je suis très intriguée maintenant.

Il se passe la main dans les cheveux.

— Quand j'avais dix-neuf ans, je sortais avec une fille, Clara… Clara Ferguson, qui était géniale et beaucoup trop bien pour moi. Bref, une nuit, j'étais horriblement bourré et j'ai pissé au lit.

Quelle déception. Je m'attendais à une anecdote nettement plus embarrassante.

— C'est tout? J'ai connu plein d'hommes…

Il lève la main pour me faire taire.

— Oui, mais nous étions dans le même lit cette fois-là. J'avais ma jambe enroulée autour d'elle… Elle m'a réveillé en me giflant, tellement elle était furax.

Je commence à ricaner.

—Tu as pissé sur ta petite copine endormie? C'est dégoûtant.

La mine penaude, il hoche la tête.

—Elle ne m'a plus jamais adressé la parole. C'était très humiliant.

Je brandis ma tasse vers lui.

—Je m'incline, monsieur Grant. Peu d'hommes admettraient être aussi répugnants.

Il lève sa tasse pour trinquer.

—Je ne ferais pas trop la fière, à votre place, réplique-t-il. Même question, mademoiselle Carson.

Et merde. Je suis prête à tout pour éviter cette question. Des bribes de souvenirs de l'incident de caca à Glastonbury me viennent aussitôt à l'esprit. *Ah, non, pas ça!*

—Attends une seconde... hum... Tu n'as pas dit «action ou vérité»! rétorqué-je sur un ton paniqué, tentant de gagner du temps. Après tout, les règles sont les règles.

Il lève les yeux au ciel.

—D'accord. Très bien. Action ou...

—Mais avant que tu le fasses, je vais prendre une autre viennoiserie.

Je me précipite vers le comptoir et fais semblant de parcourir le menu suspendu au-dessus. *Hors de question que je lui confie mon moment le plus gênant.* En matière de fonctions corporelles incontrôlables, je le bats haut la main. Ou devrais-je dire «la culotte baissée»? Parce que moi, Emily Carson, je me suis fait dessus à Glastonbury.

Le seul fait d'envisager de le dire à voix haute à un autre être humain me fait suer à grosses gouttes. Il va falloir que je choisisse une action ; je n'ai pas d'autre choix.

J'achète une galette grillée à la serveuse à la mine renfrognée et retourne à la table, prête à serrer les dents. Je sens Evan m'observer tandis que j'étale du beurre et de la confiture dessus, mais je refuse de croiser son regard. J'espère qu'il va se volatiliser, et que ce cauchemar va prendre fin.

—Action ou vérité, Emily ? J'attends…

—Action.

Il donne un coup de poing sur la table en riant.

—Je savais que tu dirais ça ! Souviens-toi que le seul intérêt de ce jeu, c'est de se montrer complètement honnête.

—Oui, je sais.

—Et de t'ouvrir à moi…

—Oui. Toujours « action », insisté-je.

—Tu ne pourras pas toujours répondre « action ». Tôt ou tard, il faudra que tu me révèles une vérité.

Je n'ajoute pas un mot. Je me contente de dévorer ma galette pendant qu'il réfléchit en silence. J'entends résonner *Fairytale of New York*, et je me sens navrée pour le personnel qui sera contraint de l'écouter en boucle toute la journée.

—Je te défie…

Je me fige net.

—Et il faut que tu le fasses. Pas d'échappatoire. Promis ?

—Bien sûr. Quoi que ce soit… Ce café est délicieux. Je me demande quelle torréfaction…

—Chante cette chanson. À voix haute. En public.

Il agite ses mains en l'air en cadence avec la musique.

Je manque de m'étouffer.

— Quoi ? Euh… Jaaaaamais… De toute manière, je ne connais pas les paroles.

Ravi, il bat des mains.

— Oh, encore mieux !

Je secoue la tête.

— Hors de question.

— Tout de suite, Emily, gronde-t-il en fronçant les sourcils. Tu as choisi « action ». Ne fais pas ta poule mouillée. Tu peux le faire…

— M… mais on va me jeter de…

— Debout, s'il te plaît.

Je me mords la lèvre inférieure et balaie le café du regard pour jauger mon public, qui est loin d'imaginer ce qui l'attend : le couple fou amoureux près de la porte, un type avec une chemise à carreaux au comptoir, une famille de trois à une table sur ma droite, et une femme au téléphone, qui vient juste d'entrer. *Oh, non, il ne va tout de même pas me forcer à faire ça ?* Ignorant mes regards implorants, il s'enfonce dans sa chaise et me regarde me tortiller.

Lentement, je me lève de mon siège, la tête baissée, les yeux rivés sur mes pieds. Evan se penche en avant lorsque je commence à entonner la chanson de folk irlandaise. J'ai l'impression que mes joues vont prendre feu.

— Je n'arrive pas à t'entendre, dit-il en portant la main à son oreille.

Quel connard! Je le fusille du regard et m'éclaircis la voix, ce qui fait sortir de ma bouche une fausse note encore plus forte, qui flotte vers la famille de trois qui ne se doute de rien. Le premier à se tourner pour regarder est le petit garçon, qui tire sur la manche du pull de Noël de son père en me pointant du doigt. Son père, qui suppose visiblement que je suis soit ivre, soit malade mentale, oblige son fils à se retourner, mais maintenant, c'est la mère qui m'observe fixement, et je suis à deux doigts de m'effondrer. Je lui souris timidement pour tenter de calmer sa peur justifiée de me voir péter un plomb et assassiner tout le monde, mais à présent, j'ai l'air de lui chanter la sérénade. *Oh, mon Dieu, voilà le refrain qui revient; cette chanson ne s'arrête donc jamais?*

Ma douleur est palpable; mon humiliation, évidente, mais ce n'est pas suffisant pour Evan. Il m'a raconté son histoire de pipi au lit, et maintenant il veut me faire souffrir.

—Comment faisaient les cloches?! s'exclame-t-il, plus fort que nécessaire.

Et grâce à lui, tous les yeux se rivent sur moi. *Le personnel, le couple heureux, la femme au téléphone, le type seul, la famille – tout le monde.*

À l'instant même où je me demande s'il est possible de se suicider avec la moitié d'une galette, je vois l'homme en chemise à carreaux approcher. Je pousse presque un soupir de soulagement parce que, s'il m'ordonne de la boucler, je n'aurai d'autre choix que de mettre fin à ce défi et de détaler jusqu'à la voiture. Mais il n'a pas l'air agacé. Au contraire, il sourit.

Puis il se met à chanter.

Je jette un coup d'œil à Evan, qui se dandine sur sa chaise, gesticulant dans tous les sens pour m'encourager.

Et juste là, au beau milieu du café, je me retrouve à chanter en duo avec un étranger qui se sert d'une paille en guise de micro. Il chante la partie de Shane MacGowan avec un tel enthousiasme que ce n'est pas difficile de le suivre. On y va de bon cœur, à pleins poumons, ensorcelant peu à peu ceux qui nous entourent – le petit garçon danse, la mère rit aux éclats, et la femme au téléphone nous ignore toujours, mais j'en suis sûre, au fond, elle est avec nous. Si cela avait été n'importe quelle autre période de l'année, on nous aurait fait dégager par la force et bannis du commerce, mais à Noël, les moments de folie passagère sont bienvenus.

Quand la chanson se termine et que l'inconnu cesse de me faire tourner, le couple applaudit et tout le monde retourne à ses occupations, comme s'il ne s'était rien passé. Je m'écroule sur ma chaise, tandis qu'Evan me fait un grand sourire, tel un parent empli de fierté.

—Pourquoi ce sourire? grogné-je, quoique abasourdie par la scène qui vient de se dérouler.

Mes mains tremblent. *Je crois que j'ai besoin d'un verre.*

—C'était génial. Je n'ai littéralement jamais été aussi comblé.

—Il t'en faut peu. Est-ce qu'on peut…

—Tu ne sais pas chanter. Du tout.

—La ferme.

—Je suis désolé.

Il ne l'est pas, cela dit. Il continue à jubiler.

— J'aimerais partir maintenant, insisté-je, en prenant mon manteau sur le dossier de ma chaise. Et surtout, ne jamais revenir.

Il termine sa boisson en se levant, puis me suit lorsque je fais un détour rapide par les toilettes. Elles sont très lumineuses, très froides, et empestent les produits d'entretien – un changement brutal par rapport à l'endroit accueillant qui sentait bon le café que je viens de quitter. Je m'enferme dans un cabinet et pousse un petit cri de joie. Puis un autre. Pour quelqu'un qui n'est même pas capable de faire un karaoké sans une bonne dose de tequila, je me suis épatée. Tandis que je me lave les mains et me regarde dans le miroir, je comprends pourquoi Evan souriait. Bien sûr, le fait que je me sois couverte de ridicule l'explique en majeure partie, mais c'est peut-être aussi parce que je suis pleine de surprises. *Je suis peut-être un tout petit peu extraordinaire, tout compte fait…*

Chapitre 14

—Pas possible que tu aies perdu ta virginité à vingt ans. T'es quoi? Une nonne? Sale menteuse.

—C'est la vérité! insisté-je. Danny Bradford, dans la chambre de ses parents…

—Avec le chandelier?

—Et c'était l'expérience la plus décevante de mon existence. Un peu comme cette blague.

Deux heures plus tard, notre jeu d'action ou vérité est toujours en cours. Jusqu'ici, j'ai appris qu'Evan a perdu sa virginité à quinze ans, qu'il a une peur irrationnelle des mouches, qu'il peut faire une imitation relativement bonne de Christopher Walken, qu'il voudrait au moins un enfant, de préférence une fille, et qu'il gagne sa vie en créant des jeux vidéo.

—Comme *Super Mario*? demandé-je, avant de m'interrompre. Ça existe encore, au moins? Tu sais, à une époque, j'avais une Atari.

Je commence à fredonner la mélodie familière.

Il affiche un sourire en coin.

—Toujours. Je vois que tu es bien informée en matière de jeux vidéo… Pas une grande fan, hein ?

—J'ai cent ans, donc non, répliqué-je. Mon frère adore ça, en revanche. Il fait un truc dans l'informatique pour gagner sa vie, lui aussi…

—Ah, oui ? C'est-à-dire ?

—Aucune idée, et pour être honnête, moins j'en sais sur mon frère, mieux je me porte. J'ai découvert récemment qu'il passe des coups de fil quand il est nu sous la douche. Je suis certaine que vous vous trouverez des tas de points communs… Les joysticks et Lara Croft, par exemple…

—Hum, eh bien, « je » me trouverais des tas de points communs avec lui, rétorque-t-il. Mais qu'en serait-il de Robert ? Je ne pense pas que M. Gros Calibre le directeur du marketing passe son temps libre devant des jeux vidéo. Il est sûrement bien trop occupé à parfaire son attitude snobinarde ou à jouer au polo.

Robert. Quelle conne. Mais c'est bien sûr ! Curieusement, je n'ai pas songé à lui depuis un moment. Je me demande s'il est malheureux.

—Tu as raison, concédé-je avec fermeté. Je perds de vue l'essentiel, là. Il faut que je me remette sur les rails. Tu es Robert. « Tu » es « Robert » !

Je vois le panneau indiquant Hull et m'engage dans la voie correspondante. Plus nous progressons vers le nord, plus j'ai l'estomac noué. Un mélange d'excitation et de stress. Je mentirais si je disais qu'il n'y a pas une part de moi qui est impatiente de revoir sa famille, parce que, en dépit de ses manies horripilantes, personne ne fait de meilleurs câlins que mon clan. Il me tarde d'arriver, mais c'est déjà l'heure du déjeuner, et il faudra qu'on s'arrête encore une fois pour qu'Evan prenne le relais au volant. J'en fais le serment : s'il s'avise de conduire comme un chauffard, il finira le voyage dans le coffre.

Evan fait un saut aux toilettes dès que nous arrivons à la station suivante, et j'en fais de même, avant d'aller inspecter les sandwichs et autres en-cas terriblement chers proposés pour le déjeuner. Tout est préemballé et paraît plutôt infâme, mais j'ai tellement faim que je pourrais avaler n'importe quoi, donc mon seuil d'exigence est à son point le plus bas. J'opte pour un sandwich crevettes-mayonnaise, en faisant bien attention à la date de péremption, avant de me mettre dans la file pour la caisse. Je prendrai un thé pour la route avant de partir.

Il y a trois personnes avant moi, qui ont toutes l'air pressées et fatiguées de conduire. L'homme juste devant a décrété que le sandwich jambon-crudités est le moins susceptible de le tuer, et la femme qui le précède a pris six paquets de chips, ce qui en fait mon âme sœur.

Je sens mon téléphone vibrer dans ma poche. Je parie que c'est Evan, pour me dire qu'il est au *Burger King*.

Nous venons d'arriver. Ton chéri et toi êtes en route ?
Qu'est-ce qui vous prend autant de temps ?

Je pousse un soupir. Contrairement à moi, Patrick a décidé de s'installer tout près de la maison après l'université. En réalité, personne ne croyait qu'il finirait par déménager. C'est le genre d'homme qui peut résoudre de véritables énigmes de codage informatique, mais est incapable de faire fonctionner une machine à laver.

La distance, voilà ce qui prend autant de temps, Patrick ! Tu vis juste à côté. On sera bientôt là.

J'estime ce «bientôt» à au moins un autre million d'heures, parce qu'il faut encore que j'attende qu'Evan réapparaisse, mange, mette de l'essence dans la voiture et conduise les deux cent quarante kilomètres restants. Je suis maintenant la prochaine dans la queue, donc je lui envoie un bref message pour savoir où il est, puis je remets mon téléphone dans ma poche.

— Six livres cinquante, s'il vous plaît.

— Pour un malheureux sandwich ?

À contrecœur, je tends un billet de dix au caissier, en me demandant quels ingrédients magiques ont bien pu être utilisés pour que ce minuscule en-cas soit aussi cher. *Peut-être que le pain a été cuit dans un four en diamant. Ou que les crevettes ont été sélectionnées à la main par le roi Triton en personne. Qui sait ? C'est un mystère.* Le caissier me rend ma monnaie en souriant, me souhaite un merveilleux Noël, et je me force à lui sourire en retour. *Les Noëls chez les Carson ne sont jamais merveilleux, seulement obligatoires... et si le type qui est en train d'avancer vers moi, attifé d'une couronne* Burger King, *parvient à convaincre ma famille qu'il n'est pas un parfait crétin, je m'estimerai vernie.*

—Action ou vérité, Evan? m'enquiers-je lorsqu'il se glisse à côté de moi.

— Je n'ai pas encore choisi « action », répond-il. Allons-y.

— Je te défie d'enlever ce chapeau et de faire semblant d'être un adulte, grommelé-je, les dents serrées. On va me prendre pour ton aide à domicile, bon sang!

Je ne sais pas trop si sa mine vexée est sincère ou pas, mais il enlève aussitôt le couvre-chef de sa tête et le jette dans une poubelle à côté.

— Tu n'as vraiment aucun humour, lance-t-il sur un ton irrité. Et la capacité à faire l'idiot est ce qui différencie les types bien des connards. Souviens-toi bien de ça.

Nous retournons à la voiture et nous rendons à la pompe à essence, où Evan fait le plein pendant que je vais payer. La neige se remet à tomber quand je m'installe sur le siège du passager et boucle ma ceinture, en priant pour qu'Evan ne conduise pas comme un fou et ne me fasse pas avoir une crise cardiaque.

Mais heureusement, c'est un bon conducteur – très bon, même – et je me détends assez pour fermer les yeux et tenter de faire un somme avant que nous atteignions l'Écosse. Le mouvement du véhicule est apaisant, et je commence à m'assoupir, bercée par le bourdonnement du moteur.

— Oh, mon Dieu, Emily! On va avoir un accident!

Un petit cri s'échappe de mes lèvres, et je me redresse d'un coup sur mon siège. Evan n'arrête pas de rire pendant un bon moment.

Je lui donne une claque sur le bras.

— Tu es nul. Un gros nul. Qu'est-ce qui ne tourne pas rond chez toi ?

— Je n'ai pas pu résister, avoue-t-il, entre deux éclats de rire. Oh, je t'en prie ! Si tu avais vu ta tête…

— J'ai failli avoir une attaque. Tu aurais pu te retrouver à transporter mon cadavre.

— Tu comptais sérieusement dormir tout le reste du trajet ? demande-t-il, maîtrisant enfin son hilarité. Je t'ai divertie pendant des heures, et j'attends la même chose de toi. Je veux des chansons, des blagues, des larmes et…

— Tu t'es endormi, toi aussi ! protesté-je. Et j'ai satisfait toutes tes exigences : la voiture, action ou vérité, le partage de nourriture… tout. N'oublie pas que je te paie pour être ici.

Je tourne la tête vers la fenêtre et referme les yeux.

— Je me sens blessé, dit-il doucement.

— Tu t'en remettras, répliqué-je sans rouvrir les paupières.

— Et bon marché. J'ai de nouveau l'impression de m'être bradé.

— Je m'en fiche.

— Je parie que Julia Roberts ressentait la même chose dans *Pretty Woman*. Non seulement je suis Robert, mais aussi Vivian.

Je commence à rire et referme les yeux.

J'ai droit à quelques instants de silence avant que *It Must Have Been Love* de Roxette ne retentisse dans les enceintes.

—Très drôle! Soit. Tu as gagné! m'exclamé-je. Éteins-moi ce truc. Je ne veux même pas savoir ce que ça fait sur ta playlist.

—J'ai un côté romantique, explique-t-il. Les dames adorent les ballades.

—Par pitié, arrête de parler.

—Je plaisante. J'ai un compte Spotify. J'ai cherché cette chanson pendant que tu avais les yeux fermés.

—Oh, mais tu te rends compte? C'est au moins aussi grave que d'envoyer un message en conduisant.

Il passe au morceau suivant.

—Il va vraiment falloir qu'on travaille sur ton côté guindé, fait-il remarquer.

—Tu devrais ralentir, ajouté-je en me penchant en avant. Oh, et mets-toi dans la file de gauche, nous prenons…

—Tu vas te détendre, à la fin? m'interrompt-il. C'est moi qui conduis! J'ai des yeux pour lire les panneaux et un système de navigation par satellite qui me donne les directions! Tu as vraiment un besoin maladif de tout diriger!

—J'ai peut-être besoin de tout diriger, mais en tout cas, je n'envoie pas de messages quand je suis au volant! hurlé-je en réponse.

—Je n'envoyais pas de messages!

—Ah, ouais… ? Eh bien… «guindé», ce n'est même pas un vrai mot.

On continue sur cette lancée pendant quelques kilomètres, nous chamaillant sur tout et n'importe quoi, jusqu'à notre ultime arrêt avant l'arrivée. Nous sommes tous deux d'une humeur massacrante quand nous sortons de la voiture, et même si nous marchons dans la même direction, nous n'échangeons pas une parole. *C'est la cata. Comment allons-nous pouvoir nous supporter pendant les vacances, alors qu'on n'y arrive même pas le temps d'un trajet?*

Je retouche mon maquillage aux toilettes, parce que ma mère aura des soupçons si je ne suis pas tirée à quatre épingles devant mon petit ami. C'est le genre de femme qui se farde pour aller acheter le journal du matin au magasin du coin, pourtant tenu par un homme de quatre-vingts ans passés atteint de la cataracte.

«Je sais que tu ne prends pas la peine de te maquiller, chérie, mais ce n'est pas pour toi. C'est pour les gens qui doivent poser le regard sur toi.»

Maman n'a jamais ce problème avec Iona, parce que ma sœur ressemble toujours à une avocate de *Dynastie*: tailleurs à épaulettes, cheveux au carré, lèvres rouges, et des yeux méfiants pourvus de cils fournis et d'innombrables couches d'eye-liner. Elle ne se fait jamais rouler, donc ce sera la plus difficile à berner. *Bon sang, si Evan et moi continuons comme ça, même le chien devinera que nous ne sommes pas un vrai couple!*

Tandis que la porte des toilettes se referme derrière moi, je cherche Evan des yeux et le repère devant l'entrée principale. Il a l'air d'en avoir ras le bol. Son expression ne s'adoucit pas lorsqu'il me voit marcher vers lui.

— Tu es calmée ? demande-t-il. Ou il va falloir qu'on en vienne aux poings ?

— Je suis désolée, répliqué-je en lui donnant un petit coup de coude amical, tandis que nous retournons vers la voiture. Je suis stressée, c'est tout.

Il me donne un petit coup à son tour.

— Excuses acceptées. Quoique, si j'étais ton vrai petit ami, j'attendrais au moins un câlin pour me consoler.

Nous atteignons le véhicule, et je lui jette un regard pendant qu'il ouvre la portière conducteur.

— Eh bien, vu que notre dernière tentative était désastreuse, concédé-je, je suppose que réessayer ne nous ferait pas de mal.

Il retient la portière et me sourit.

— T'es sûre ?

— Oui. D'ailleurs, je te défie de me refaire un câlin. Pendant au moins une minute.

— En quoi est-ce une action ?

Il éclate de rire et me regarde faire le tour du véhicule pour venir de son côté.

— Parce que de toute évidence, tu as trouvé ça atroce la dernière fois. Je l'ai compris à la façon dont tu m'as quasiment virée à coups de pied de ton appartement. Cette fois, tu es coincé avec moi pour les trois jours et demi qui arrivent.

Il secoue la tête mais m'attire contre lui, puis me serre fort, et je pousse un petit gloussement. La chaleur de son corps est accueillante, et nous nous étreignons pendant une bonne minute, tandis que la neige s'amoncelle à nos pieds. Il n'y a plus de malaise entre nous. Nous sommes seulement deux personnes qui s'enlacent sur un parking à Noël.

— Ton téléphone sonne, murmure-t-il dans mon oreille gauche.

— Je l'entends, répliqué-je. Mais je me sens bien, là. Je rappellerai plus tard. C'est probablement…

Sans me laisser le temps de finir ma phrase, Evan met la main dans la poche de mon manteau et en sort mon portable.

— Numéro inconnu. Intrigant.

— Rends-moi ça!

J'essaie de le lui reprendre, mais il le tient au-dessus de sa tête et appuie sur le bouton «Répondre».

— Allô?… Ha ha! Répondez! Bonjour, téléphone d'Emily… Allô?… C'est Robert. Qui est à l'appareil? Qui?

Il met fin à l'appel et jette le téléphone sur le siège conducteur.

— Oh, merde!

Nous rivons tous deux les yeux sur l'appareil.

— Evan? Qu'est-ce que…? C'était qui? Qu'est-ce qui s'est passé?

Le téléphone se remet à sonner. *Encore un numéro inconnu.*

— Il vaudrait mieux que tu ne décroches pas, annonce Evan.

Son visage est soudain très pâle, mais je n'y prête pas attention et me glisse dans le véhicule pour récupérer mon portable sur le siège. *Après une réaction pareille, comment pourrais-je ne pas répondre?*

—Allô?

—Emily, c'est Robert. Ne raccroche pas. Je suis passé chez toi, mais ton colocataire m'a appris que tu étais déjà partie pour l'Écosse. Qui a décroché? Qui est avec toi?

—Ce ne sont pas tes affaires. Ne me rappelle pas.

Je raccroche et remets le téléphone dans ma poche, puis fais le tour de la voiture jusqu'au côté du passager. Je boucle ma ceinture en silence et attends qu'Evan démarre le moteur. Nous retournons sur l'autoroute pour entamer la dernière portion du voyage.

—Désolé, lance Evan quelques minutes plus tard. Je t'avais prévenue de ne pas décrocher. S'il te plaît, ne laisse pas cet incident te contrarier.

—Me «contrarier»? répété-je avant de partir d'un tel éclat de rire que ma figure manque d'éclater. Tu... lui... as... dit... que... tu... étais... «lui»...

Des larmes se forment maintenant au coin de mes yeux. Je frôle l'hystérie.

—Quoi? Arrête de rire. Je ne comprends rien à ce que tu racontes.

Je m'essuie les yeux sur ma manche.

—Il était là: «Qui est-ce?», et toi: «C'est Robert.» Ha ha ha ha ha ha!

Evan commence à rire, lui aussi.

—Arrête! gronde-t-il. Je suis au volant.

—Je ne peux pas! C'est excellent.

—Je sais, acquiesce-t-il. Quelle pagaille. Il a paru vraiment surpris quand il a entendu son propre prénom, sans parler de la voix d'un autre homme... Attends une seconde... Tu pleures ?

Je sanglote et hoche la tête en même temps, tout en m'enfouissant le visage dans mes mains.

—Waouh, commente-t-il. Ça a dégénéré tout d'un coup.

Je m'efforce de formuler des mots intelligibles entre mes reniflements et mes sanglots.

—Je ne veux pas lui parler, gémis-je. Mais j'ai besoin qu'il sache à quel point il m'a blessée. Il faut qu'il voie le foutoir qu'il a créé.

—Il ne mérite pas de voir quoi que ce soit, rétorque gentiment Evan. Tu ne devrais pas lui accorder une seule seconde de plus de ton temps.

—Je sais, pleurniché-je. Mais je veux qu'il comprenne ce qui se passe quand on joue avec les sentiments des autres.

—Est-ce qu'il a Snapchat ? s'enquiert Evan. Je pourrais lui envoyer une photo de toi dans cet état.

Je ricane et pleure en même temps.

—Mais tu devrais peut-être te moucher d'abord, ajoute-t-il. À moins que tu ne veuilles lui montrer l'ampleur des dégâts à la fois en termes d'émotion et de morve...

Je lui donne une claque sur la jambe et cherche un mouchoir dans mon sac.

Je ne me calme qu'à une vingtaine de kilomètres des côtes écossaises. Je baisse le pare-soleil pour vérifier que mon mascara n'a pas coulé.

—À ton avis, qu'est-ce qu'il voulait? me demande Evan, tandis que j'éponge mes yeux à l'aide d'un mouchoir. S'excuser platement?

—Qui sait? Il croit sans doute qu'il peut me baratiner pour revenir dans mes bonnes grâces. Il oublie que je n'ai plus vingt et un ans. Je n'ai plus de temps à perdre avec la mauvaise personne, soupiré-je en remontant le pare-soleil. Avant qu'il ne largue cette bombe, je projetais de faire ma vie… avec lui. J'avoue que je m'avançais peut-être un peu, mais j'avais bon espoir. C'est bien, l'espoir. Maintenant, je n'ai plus aucune idée de ce que l'avenir me réserve, ni même si cet avenir est à Londres.

—Tu es exactement là où tu devrais être, réplique Evan en regardant la route devant lui. C'est fascinant de constater à quel point un instant, une pensée ou une rencontre peuvent tout changer. L'idée de savoir précisément ce que l'avenir me réserve me déprime. J'aime me laisser surprendre par la vie, dans le bon comme dans le mauvais.

—Mais tu dois bien avoir une idée de l'endroit où tu voudras être quand tu auras, disons, cinquante ans? rétorqué-je en me tournant vers lui. À moins qu'habiter pour toujours avec tes adorables colocataires ne soit ton objectif dans l'existence?

Il éclate de rire.

—Oh que non! J'ai déjà prévu de déménager après le nouvel an! Notre boîte vient juste de terminer un gros projet, donc je suis libre d'aller où ça me chante.

—Peut-être au Canada?

—Pourquoi le Canada? interroge-t-il, visiblement perplexe.

—Tu ne m'as pas dit que tes parents vivaient là-bas?

—Si. Désolé, je suis un peu long à la détente. Je commence à fatiguer. De toute manière, qui sait où je serai à cinquante ans? Peut-être marié? Divorcé? Dans un penthouse à New York? Ou encore fauché et barman en banlieue, pour verser des pensions alimentaires à mes trois enfants? Qui sait? Qui ça intéresse!

J'hésite entre l'applaudir et le secouer.

J'appuie ma tête contre la fenêtre et observe en silence le paysage défiler. Il est 17 heures passées, il fait déjà sombre, et la neige tombe tout autour de nous. Evan se concentre sur la route et paraît quelque peu anxieux, mais j'ai la nette impression que ce ne sont pas les conditions climatiques qui le préoccupent.

—Bon, faisons un rapide tour d'horizon de ta famille, reprend-il. À quoi devrais-je m'attendre?

—Hmm. Bonne question, commencé-je en baissant le volume de la musique. Voyons voir. Ils sont tous assez excessifs. Crois-le ou non, je suis la plus zen. J'apaise les conflits. Je ne les crée jamais. Bref, mon père adore faire la fête, et insistera pour te faire manger, danser et boire, même si tu n'en as pas envie. Iona, l'avocate, s'énervera et te racontera des trucs confidentiels sur ses clients. Patrick ne vit que pour tourmenter sa sœur jumelle, et sa femme, Kim, aura l'air calme et réservée jusqu'à ce que l'alcool fasse effet. Par la suite, ils ressembleront tous les deux à des ados en plein *spring break*. Sérieusement, on les a surpris en train de s'envoyer en l'air dans l'abri de jardin l'an dernier. Ma mère, tout comme mon père, aime faire la fête, et même quand elle siffle quatre litres de gin, c'est toujours la dernière debout.

—Je pense pouvoir faire avec, réplique Evan avec un sourire en coin. Ça pourrait être pire.

Le pauvre. Il croit que j'ai terminé.

—Il faut que tu sois conscient d'une chose, cela dit, ajouté-je. Même si les membres de ma famille désespèrent de me voir en couple, ils ne vont pas te faciliter la tâche. Ils ne t'accepteront comme l'un des nôtres que s'ils ont l'impression d'avoir trouvé leur âme sœur. Non seulement il faut que tu sois assez bien pour moi, mais aussi pour eux.

—C'est ridicule, fait remarquer Evan.

—Ça l'est, concédé-je. Quand ils ont rencontré Kim pour la première fois, mes parents n'étaient pas emballés et ne s'en sont pas cachés, sous prétexte que sa tête ne leur revenait pas. Puis, il y a environ trois ans, pour Noël, Kim a attendu que tout le monde dorme et a mis des photos d'elle en train de faire des doigts d'honneur dans toute la maison. Il y en avait partout : sous la lunette des toilettes, sur le miroir de la salle de bains, dans le frigo, dans les placards, dans la niche du chien, et même sur le visage du père Noël, près du portail. Elle avait tout prévu jusqu'au moindre détail. Puis elle est rentrée chez elle, croyant que ce serait la dernière fois qu'elle verrait tout le monde, y compris Patrick.

—Merde ! s'exclame Evan. Qu'est-ce qui s'est passé ?

— Ils ont trouvé que c'était un coup de génie, et moi aussi. Cette fille a envoyé paître une famille entière de la façon la plus originale qui soit. Ils ont forcé Patrick à aller la chercher et l'ont accueillie à bras ouverts.

Evan diminue la vitesse de l'essuie-glace, vu que la neige commence à se calmer.

— Je suis impatient de la rencontrer. Ça a l'air d'être un sacré numéro.

Je hoche la tête.

— C'est bizarre, en fait. Kim est très gracieuse, droite et sérieuse. Le parfait opposé de Patrick, qui est un gamin de quinze ans dans le corps d'un adulte. Mais quelques verres de trop, et tout fout le camp… Oh ! là, là ! On est presque arrivés.

J'étais tellement occupée à raconter les Noëls passés que je n'ai pas remarqué que nous sommes sortis de l'autoroute depuis un bon moment, et que nous remontons maintenant la rue principale de Melrose, étonnamment calme et couverte d'un manteau blanc.

— En tout cas, c'est joli ! lance Evan en s'extasiant sur les éclairages de Noël. On dirait une carte postale.

C'est la vérité. Mais quand j'étais jeune, cet endroit m'ennuyait. Je voulais vivre n'importe où ailleurs. Je voulais découvrir le monde en dehors de cette petite ville. À présent, quand je reviens en visite, j'apprécie enfin son charme et je me demande souvent pourquoi j'en suis partie. Avec les années, l'anonymat de Londres a perdu de son attrait.

— Tu vois cette rue, sur la gauche ? dis-je en montrant le rond-point du doigt. C'est là que vivent Patrick et

Kim. La maison paraît petite, mais elle est gigantesque à l'intérieur.

— Pourtant ils séjournent chez tes parents, non ? s'enquiert-il. Pour quelle raison, alors qu'ils habitent aussi près ?

— Parce que la tradition veut que tout le monde reste sous le même toit. Nous devons manger, dormir et respirer tous ensemble, sinon ça ne compte pas comme un bon moment en famille, expliqué-je. S'enfuir n'est pas une option.

Evan tourne à droite, et nous nous éloignons de la ville pour nous rendre chez mes parents, empruntant le vieux chemin de campagne qui grimpe à côté de l'église, une route que je connais sur le bout des doigts. Il ne neige presque plus, et le ciel est dégagé. À quelques centaines de mètres, à mi-hauteur de la colline, je repère le chêne familier sous lequel je jouais enfant, et où nous avons enterré mon premier chien, Roy. Une fois que nous atteignons le sommet, les phares de la voiture éclairent le petit muret en briques grises qui entoure la propriété, une multitude de haies et d'arbres peu entretenus, et, bien sûr, la figure rieuse du père Noël.

— Bordel de merde ! s'écrie Evan en freinant brusquement. Qu'est-ce que c'est que ce truc ?!

Je ricane.

— Evan, je te présente le papa Noël.

Evan l'observe attentivement à travers le pare-brise.

— Qu'est-ce qui est arrivé à son visage ?

Je soupire.

—Tout et n'importe quoi. Le temps. Les conditions climatiques. Des possessions démoniaques… Il n'a pas eu une vie facile… Prends le chemin en face. Nous y sommes. Mets les feux de route, en revanche. C'est mal éclairé.

Nous dépassons le portail, et j'entends Evan haleter légèrement lorsqu'il aperçoit le corps de ferme.

—C'est une blague? demande-t-il d'un air incrédule. Tu as grandi ici?

Je hoche la tête.

—Oui. C'est la maison.

—Corps de ferme, mes fesses, marmonne-t-il. On dirait un manoir.

Des murs en vieilles pierres recouverts de lierre à la grange en bois rénovée, attenante au pavillon principal, la propriété est indéniablement imposante. Toutefois, c'est l'arrière de la demeure qui m'époustoufle toujours: des jardins ornementaux bordés d'arbres, qui s'étendent à perte de vue – un véritable refuge pour les cerfs, les renards, je ne sais combien d'espèces d'oiseaux, et de temps à autre, un type paumé qui cherche des champignons magiques ou des fées. Il y a aussi un ruisseau étincelant sur un côté, un belvédère en bois, une véranda, et surtout, personne à proximité pour nous importuner. Enfin, à l'exception du gars qui est assis à côté de moi.

Les graviers recouverts de neige crissent sous les pneus du véhicule lorsque Evan se gare devant la maison, déclenchant les éclairages de sécurité et les aboiements du vieux dogue danois.

Le ronronnement du moteur s'arrête enfin, et nous demeurons assis en silence un instant, avant qu'Evan ne prenne la parole :

— Je me sens un peu mal.

— Moi aussi, acquiescé-je, les yeux rivés sur la porte d'entrée. Evan… tu es sûr d'être partant pour ça ?

— Eh bien, c'est un peu tard pour reculer maintenant ! répond-il. D'ailleurs, tu ferais bien de commencer à m'appeler Robert.

Je reprends mon souffle et ris nerveusement.

— Exact, « Robert ». Ouvre le coffre, et apportons nos valises à l'intérieur. À tout moment, ils vont se coller aux fenêtres pour te jeter des regards inquisiteurs.

— « Insécateur » ? Comme dans les Pokemon ?

— Hein ? Non… Inquisiteurs ! Rien à voir avec les Pokemon !

Il affiche un large sourire.

— Bon sang, j'adore l'accent écossais.

Nous sortons dans le froid mordant, et Evan prend une profonde inspiration.

— J'avais oublié ce qu'était l'air pur, fait-il remarquer en attrapant la première valise du coffre. Il remplit directement les poumons.

— Ça t'impressionne ? Regarde un peu le ciel, lui dis-je en souriant.

Il pose la seconde valise par terre et lève la tête.

— C'est beau, hein ? ajouté-je, tout en refermant le coffre de la voiture.

Evan paraît émerveillé.

— Il fait tellement… noir ! C'est tellement paisible… et les étoiles sont incroyables. J'arrive presque à les entendre.

— Mon Dieu, Evan, comme c'est poétique, le taquiné-je. Je te ramènerai en janvier pour le cérémonial du *haggis*.

— Qu'est-ce que c'est que ça, encore ? s'enquiert-il en baissant les yeux sur moi.

— Le cérémonial du *haggis*. Le souper de Burns ?

— Je n'ai jamais goûté au *haggis*. Ça me fait peur.

— Eh bien, prépare-toi à être un brave soldat, rétorqué-je. Papa en prépare un fameux. Bon, on devrait prob…

— Chérie ! Tu es là !

Evan semble frôler l'arrêt cardiaque, et nous nous retournons d'un bond et voyons ma mère agiter les bras en l'air sur le perron. *Oh, non !* Non seulement elle est en pantoufles, mais en plus, elle a de nouveaux bois de renne sur la tête. Elle en porte tous les ans. L'an dernier, ils étaient marron uni – c'était idiot, mais inoffensif. Cette fois, elle est passée au niveau supérieur avec d'énormes ramures rouge vif qui clignotent par intermittence, comme une sorte de signal d'alarme. Sa folie empire.

— Salut, maman ! m'exclamé-je en réponse en avançant d'un pas lourd, pendant qu'Evan s'occupe des bagages. Tu es magnifique !

Lorsqu'elle me prend dans ses bras, je sens aussitôt le parfum de sa laque pour les cheveux, ainsi qu'une vague odeur, reconnaissable entre toutes, de gin et de citron. Je l'étreins aussi fort qu'elle le fait avec moi.

—Et vous devez être Robert, reprend-elle. L'homme mystère.

Evan affiche un grand sourire et lui tend la main.

—En effet. Robert Shaw. Enchanté de vous rencontrer, madame Carson.

Elle serre poliment la main d'Evan et lui rend son sourire, mais arbore le regard lubrique d'une femme qui vient d'envisager un instant de quitter son mari pour le nouveau petit ami de sa fille.

—Je vous en prie, appelez-moi Jenny... En tout cas, vous êtes sacrément mieux que le précédent! s'exclame-t-elle en gloussant. Espérons que vous avez pris votre sens de l'humour avec vous.

—Maman!

Je m'efforce de la ramener à la réalité. Elle n'a toujours pas lâché la main d'Evan.

—Oh, je plaisante. Haut les cœurs! Bon, entrez vite, tous les deux, je vous prie. Il fait froid. Le chien tourne en rond à l'intérieur. Je vais demander à Iona de le promener pour le fatiguer.

Elle prend un des sacs à mes pieds et l'emporte dans le grand hall d'entrée surchargé de décorations.

—Tout le monde! s'écrie-t-elle. Emily est là! Elle a emmené Ryan Gosling avec elle.

Evan pouffe, et je ne sais plus où me mettre. Nous rentrons les autres bagages, et je referme la porte derrière moi, tandis que ma mère retourne au salon en criant contre Pacino pour qu'il se calme.

Je retire ma veste et l'accroche au portemanteau, puis conseille à Evan de faire de même. Un peu chiffonnée par notre voyage, je lisse les plis de mon haut et remets mes cheveux en place.

— Tu es prêt ? murmuré-je.

Evan me fait un clin d'œil et me prend la main.

À nous de jouer.

Chapitre 15

Dès notre arrivée dans le salon, je vois mon père perché sur une échelle en train de trafiquer la décoration au sommet du sapin. Il porte un pull en laine prune, qui est presque de la même couleur que son visage. Il s'interrompt et chancelle imperceptiblement en me voyant.

—Emily! Tu es là! beugle-t-il. Pile à l'heure! On est en train de se servir à boire.

« Tu es là. » *Pourquoi tout le monde répète ça? Comme si ne pas être là était une option.* Je repère Kim et Patrick au fond de la pièce.

—Salut, vous deux! Joyeux Noël! Bon sang, papa, fais attention là-haut! On dirait que tu vas faire une attaque… Alors, qui est à l'honneur cette année?

Il oriente la décoration légèrement vers la droite et commence à redescendre de l'échelle.

—Eh bien, ton frère avait préparé un sommet de sapin avec Justin Bieber, mais nous avons décrété que

Donald Trump mérite nettement plus cet honneur, donc je changeais la photo… Vous devez être Robert.

— Tu veux un bloody mary, Em ? s'écrie Patrick en brandissant une bouteille de Tabasco.

Je secoue la tête.

— Peut-être plus tard. Un gin tonic, pour l'instant, merci.

Evan, qui a l'air complètement déboussolé, serre la main de mon père qui, en retour, lui donne une énorme claque dans le dos.

— Ravi de vous rencontrer ! Emily va vous expliquer cette histoire de sapin. Prenez donc un verre. Vous me semblez être le genre d'homme à aimer le rhum-Coca. Je me trompe ?

Evan éclate de rire.

— Je suis le genre d'homme à boire tout ce que vous avez en stock, merci.

Sans ajouter un mot, mon père file rejoindre Kim et Patrick derrière le bar à l'autre bout du salon, me laissant me dépêtrer pour trouver une explication.

Je pousse Evan vers le canapé.

— Chaque année, nous choisissons une personnalité qui mérite d'avoir une branche d'épines dans le derrière et collons sa photo au sommet du sapin. L'an dernier, c'était David Cameron. Cette fois… eh bien, tu peux admirer par toi-même.

Nous contemplons tous deux l'énorme étoile argentée couverte du visage pédant de Donald Trump. Mon père a même pris soin d'ajouter du coton au-dessus pour les cheveux.

—C'est tout à fait logique, commente Evan avant de balayer les lieux du regard. Cet endroit est génial… Attends une seconde… Ta mère est bien entrée dans cette pièce? Il y a un portail interdimensionnel?

J'éclate de rire.

—Oui, elle était là. Tu vois cette porte derrière le bar? Elle conduit à la cuisine et au jardin. Ma mère s'occupe sûrement du chien avec Iona.

Kim, vêtue d'un survêtement noir à paillettes, s'avance tranquillement avec nos boissons et nous souhaite gentiment un joyeux Noël à tous les deux. J'arrive à voir Evan la jauger discrètement de la tête aux pieds, en se demandant sans doute quand cette rouquine d'apparence inoffensive va se transformer en redoutable photographe.

—À toi aussi, Kim, répliqué-je en la prenant dans mes bras. Comment va la vie? Patrick se tient correctement?

—En quelque sorte, répond-elle timidement, avant de prendre conscience de la présence d'Evan et de mettre fin à la conversation en s'asseyant sur le canapé en face.

Je prends une gorgée de mon verre et me rassois, tout en admirant le salon dans toute sa splendeur. Cette année, ma mère a choisi un thème bleu et argenté. Des cloches, des guirlandes et de jolies décorations pendent un peu partout, sans parler d'une branche de gui placée stratégiquement que je conseillerai à Evan d'éviter, et d'une énorme pile de cadeaux, tous emballés avec soin par un employé de grand magasin. Le feu crépite, Fleetwood Mac joue tranquillement en fond et, l'espace d'un instant, une sensation de plénitude m'envahit. *Peut-être que cette année sera différente.*

—Pas touche au houmous, espèce de sale gosse!

Ou pas.

Iona arrive en trombe de la cuisine, ses talons Prada martelant le parquet en bois autant que des bottes militaires.

—Ne mangez surtout pas de houmous au poivron rouge, nous informe-t-elle en posant des gressins sur la table basse. Patrick vient de contaminer tout le saladier avec ses sales pattes. Franchement, les hommes sont les pir…

—Iona, l'interromps-je avant qu'elle n'ait le temps d'éradiquer verbalement l'ensemble de la gent masculine, je te présente Robert.

Evan se lève pour lui serrer la main, et elle lui rend la politesse, mais pas avant de l'avoir bien étudié du regard.

—Vous êtes Robert? demande-t-elle en reculant d'un pas pour le détailler de nouveau, avant de me jeter un coup d'œil. Vous n'êtes pas comme je m'y attendais. Pas du tout.

—Enchanté de vous rencontrer, répond-il. Emily m'a énormément parlé de vous.

—Ah, oui? rétorque-t-elle froidement en le regardant droit dans les yeux. J'aimerais pouvoir en dire autant de vous. Ma sœur nous a caché votre existence pendant des mois. Peut-être que la différence d'âge la gênait. Vous avez quoi… vingt-cinq ans? Vous êtes conscient que ma sœur n'est plus dans la vingtaine depuis un bail?

Je manque de m'étouffer avec mon gin tonic.

— Iona, arrête d'être aussi grossière! Tu m'as promis!

— J'ai vingt-neuf ans, reprend Evan, et tout va bien, Emily. Ta sœur a le droit de poser la question. Pour être tout à fait franc, Iona, je ne remarque même pas la différence d'âge. Les nombreuses qualités de votre sœur comptent nettement plus.

Iona esquisse un sourire.

— Très bien, Robert. Je vous crois, pour l'instant. J'aime les hommes qui ont du répondant.

Je pousse discrètement un soupir de soulagement. *Un point pour Evan.*

— Bref, poursuit-elle, maintenant que nous sommes tous réunis, on peut commencer. Maman! Apporte le champagne!

Je tire Evan par la manche, et il se rassoit à côté de moi. Une minuscule goutte de transpiration perle sur son front.

— Waouh! souffle-t-il. Elle est vraiment terrifiante. J'ai cru qu'elle allait me faire passer au détecteur de mensonges.

— Tout est encore possible, soupiré-je.

— Peux-tu m'indiquer où est la salle de bains? Je crois que j'ai besoin de reprendre mes esprits.

Je hoche la tête et lui fais signe de me suivre.

— Je reviens dans une minute. Je montre juste la salle de bains à Eva…

Evan me donne un coup de coude et se met à tousser bruyamment.

— À Robert, rectifié-je.

Je prends Evan par la main et le conduis dans l'entrée, tout en marmonnant. Je le pousse dans la salle de bains et m'empresse de refermer la porte derrière nous.

— Qu'est-ce qui t'a pris, Emily?! s'exclame-t-il. Il s'en est fallu de peu.

— Je sais, je sais! m'écrié-je en faisant les cent pas. Oh, mon Dieu! Il est fort probable que je fiche tout en l'air ce soir, surtout après quelques verres. Je ne pense pas qu'ils aient entendu. Tu crois que si? Oh, merde et s'ils avaient entendu?

Il se passe la main dans les cheveux.

— Je ne crois pas, mais il faut que tu fasses attention. Il y a peu de risques que je parle de moi à la troisième personne, donc tout repose sur toi.

Je m'assois sur le rebord de la baignoire et m'efforce de trouver une solution.

— Tout va bien. Je ne t'appellerai pas par ton prénom, voilà tout. Je te donnerai un surnom affectueux. C'est ce que font les couples.

Il réfléchit un instant.

— Ça pourrait marcher. Je réponds naturellement à « beau blond ».

— Oh, la ferme, gloussé-je. Que dirais-tu de « doudou »?

— Comme une peluche?

— D'accord, très bien… « bébé »?

Il secoue la tête.

— Pouah! Trop américain à mon goût. Il n'y a pas un terme écossais pour l'attachement?

—« Ma chatte » ?

Son éclat de rire résonne dans la salle de bains. Il pense que je plaisante.

— Écoute, contente-toi de m'appeler par ce qui te passe par la tête parce que, là tout de suite, il faut vraiment que je pisse et… eh bien, tu es là.

— Oh, désolée, bien sûr ! répliqué-je en me dépêchant de sortir pour lui laisser de l'intimité.

En quittant la pièce, je l'entends marmonner :

— Putain, cette salle de bains est plus grande que mon appartement !

Réticente à l'idée de retourner immédiatement dans le salon, je décide de porter nos bagages dans mon ancienne chambre en attendant qu'Evan ait terminé. Je les traîne jusqu'à la porte, l'ouvre, et lorsque j'éclaire, je suis frappée par une forte odeur de chien. Bon sang, je sais que Pacino dort là, mais mes parents auraient au moins pu allumer une bougie parfumée. Je cale les valises contre l'armoire et ferme les atroces rideaux à motifs floraux que ma mère a décidé d'accrocher à la place de mes stores en bois. En réalité, elle semble avoir redécoré toute la pièce depuis ma dernière visite. On dirait qu'une foutue prairie recouvre mon lit, sans parler du tapis et des coussins assortis. La chambre est toujours aussi claire, lumineuse et spacieuse qu'à l'époque où j'y vivais, mais mes posters, mon fauteuil en patchwork, mes étagères de livres et l'énorme tapis blanc duveteux sur lequel j'aimais marcher pieds nus ont été mis au placard depuis longtemps.

215

J'entends la chasse d'eau et ressors dans le couloir pour rejoindre Evan.

— Tout va bien ? s'enquiert-il en éteignant la lumière de la salle de bains. Tu y es retournée ?

Je secoue la tête.

— Pas encore. J'ai mis nos valises dans la chambre. Il me fallait un moment pour me ressaisir.

— On a tous les deux besoin d'un verre, assure-t-il en s'ébouriffant les cheveux. Allez, retournons sur scène et incarnons le meilleur faux couple que Melbourne ait jamais vu.

— C'est Melro... Oh, laisse tomber. Je n'ai pas l'énergie.

Au même instant, la porte du salon s'ouvre, et ma mère en sort avec deux coupes de champagne, ses bois de renne étant maintenant en mode disco.

— Tout va bien par ici ?

— Très bien, maman. Je faisais seulement un petit tour du propriétaire...

— Oh, ça peut attendre, Emily, proteste-t-elle en nous tendant un verre à chacun. Nous voulons tout savoir sur ton homme !

Elle nous pousse à avancer devant elle dans le couloir.

— Kim vient de prendre son premier shot de tequila, explique-t-elle. Ça va commencer à devenir intéressant.

Chapitre 16

Tout le monde est enfin réuni au salon : Patrick et Kim sont installés sur le canapé bleu dragée près du feu ; Iona est assise sur celui que nous occupions auparavant ; et mon père est dans son fauteuil préféré, les pieds en l'air et une coupe à la main.

Ma mère s'assure que tous les verres soient remplis, puis demande à Patrick de rentrer Pacino pendant qu'Evan et moi nous asseyons.

— Je viens juste de me mettre à l'aise, grommelle-t-il. Quelqu'un d'autre peut le faire, non ?

Ma mère lui lance un de ses regards qui signifient « arrête de râler et dépêche-toi d'obéir », ce qui suffit amplement à le faire déguerpir dans la cuisine.

— Eh bien, n'est-ce pas merveilleux, commence-t-elle en arborant un sourire radieux. J'adore cette période de l'année... Emily, j'ai oublié de te dire : la vieille Mme Peacock a enfin passé l'arme à gauche. J'ai croisé son fils, Dominic, au club de tennis. Il est divorcé, tu sais. Il a de très beaux cheveux.

Embarrassée, je fais la grimace. *Evan est à trois centimètres de moi, et elle essaie encore de me caser avec de bons partis. C'est devenu une seconde nature.*

—Mme Peacock n'était pas la vieille raciste qui habitait près du terrain de football? m'enquiers-je, cherchant à détourner la conversation de son fils.

Ma mère secoue la tête.

—Non, c'était Mme Babcock. Mme Peacock était celle qui possédait un grand hôtel restaurant près d'Innerleithen. Dominic vient d'hériter de la totalité, Emily. Il est sacrément riche, maintenant.

Evan me fait un regard en coin et se retient de rire. *Dieu soit loué, il n'est pas réellement mon petit ami, car je serais mortifiée.*

—Je me souviens d'elle! s'exclame Kim. C'était une petite maligne, même à quatre-vingt-dix ans passés. Vous vous souvenez quand George Clooney a séjourné là-bas incognito il y a quelques années? Elle a joué la pauvre mamie gâteuse pour le convaincre de poser pour une photo afin de l'afficher sur le mur de la réception.

Maman éclate de rire.

—Oh, mon Dieu, c'est exact, et après son départ, elle a surexploité la photo, et a raconté à qui voulait l'entendre qu'il avait séjourné là. Ses réservations ont crevé le plafond.

Nous ricanons tous, à l'exception d'Iona, qui regarde fixement Evan tout en tapotant sa flûte de champagne de ses ongles parfaitement manucurés.

—Emily m'a dit que vous travaillez dans le marketing, Robert, lance-t-elle d'une voix austère. Quelle est votre opinion sur la question, en termes de publicité, j'entends ? Bonne stratégie ?

Je me crispe aussitôt. *Bien sûr qu'elle va cuisiner Evan dès ce soir.* Je m'immisce dans la conversation pour essayer de détendre l'atmosphère.

—Allons bon, ne nous embarquons pas dans des discussions sérieu...

—On pourrait le voir comme ça, intervient Evan sur un ton assuré. Ses actions ont certainement amélioré leur image à tous les deux. Son hôtel est désormais connu pour être un lieu fréquenté par des célébrités, qui, en plus, tiennent à être photographiées avec la propriétaire. Quant à M. Clooney, il apparaît comme un homme gentil, terre à terre et simple, qui se prend en photo avec des mamies. Ses fans ont dû en redemander.

—Mais encore ? interroge Iona. Le revers de la médaille ?

—D'un autre côté, s'il a expressément demandé que son séjour demeure confidentiel, alors elle a brisé ce rapport de confiance. Mais, à mon humble avis, il ne s'en est jamais plaint ouvertement. Personne n'a envie d'être le type qui met en péril l'entreprise familiale tenue par la pauvre vieille dame adorable sur la photo...

—Malin, ton homme, Emily, s'extasie ma mère.

Iona semble se satisfaire de sa réponse, donc je me contente de sourire et de hocher la tête. Si je n'avais pas autant de discernement, je penserais sincèrement qu'Evan sait de quoi il parle. *Il déchire.*

Du coin de l'œil, j'aperçois Pacino arriver lourdement dans la salle à manger, suivi par Patrick, qui tremble comme une feuille.

— On aurait pu le laisser dehors, se plaint-il en se frottant vigoureusement les bras. Il fait meilleur dans sa niche que dans la maison.

— Il a besoin de compagnie, proteste ma mère, s'adressant directement au chien avec une voix gâteuse. Tu sais bien qu'il n'aime pas rester tout seul.

Pacino pousse un grognement en guise de réponse, puis trottine jusqu'à Evan et moi.

— Pacino! m'écrié-je en lui caressant le dos et les oreilles. Comment vas-tu, bonhomme? Tu m'as manqué.

Il n'en faut pas plus à Pacino pour se dresser sur ses pattes avant en les appuyant sur mes genoux, et me lécher fougueusement le visage.

— Nom de Dieu! s'exclame Evan, qui, de toute évidence, n'a jamais côtoyé de gros chien auparavant. Waouh, on dirait un cheval. Il est gentil, pas vrai?

Les autres éclatent de rire.

— C'est un gros nounours, assuré-je en caressant tendrement son doux pelage noir. N'est-ce pas, mon grand?

Evan, qui garde toujours ses distances, observe Pacino redescendre par terre et rouler sur le dos pour qu'on lui gratte le ventre. Je me laisse tomber sur le sol à côté de lui et m'exécute.

— Il ne mord pas, «chéri», assuré-je à l'intention d'Evan. Il est trop fainéant pour être agressif.

Evan, conscient que se montrer amical avec le chien est un bon moyen de se faire bien voir par sa potentielle belle-famille, pose son verre sur la table et laisse prudemment Pacino lui renifler la main.

Pacino la sent rapidement, mais reste inerte sur le sol, tandis qu'Evan lui caresse doucement le ventre. Il arbore une expression presque triomphante, donc je le laisse profiter de son moment. Je n'ai pas le cœur de lui dire que Pacino s'étalerait devant Charles Manson pour quelques gratouilles.

Iona se lève et se dirige vers le bar.

— Alors, quel est le jeu à boire du soir ? demande-t-elle en attrapant la tequila. Je refuse de rejouer aux charades. L'an dernier, tout ce que Patrick a proposé portait sur *Game of Thrones*, et Emily s'est contentée de citer des auteurs inconnus au bataillon.

Kim lève les yeux au ciel.

— Je suis absolument d'accord pour le commentaire sur *Game of Thrones*. Je déteste cette série.

— Dans mon cas, c'est faux, en revanche ! protesté-je. Et même totalement injuste. Vous devez bien être les seules personnes au monde à ne pas avoir entendu parler d'*American Gods* de Gaiman, ou d'*Une fille facile* de Louise O'Neill.

— J'ai vu ce fameux *Millénium : Les hommes qui n'aimaient pas les femmes* dont tu parlais, poursuit ma mère en se servant de gressins. Je n'ai pas aimé la couverture. Trop sombre à mon goût.

Pourquoi est-ce que c'est ça, ma vie ? Je hoche la tête pour signifier mon approbation, mais intérieurement, je m'imagine faire un nœud coulant avec une guirlande de Noël.

— Le commentaire d'Iona à mon sujet est juste, marmonne Patrick. Mais j'adore *Game of Thrones* et je ne m'en excuserai pas.

Kim lève les yeux au ciel.

— Tu es tout seul sur ce coup, car je ne supporte pas cette série.

— Et si on jouait à l'alphabet des célébrités ? On y a déjà joué un jour.

— Je ne connais quasiment aucune personnalité, grommelle Kim, vous avez tous un avantage, c'est injuste. Que proposez-vous, Robert ?

Evan cesse de flatter le chien et se retrouve observé par sept paires d'yeux, y compris ceux de Pacino qui se demande pourquoi les caresses se sont arrêtées.

— Moi ? Je n'ai pas fait de jeu à boire depuis un bail… Euh…

— Je sais ! interviens-je. On pourrait…

— Laisse-le répondre ! m'interrompt ma mère. Le dernier petit ami d'Emily était plutôt décevant en matière de divertissements. Je suis certaine que vous serez nettement plus enthousiaste.

N'étant pas du genre à reculer devant un défi, Evan arbore un sourire en coin.

— Alcool ou vérité ? Les règles sont simples : soit vous répondez à la question, soit vous buvez un verre. En fait,

Emily et moi avons joué à un jeu semblable sur la route. Sans alcool, bien sûr. C'était très instructif.

Horrifiée, je sursaute et secoue la tête.

—Oh, non… non, non, non. Je pense parler pour tout le monde en disant que…

—Super idée! s'exclame Iona en posant sur la table un plateau d'argent, qui contient une bouteille de tequila, sept petits verres, des quartiers de citron vert et une salière. Ça, ça s'annonce fascinant.

Ma famille pousse des cris jubilatoires. Visiblement, je suis la seule à trouver cette suggestion désastreuse.

—Vous êtes dingues? m'enquiers-je. Ça va être super gênant! Rien de bon ne peut sortir de tout ça.

—Foutaises, rétorque mon père. Franchement, Emily, je me dis parfois que Londres t'a rendue barbante. Savez-vous, Robert, que quand Emily avait vingt ans, elle a pris des champignons magiques dans sa chambre? Elle a passé quinze heures à discuter avec son poster de Monica Belluci et à proclamer que le monde avait enfin un sens. Nous sommes restés avec elle tout du long, au cas où elle paniquerait.

Totalement mortifiée par cette révélation, j'enterre mon visage dans un coussin.

—Emily, chérie, c'est la vérité? demande Evan. Tu as plané devant tes parents?

—Bon sang, grommelé-je en poussant le coussin sur le côté, pourquoi ne pouvez-vous pas être le genre de parents à être scandalisés par cette histoire? D'accord! Oui, c'est la vérité. Satisfaits?

Tout le monde crie de joie et applaudit.

—Alors le jeu a officiellement commencé! s'exclame Evan. Maintenant, à ton tour.

Je suis estomaquée par ce qui est en train de se passer : les miens accueillent volontiers le nouveau venu. Ils sourient, ils plaisantent et boivent la moindre parole d'Evan. Même Iona a l'air d'avoir baissé sa garde à un niveau modéré. Mon plan fonctionne. Mon nouveau petit ami est du tonnerre. Aux yeux de ma famille, mes affaires sont enfin en ordre. Je ne suis plus la femme qui semble incapable de bien faire les choses. Je devrais apprécier ce moment.

—Bon, très bien, abdiqué-je en me levant. Nous allons jouer à ça, mais d'abord, mettons un peu de musique. Montrons à Robert comment nous célébrons vraiment Noël.

Chapitre 17

— Levrette ou missionnaire ?

Patrick manque de recracher son verre.

— Kim ! Tu ne peux pas poser cette question à ma mère !

— Bien sûr que si ! s'esclaffe Kim. Ce n'est pas « ma » mère !

Le jeu se déroule exactement comme je m'y attendais. Kim a choisi de boire plus souvent que de répondre, Iona n'a répondu qu'aux questions qui la faisaient apparaître sous un jour favorable, Patrick a bu même quand il répondait, et mes parents ont répondu à des questions qui ne leur étaient pas posées. Evan a pris grand soin de consommer le moins d'alcool possible, tout comme moi. Au premier faux mouvement, le jeu pourrait prendre fin dans tous les sens du terme.

Patrick se couvre les oreilles en murmurant :

— Pitié, choisis de boire, pitié, choisis de boire.

Mais maman l'ignore et déclare :

— Aucun des deux, en l'occurrence. Je préfère la cuillère. C'est beaucoup plus facile à notre âge.

— Maman ! nous écrions Iona et moi d'une seule voix, mais elle s'en contrefiche.

Elle est bien trop occupée à claquer dans la main de Kim.

— Oh. Oh ! C'est ma chanson ! s'exclame mon père en redressant le dossier de son fauteuil inclinable. C'est l'heure de danser !

Je l'observe commencer à se mouvoir dans la pièce, vêtu d'un chino confortable et de mocassins, agitant les mains en cadence avec la rythmique, telles de petites baguettes de batterie. Il ne faut pas longtemps à ma mère pour le rejoindre et se lancer dans une chorégraphie entraînante dont seules les mamans ont le secret.

— La chanson préférée de ton père est *Cake by the Ocean* ? souffle Evan en se penchant en avant.

— Mon père aime tout ce qui est rythmé. Il se mettrait à danser sur une alarme de voiture, ajouté-je en ricanant. Tu trouvais que ma playlist était ringarde ? Attends un peu d'entendre la sienne.

Iona ouvre la porte à Pacino, qui a visiblement vécu assez d'émotions pour une soirée et veut aller au lit. *Dans mon lit.* Chaque année, je réclame qu'il dorme ailleurs, et chaque année, on m'ignore. Cela implique également que je laisse la porte de ma chambre ouverte pour qu'il puisse utiliser à volonté le battant dans la cuisine, qui conduit à sa niche et à l'extérieur. Ça m'étonne que mes parents ne lui aient pas déjà donné son propre jeu de clés, de l'argent de poche, et l'autorisation d'utiliser ma vieille voiture.

Je vois Kim prendre Patrick par le bras pour qu'il la fasse danser, tandis qu'Iona titube contre le sapin de Noël, faisant gigoter Donald Trump au passage. Elle continue à se trémousser, et s'immisce entre maman et papa.

Personne n'a remarqué qu'Evan et moi sommes relativement sobres, donc ils ne comprennent pas pourquoi nous sommes encore assis, et hurlent pour qu'on se dépêche de les rejoindre. Je leur assure qu'on va le faire – d'ordinaire, je suis aussi pressée que mon père de remuer mon popotin – mais pour l'instant, j'éprouve une certaine appréhension. Tout se passe plutôt bien jusqu'ici, et nous sommes à deux doigts d'avoir réussi cette première soirée. Paraître mal à l'aise de danser l'un avec l'autre pourrait démasquer les imposteurs que nous sommes.

Evan passe son bras autour de mes épaules et se penche pour murmurer dans mon oreille :

— Ta sœur nous surveille. On devrait jouer le jeu.

Je ne la regarde pas. Au lieu de ça, je me compose un sourire et glousse comme s'il venait de me dire quelque chose de drôle.

— Petite question : tu sais danser ? m'enquiers-je en souriant toujours.

Je sens sa barbe naissante me chatouiller la joue.

— Autant que tu me préviennes si tu es nul, comme ça je n'aurai l'air ni surprise ni horrifiée, insisté-je.

Je pose ma main sur son genou pour qu'on ne voie pas qu'il meurt d'envie de m'étrangler.

Mais il fait semblant de rire à ma blague imaginaire.

— On a dansé dans ta chambre le soir où tu as rompu avec Robert, rétorque-t-il. Je connais des pas. Des tonnes de pas, même.

— Je suis sérieuse, répliqué-je en lui pinçant le genou, pour lui laisser entendre que ce n'est pas le moment de faire le malin. Essaie juste de ne pas me ridiculiser. Ma famille t'en ferait voir de toutes les couleurs.

En réalité, mes proches se moqueront éperdument qu'il soit doué ou pas – tout ce qui compte à leurs yeux, c'est de participer – mais il n'a pas besoin de le savoir.

Kim, qui a maintenant les yeux écarquillés et les pieds nus, s'agite dans tous les sens.

— Je sais que vous êtes fous amoureux, etc., lance-t-elle en s'interposant entre nous, mais il ne reste que vingt minutes avant que le père Noël passe. Venez danser.

— Pas le père Noël qui est dehors, j'espère, réplique Evan, mais elle ne l'entend pas, trop occupée qu'elle est à s'époumoner sur Bruno Mars.

Tout comme Patrick, Evan se fait traîner de force sur la piste de danse de fortune.

Je serre les dents et descends un shot de tequila, la sensation de brûlure ô combien familière m'aidant à me mettre en mouvement. Plus que vingt minutes à tenir avant de passer officiellement au deuxième jour. *Nous pouvons y arriver.*

J'ose à peine regarder Evan en rejoignant le clan Carson, préférant me concentrer sur Iona, qui est complètement soûle et me serre dans ses bras comme si elle ne m'avait pas vue depuis des lustres.

—Emmmy! Hé, tout le monde! C'est Emmy!

Quand Iona était petite, elle n'arrivait pas à prononcer «Emily», et apparemment, rien n'a changé.

Elle me prend la main pour me faire tourner et me forcer à regarder dans une autre direction. Je remarque alors que Kim et ma mère ont abandonné leurs époux pour danser avec Evan.

Je m'efforce de ne pas avoir l'air surprise en l'observant faire. Il ne mentait pas. Il connaît des pas de danse. Sa technique est sobre —rien de trop ringard, ni de trop exubérant— et assurée : il parvient à captiver son fan-club sans verser la moindre goutte de sueur.

Iona me donne un coup de poing dans le bras.

—Doucement! m'écrié-je en me frottant le triceps. Tu m'as fait mal!

—Il faut que je sache. Comment est-ce que ça a pu arriver? bredouille-t-elle, en regardant Evan. Il a mon âge. Il représente une crise? Comme une crise de la quarantaine? Une aventure de six mois?

—Putain, Iona! grondé-je, tout en faisant de mon mieux pour continuer à danser avec les autres. Je ne suis pas si vieille que ça.

—Mais ce n'est pas ton genre, proteste-t-elle. Je comprends pas. Y a un truc qui cloche.

Mon père est le suivant à rentrer dans le sapin. Les boules qui se fracassent sur le sol détournent l'attention d'Iona un instant. *Et merde! Même une barrique d'alcool ne lui fait pas perdre le fil.* Pour sa défense, elle est perspicace. Tous les petits amis que j'ai eus avaient les cheveux bruns, et une attitude nettement plus sérieuse que la mienne. Je choisis toujours des hommes de cette trempe, en espérant que leur comportement responsable compensera ma nature frivole, qu'ils seront le yang de mon yin.

Papa agrémente sa chorégraphie de coups de pied dans les boules de Noël, en cadence avec *Dead or Alive* que crachent les enceintes. Je m'éloigne d'Iona dans l'espoir qu'elle lâche le morceau, et me retrouve entre ma mère et Evan. Maman nous fait son numéro habituel, ses bois clignotant au gré de ses mouvements.

— Tu ne l'as pas encore embrassé ! me hurle ma sœur.

Oh, fous-moi la paix, Iona ! Je fais de mon mieux pour l'ignorer, mais elle a attiré l'attention de tout le monde.

— Pourquoi tu cries ? demande Patrick en reprenant son souffle.

Nous rivons tous les yeux sur ma sœur, qui, contrairement à nous autres, continue de danser.

— Je fais seulement un constat, répond-elle. Personne d'autre ne trouve ça bizarre ?

C'est un coup bas. C'est vraiment un coup bas.

— Bien sûr que si, je l'ai embrassé, grondé-je. Seulement, je choisis de ne pas m'extasier sur mon petit ami devant ma famille.

— Tu t'extasiais bien sur Tomas, fait remarquer ma mère, en arrêtant de se trémousser. Ou c'était lui qui s'extasiait sur toi. En tout cas, on en a ramassé de la bave.

—Tomas était espagnol, cela dit, lui rappelle Patrick. Ce sont des gens passionnés.

Ma mère et Kim émettent un murmure d'approbation, tandis que mon père se dirige vers Evan qui préférerait sans doute être n'importe où ailleurs qu'ici.

—Je suis sûr que Robert essaie seulement de se montrer respectueux, dit-il en donnant une tape dans le dos à l'intéressé. En plus, les Anglais sont plutôt réservés, quand il s'agit de témoigner leur affection aux femmes. Les Écossais, tout comme les Espagnols, sont nettement moins inhibés. Ce n'est pas sa faute.

Je foudroie mon père du regard. Il tente de provoquer Evan. Iona, qui voit clair dans son jeu, sourit jusqu'aux oreilles.

—Vous pourriez vous tenir un peu, observé-je, en m'efforçant de garder mon sang-froid. Bon, je vais retourner chercher à boire. Robert, tu veux bien m'aider?

Evan acquiesce et me suit à l'autre bout de la pièce. Il ne me voit pas marmonner des insultes, mais je sais qu'il n'en doute pas.

—Respire, me dit-il quand nous atteignons le bar. Souris.

Je sors une bouteille de champagne d'une glacière, tandis qu'Evan attrape des verres. Nous restons tous les deux là, les yeux rivés sur mes proches, qui semblent sur le point de se lancer dans un haka.

—Mais qu'est-ce qu'ils…

—Aucune idée, l'interromps-je. Mieux vaut ne pas poser la question. Tu peux l'ouvrir? m'enquiers-je en lui tendant la bouteille. J'ai toujours peur de faire sauter les bouchons en liège.

Il prend un torchon et recouvre le bouchon.

—Corrige-moi si je me trompe, mais tu n'aimes pas les surprises, si? demande-t-il à voix basse.

Je frémis en entendant le bruit étouffé du bouchon, puis l'observe poser la bouteille sur le bar, comme si rien ne le perturbait dans cette soirée.

—Ce ne sont pas les surprises en elles-mêmes, rectifié-je en prenant une flûte de champagne. Mais plutôt les bruits forts. Tu devrais me voir essayer d'éclater des ballons de baudruche. Il faut que je ferme les yeux et que je me couvre les oreilles, donc je ne vois rien à ce que je fais. Une sacrée pagaille.

—Donc non aux bruits forts, mais oui aux surprises?

—Bizarre comme question, mais je suppose…

Et là, il m'embrasse.

Son baiser est délicat et tendre; ses lèvres se révèlent douces et chaudes. Je sens mes joues rougir lorsqu'il effleure ma lèvre inférieure de la sienne et qu'un frisson remonte le long de ma colonne vertébrale.

Puis il m'embrasse de plus belle, et cette fois, il se montre beaucoup plus audacieux. Beaucoup plus ferme. Le genre de baiser qui résonne dans mon corps entier, et je le ressens de tout mon être. Je commence à avoir les jambes en coton, tout comme les doigts, et la coupe de champagne me glisse des mains et se brise en mille morceaux sur le sol.

Je recule d'un pas, mais j'ai toujours le goût de sa bouche sur la mienne. Je me sens un peu étourdie. J'écarquille les yeux, comme pour lui poser la question : « C'était quoi, ça ?! »

Evan se contente de hausser les épaules.

— Surprise ? souffle-t-il.

— Ça, c'était un baiser, s'esclaffe mon père. Je vais chercher l'aspirateur.

Je romps le contact visuel avec Evan pour regarder Patrick, Kim et ma mère applaudir, tandis qu'Iona reste plantée avec les mains sur les hanches. Je vois bien qu'elle n'est toujours pas convaincue par ma relation avec « Robert », mais ce n'est pas ça qui m'embête. Ce qui m'embête, en réalité, c'est que l'espace de quelques secondes, j'y ai vraiment cru. J'ai tout gobé : l'hameçon, la ligne et le plomb. *Bon sang, suis-je vraiment si pitoyable ?*

Je m'effondre à genoux derrière le bar, ramassant prudemment les plus gros morceaux de verre, tandis qu'Evan se penche au-dessus de moi. Patrick monte le volume de la musique à fond.

— Viens par ici, murmuré-je en tirant sur le jean d'Evan.

Il obéit et s'accroupit pour chercher les bris de verre.

— Tu aurais pu me prévenir, chuchoté-je, tout en ramassant un morceau du pied de la flûte, qui avait glissé sous le bar. Mais je pense que ça a marché ! Mission accomplie. Ils ont eu leur baiser débile et... Oh, chut, mon père arrive.

Nous nous relevons et emballons les débris dans du papier journal. Evan me tire par la manche.

— Écoute, je ne l'ai pas fait pour...

Ses mots sont étouffés par le bruit de l'aspirateur, manipulé par un homme qui est rond comme une barrique. J'attends qu'Evan achève sa phrase, mais il ne le fait pas. Au lieu de ça, il retourne prendre part aux festivités, et a même l'audace d'inviter Iona à danser.

Je me décale pour laisser mon père passer l'aspirateur, attrape une autre coupe, et la pose minutieusement à côté des autres. *Encore un ou deux verres, et je décréterai la soirée terminée. J'ai eu mon compte de surprises pour ce soir.*

À une heure et demie, le feu est presque éteint, et l'humeur moins énergique. Patrick a abandonné la danse et a régressé à l'âge de six ans, farfouillant dans les cadeaux sous le sapin en réclamant d'en ouvrir un seul. Iona est étalée sur le canapé et ronfle comme un sonneur. Quant à Kim, elle a disparu dans le jardin pour reprendre la cigarette pour la énième fois.

— Nous allons au lit, annonce maman, que mon père fait inélégamment tourner. Éteignez les bougies avant de vous coucher, d'accord ?

Je hoche la tête et leur souhaite une bonne nuit, tandis qu'Evan les remercie poliment pour cette charmante soirée. Alors qu'ils remontent le couloir en titubant, je les entends souhaiter une bonne nuit à Pacino. *Argh ! Je l'avais oublié, celui-là.*

Evan paraît un peu perdu, attendant sans doute que je lui indique la marche à suivre.

— Il faut qu'on mette Iona au lit, déclaré-je en me massant la nuque. Ce canapé va lui tuer le dos.

— Oh, quelle grande sœur attentionnée tu fais, réplique-t-il avant de jeter un coup d'œil vers Patrick, qui a visiblement décidé de faire une sieste sous le sapin. Et lui ?

— Oh, Kim peut s'en occuper, assuré-je. Mon instinct fraternel ne va pas au-delà d'une certaine limite.

Iona, à moitié réveillée et groggy, nous autorise à la raccompagner jusqu'à sa chambre. Nous la laissons sur son lit, et je lui enlève la seule chaussure qu'elle a encore au pied.

— Vous vous envoyez des messages…, marmonne-t-elle dans son oreiller. Vous vous envoyez des messages, mais vous êtes ensemble. C'est super bizarre.

— D'accord, Iona, bonne nuit, répliqué-je, n'ayant pas la moindre idée de ce qu'elle raconte. À demain matin.

— J'ai vu ton téléphone, poursuit-elle, les yeux toujours fermés, la moitié de son visage cachée sous ses cheveux. Son message. Les vrais hommes déclarent leur flamme à voix haute. Pas par textos interposés.

Evan et moi échangeons un regard confus et sortons discrètement de la pièce pour retourner dans le couloir.

— Sa chambre est immense, commente-t-il en bâillant.

— Oui, acquiescé-je. Celle de Patrick est pareille.

— Tu ne m'avais pas dit que ta famille était riche.

Nous atteignons la porte de ma chambre.

— Non, effectivement, concédé-je. Parce que ça n'a aucune importance.

Ma chambre baigne dans la douce lumière de ma lampe, qui rend l'explosion florale un tantinet plus supportable.

Juste là, en plein milieu du lit, Pacino est étalé de tout son long et nous observe calmement.

— Il ne compte pas bouger de là, si ? s'enquiert Evan.

— Oh que si, il va bouger…, assuré-je en enlevant mes boucles d'oreilles. Mais seulement jusqu'au bout du matelas.

— Je suis trop fatigué pour m'en inquiéter, renchérit-il en retirant ses chaussures.

Je l'observe ouvrir sa valise, et en sortir un tee-shirt et un bas de pyjama. Puis il commence à enlever son haut, exposant son torse nu.

— Hé, hé, hé ! m'exclamé-je en me détournant de lui. Je ne veux rien voir de tout ça pendant que tu es ici.

— Tout ça quoi ? demande-t-il en baissant les yeux sur son corps. Suis-je censé enfiler mon pyjama par magie ?

— Eh bien, non, mais tu peux te changer dans la salle de bains, rétorqué-je avec fermeté. Et nous allons mettre des oreillers entre nous. Beaucoup d'oreillers. Je m'assure seulement que tu ne te fasses pas d'idées.

Emportant son pyjama et sa brosse à dents avec lui, il retourne tranquillement vers la porte.

— Je suis confus, Emily, dit-il. Je ne sais pas si tu as une mauvaise estime de moi, ou une trop haute opinion de toi-même.

Aïe ! C'est moi tout craché.

Penaude, je sors mon pyjama de mes bagages et l'enfile en un temps record, au cas où Evan reviendrait plus tôt que prévu pour continuer à me faire des reproches.

J'ai apporté mon ensemble à rayures bleu et blanc, qui est un peu vieux jeu et très différent de ce que je porte d'habitude, mais mon tee-shirt froissé et mon vieux pantalon auraient donné à ma mère une nouvelle occasion d'avoir un avis sur tout.

Je donne une petite tape sur Pacino, qui pousse un soupir satisfait et enfouit sa tête sous ma jambe.

J'attrape mon téléphone et appuie sur la touche «Accueil» pour le rallumer. Un message non lu s'affiche aussitôt à l'écran.

Je t'aime. Robert

Les balbutiements ivres d'Iona prennent soudain tout leur sens.

«Vous vous envoyez des messages, mais vous êtes ensemble...»

Bon sang, cette sale fouineuse est venue dans ma chambre pour jeter un coup d'œil à mon portable! Je n'ai jamais autant béni l'invention des mots de passe, sinon elle aurait lu les autres textos pathétiques de Robert ainsi que mes réponses enflammées.

Je ferme les yeux en grimaçant. *Pourquoi ça m'arrive à moi?* Non seulement Robert a saturé ma boîte de réception d'excuses et de déclarations inutiles, mais voilà que maintenant, il a, par inadvertance, rempli la tête de ma sœur de bêtises. Hors de question qu'elle en parle à qui que ce soit demain. En plus de faire semblant d'être amoureux, nous allons devoir nous faire passer pour un couple de gens anormaux, ouvertement fusionnels, qui s'envoient des messages alors qu'ils sont dans la même pièce. Le genre de personnes qui s'envoient des cœurs et déballent leurs sentiments sur Facebook.

Toujours assise, je tire la couette en dessous de Pacino et la remonte au-dessus de ma tête. Ce n'est pas un fort, mais il faudra que je m'en contente. Je reste là, immobile, tel un fantôme fleuri, jusqu'à ce qu'Evan réapparaisse dans la pièce. Je sens le lit s'enfoncer sous son poids lorsqu'il s'assoit.

— Qu'est-ce que tu fabriques? me demande-t-il. Oh, non! Ne me dis pas que tu fais la tête? Je ne te pensais pas boudeuse.

— Regarde un peu ça, déclaré-je en sortant mon bras de sous la couette pour lui tendre mon téléphone. Tu vas vite comprendre.

— D'accord… Attends une seconde, s'empresse-t-il d'ajouter. C'est ça qui t'embête?! Un message de Robert? Ne me dis pas que ça t'étonne? M. Chaussure allait forcément te… Oh. Oh!… Merde.

— Comme tu dis.

— Ta sœur pense que c'est moi qui l'ai envoyé. C'était « ça » dont elle parlait.

— Bingo.

— Oh, merde, maintenant je suis ce type-là… Maintenant nous sommes ce couple-là…

Je me blottis de nouveau sous la couette.

— Ce n'est pas bon du tout ! pleurniché-je. C'est presque aussi terrible que de connaître la position sexuelle préférée de ma mère.

Il me rend mon téléphone.

— Iona était ivre, cela dit, bourrée comme un coing. D'ici à demain, elle ne se rappellera peut-être pas.

J'éclate de rire. Ma sœur se souvient de choses qu'elle ignore encore.

— On devrait dormir un peu, suggère-t-il, en s'efforçant de pousser Pacino loin de son côté du lit. On réglera ça demain.

Je hoche la tête.

— D'accord, mais je vais me brosser les dents. L'humiliation n'a pas très bon goût.

Quand je reviens, Evan a installé plusieurs oreillers au milieu du matelas. Il se tient devant moi, les bras ballants.

— Le mur de Berlin est terminé et prêt pour l'inspection, chef, plaisante-t-il en me faisant un salut militaire. Permission de parler librement ?

— Permission accordée.

— Super, eh bien, je me demandais justement quelle actrice d'*Arabesque* a eu la gentillesse de te prêter son pyjama, parce que…

— Permission révoquée.

Evan continue à glousser, tandis que je m'allonge et éteins la lampe, plongeant la pièce dans l'obscurité, à l'exception du petit rai de lumière qui vient du couloir.

— On est vraiment obligés de laisser la porte à moitié fermée ? s'enquiert-il. C'est pour le chien ?

— Je préfère me dire qu'elle est à moitié ouverte, rétorqué-je, déjà somnolente. Je suis de nature optimiste. Et, oui, sinon Pacino va se sentir pris au piège et t'attaquer pendant ton sommeil.

— Quoi ?!

— Bonne nuit, Evan.

Je ferme les yeux et m'endors en entendant le générique d'*Arabesque* en boucle dans ma tête. *Foutu bonhomme !*

Chapitre 18

Jour 2

J'IGNORE SI C'EST LE SON DE *DING DONG MERRILY ON High* qui résonne à plein tube dans la maison, ou le vacarme que fait Pacino parce qu'il sent l'odeur du bacon, qui me réveille en premier en ce matin de Noël, mais, quoi qu'il en soit, je demeure allongée en espérant que tout le monde la ferme. Je sors la main de sous les couvertures, attrape maladroitement mon téléphone sur la table de chevet, et je me concentre juste assez longtemps pour voir qu'il est 10 h 25. J'entends Iona parler à mon père et prendre la laisse du chien dans l'entrée, puis ses baskets crisser lorsqu'elle retourne dans la cuisine. Je me demande si elle a déjà repensé au message de Robert.

J'imagine ma mère dans sa robe de chambre vert menthe, en train de se servir une autre tasse de sa théière en forme de hibou, pendant que mon père prépare le petit déjeuner pour tout le monde. Patrick et Kim resteront au lit jusqu'à ce qu'on les menace à bout portant, mais rien ne peut détourner Iona de son jogging matinal, même le jour de Noël.

De l'autre côté de la barricade d'oreillers, Evan ronfle paisiblement, visiblement capable de dormir malgré le grabuge qui envahit rapidement la demeure. J'envisage de lui flanquer une peur bleue pour me venger de sa blague sur *Arabesque*, mais cela impliquerait de renoncer à ma position confortable. Je ne suis tout simplement pas prête à m'engager dans cette voie. Alors que je suis étendue près de lui, les événements d'hier soir me reviennent à l'esprit. *L'alcool, les aveux, la danse, ce baiser…*

Je dois cesser de rejouer la soirée dans ma tête.

Et encore.

Et.

Encore.

Même si je sais que cela faisait partie de son jeu d'acteur et que cela ne voulait rien dire, je prends un instant pour me rappeler à quel point c'était agréable. J'ai été embrassée comme il se doit et passionnément, par un homme qui n'a aucune intention de me briser le cœur, et pour moi, à cet instant, c'est suffisant.

Je déverrouille mon téléphone et efface aussitôt le texto de Robert. Il a failli me gâcher Noël une fois. Je ne le laisserai pas réessayer. J'envoie un rapide «Joyeux Noël» à Kara, accompagné d'un gif d'un père Noël ivre tombant à la renverse sur un parking, puis transfère exactement le même message à Alice et Toby, parce que je suis une amie terriblement fainéante. Incapable de me rendormir, mais refusant de me lever, je survole mes actualités Twitter et Facebook, souhaitant de bonnes fêtes au hasard à certains, et écrivant à contrecœur un « Félicitations!!!! » sous la photo de la main d'une ancienne camarade d'école qui vient de se fiancer.

Je parviens à demeurer étendue durant des reprises d'*Écoutez le chant des anges* et de *L'Enfant au tambour*, avant de m'avouer vaincue et de céder à l'odeur du bacon, laissant Evan seul dans ma chambre tandis que je me faufile discrètement jusqu'à la salle de bains.

Mon reflet dans le miroir n'est pas des plus agréables, mais au moins, mes cheveux sont restés en place, pour une fois dans leur misérable existence. Sachant que je ne prendrai mon bain qu'après le petit déjeuner, je me débarbouille rapidement le visage et me rends dans la cuisine.

— Joyeux... Bordel de merde! m'écrié-je en me cognant l'orteil contre la porte de la cuisine, avant de sautiller à cloche-pied jusqu'à la table. Noël. Joyeux Noël. Il y a du thé?

— Joyeux Noël, ma chérie! s'écrie ma mère en se penchant pour me prendre dans ses bras, avant d'examiner mon orteil. Tu fais ça depuis que tu as deux ans, m'informe-t-elle. Il va te falloir un pansement.

— Joyeux Noël, Emily, renchérit mon père en m'embrassant sur le sommet de la tête. Bacon ou saucisses carrées?

— Les deux, s'il te plaît, dis-je en soulevant le couvre-théière et en prenant une tasse au centre de la table. Et une galette de pomme de terre avec, s'il y en a?

— Oui, il y en a. Sauce?

— Aux baies, s'il te plaît. J'adore ces tasses, au fait. Elles sont immenses. Comme des bols. Je me réjouis que quelqu'un ait enfin inventé les bols de thé. Ça aurait dû être fait depuis un bail.

— Joli pyjama, commente ma mère en me toisant de la tête aux pieds. Il a l'air de bonne facture. Le haut est bien coupé.

Je sais, me dis-je en mon for intérieur. *C'est bien pour ça que je le porte.*

Elle me fait un sourire approbateur.

— Il flatte vraiment ta silhouette.

Pour une oreille non initiée, ce commentaire passerait pour un compliment. Toutefois, après trente-huit ans d'entraînement, je sais reconnaître une pique sournoise quand j'en entends une.

— Ma «silhouette»? Et de quel genre de silhouette tu parles, exactement?

Mon père tousse nerveusement et commence à siffloter l'air de *La Grande Évasion*.

— Quoi? Oh, ne sois pas autant sur la défensive, chérie, rétorque ma mère. Tu as une jolie silhouette. Au Brésil, ton arrière-train serait considéré comme un trésor national.

— Oh, mon Dieu! Alors quoi? En dehors de l'Amérique du Sud, il vaut mieux le cacher sous des vêtements grande taille?

— Écoute, ne t'en prends pas au messager. Blâme donc ton père. Tu tiens ton derrière de son côté de la famille.

— Bon, Jenny…, commence papa, mais elle le réduit au silence d'un geste de la main.

— C'est la vérité, William. De dos, ta mère ressemblait à une jument de cirque. Une femme adorable, mais c'était comme faire tenir deux ballons sauteurs dans un filet de pêche pour poissons rouges.

— Ne fais pas attention à elle, reprend mon père d'une voix rassurante. Il n'y a rien à jeter chez toi.

Avant que j'aie l'occasion de mutiler ma mère, un claquement sourd retentit contre les portes du patio. Nous nous tournons comme un seul homme et voyons Pacino s'efforcer d'entrer dans la cuisine avec une énorme branche dans la gueule. Juste derrière lui, Iona hurle « Lâche-la ! », mais c'est peine perdue, vu qu'il fonce de nouveau contre la vitre. Mon père, en bonne pâte qu'il est, ouvre la porte et laisse pénétrer le chien avec sa branche, qu'il emporte aussitôt dans son vieux panier au fond de la pièce.

— J'ai dû pousser sa tête de mon oreiller deux fois cette nuit, annoncé-je tout en cherchant le pot de lait du regard. Il va falloir faire quelque chose pour son haleine.

— Oh, parfait, tu es debout, intervient Iona tout en s'asseyant près de moi à table, en sueur et rouge, avant d'enlever ses écouteurs. Joyeux Noël, sœurette ! Je ne te prends pas dans mes bras, car je transpire un peu.

— Joyeux Noël à toi aussi, répliqué-je, reconnaissante qu'elle ne fasse ni mention de Robert ni du message. Maman vient juste de me dire à quel point mon derrière est gros. Pas trop mal au crâne ?

— Non, en l'occurrence, répond-elle en attrapant une tasse identique à la mienne. Papa, je prendrai n'importe quoi qui soit déjà prêt. Je meurs de faim. Je n'ai pas bu tant que ça hier soir, mais j'ai l'impression d'avoir percuté un mur en brique.

— J'ai remarqué, ricané-je. Robert et moi avons dû te mettre au lit.

Elle réfléchit un instant.

— Pas le moindre souvenir de ça. À propos de Robert, où est-il ? Il dort toujours ?

Je hoche la tête.

— Je l'ai laissé se reposer un peu. Je ne peux qu'imaginer à quel point ça doit être éreintant de vous rencontrer tous pour la première fois.

— Eh bien, réveille-le ! insiste-t-elle. Tu sais que nous prenons toujours le petit déjeuner tous ensemble. Et dis à Patrick et Kim de se grouiller, tant que tu y es.

— Bon sang, qu'est-ce que tu peux être autoritaire ! grommelé-je en me levant de table, pendant qu'elle se sert du thé. C'est moi, l'aînée, c'est mon travail... mais, soit. J'ai besoin d'un pansement pour mon orteil, de toute façon.

Elle regarde aussitôt maman.

— Elle s'est cognée dans la porte ?

Ma mère acquiesce.

— Quelle nulle, hein ?

Je hausse les yeux au ciel et pars d'un pas traînant réveiller les dernières marmottes, pour que nous puissions tous entamer les festivités.

Mon premier arrêt est pour Patrick et Kim, qui dorment dans l'ancienne chambre de Patrick, dans la première grange rénovée. C'est un espace couleur crème lumineux avec des poutres en bois au plafond, des fenêtres en arche, et une porte coulissante qui rejoint la maison principale. Elle est aussi équipée du chauffage au sol, d'une salle d'eau ouverte, ainsi que d'une superbe cheminée en brique que Patrick a interdiction d'utiliser sans la supervision d'un adulte. La chambre d'Iona est identique, sauf qu'elle a le droit d'allumer un feu.

Je frappe respectueusement à la porte à deux reprises en annonçant que le petit déjeuner est servi, mais j'obtiens le silence pour seule réponse. Mon troisième essai est moins poli, et consiste plus en des martèlements et des cris ininterrompus jusqu'à ce que Patrick apparaisse, l'air au bout du rouleau.

—On se lève, on se lève, insiste-t-il en se frottant les yeux. Tu peux arrêter maintenant.

—Joyeux Noël, vous deux!

J'entends un « Joyeux Nowel » étouffé de Kim, qui est toujours sous la couette.

—Et comment va mon petit frère? poursuis-je, sachant pertinemment qu'il se sent en dessous de tout. Tu as faim? Il y a déjà des saucisses sur le feu. Et des œufs. Plein d'œufs baveux, coulants et visqueux…

Il me claque la porte au visage. J'attends quelques minutes puis frappe de nouveau, consciente qu'ils vont essayer de retourner au lit. Un objet lourd percute la porte, m'indiquant que ma mission est accomplie.

Avant de réveiller Evan, je fouille la salle de bains en quête de pansements. Je déniche des rasoirs jetables, un flacon d'aspirine, du coton, des antihistaminiques, un gant en caoutchouc et, enfin, une boîte de pansements décorés de princesses Disney qui se trouvent là depuis l'enfance d'Iona. *Oh, allons bon, où sont donc les pansements pour adultes? Pourquoi rien n'est jamais ordinaire dans cette maison?* Pressée par le temps, j'enroule Blanche-Neige autour de mon petit orteil et jette la boîte dans le placard.

Quelques instants plus tard, je fonce vers ma chambre, prête à secouer Evan pour le réveiller, mais le lit est vide. Impossible qu'il soit dans la salle de bains, car j'en sors juste. *Bon sang, il a pris la fuite?* Je regarde par la fenêtre, mais la voiture est toujours garée où nous l'avons laissée.

—Chéri?! m'écrié-je, vu que je suis dans le couloir. Chééérrriii!

J'attends une réponse, mais seul le morceau *Ô petite ville de Bethléem* résonne dans l'entrée. Puis j'entends autre chose. Ma mère est en train de rire, mais ce n'est pas son rire habituel – plutôt celui qu'elle utilise en compagnie d'hommes séduisants. J'éprouve un sursaut de panique. Il est debout. Il est debout et dans la cuisine avec ma famille, seul et désarmé.

Ignorant la douleur lancinante de mon orteil-princesse, je me précipite dans la salle à manger et ouvre la porte de la cuisine. Tout le monde est attablé, et Evan anime la conversation.

—… je devais retourner au bureau très vite, donc je lui ai fait servir un verre, accompagné de ma carte de visite.

C'est terriblement ringard, je sais, mais il fallait que j'attire son attention avant de partir.

— Chéri ! l'interromps-je, les yeux écarquillés. Je ne t'ai pas entendu te lever ! Je serais revenue plus tôt.

— Oh, ne t'inquiète pas, me rassure-t-il en sirotant son café. Tes parents ont pris soin de moi. Je viens juste de leur raconter notre rencontre.

Je souris nerveusement et m'assois près de mon père, vu que ma mère et Iona occupent déjà les chaises à côté d'Evan. Tout le monde est toujours en pyjama, y compris Evan, qui semble avoir emprunté une robe de chambre à mon père qui lui fait passer les petits pains.

— Je ne savais pas si vous étiez plutôt bacon ou saucisses carrées, donc j'ai préparé les deux, annonce-t-il en tendant son assiette à Evan.

— « Carrées » ? répète Evan. Comment ça, « carrées » ?

— Des saucisses carrées, expliqué-je. La saucisse Lorne est presque aussi représentative de l'Écosse que le *haggis*, que, d'ailleurs, mon cher Robert n'a jamais goûté.

Pas Evan. Robert. Ah ! Je gère.

Tout le monde feint d'être scandalisé pour plaisanter, mais pas Iona. Iona se contente de soupirer.

— Quel est le problème des Écossais avec le *haggis* ? Pourquoi devenons-nous des chauvins maniérés chaque fois que c'est mentionné dans une conversation ?

— Hmm, parce que c'est délicieux, suggère Patrick, la bouche pleine de bacon.

Je vois qu'il a recouvré son appétit.

— Nous n'en mangeons qu'une fois ou deux par an, poursuit-elle. Je suis certaine que Robert ne se change pas en demeuré, quand quelqu'un raconte qu'il n'a jamais mangé des coques ni des foutues anguilles en gelée.

— Eh bien, il goûtera au *haggis* plus tard, affirme mon père, parce qu'il y en a dans la farce de la dinde.

— Les coques ne sont pas plutôt une spécialité de Dublin? demande Kim tout en remuant son thé.

Elle semble être redevenue elle-même, calme et passive.

— C'est plutôt bon, ajoute-t-elle. Et salé.

— C'est une spécialité de Londres aussi, n'est-ce pas, Robert? rétorque Iona.

Sans même attendre de réponse, elle se met à crier:

— Maman, pourquoi est-ce qu'on écoute encore cette saloperie de chorale! Tu nous la mets tous les ans. Nous ne sommes même pas croyants!

Ma mère ne l'écoute pas.

— William! Veux-tu bien arrêter de donner autant de bacon au chien? Il va finir par avoir une crise cardiaque. N'est-ce pas, mon chou? Viens par ici.

Je me rassois et mange, tout en observant ma famille chaotique. Patrick et Kim se volent des baisers et partagent leur nourriture, ma mère est maintenant en train d'embrasser le chien, Iona se plaint auprès de mon père que sa douche ne fonctionne pas correctement, et mon père insiste pour que nous prenions tous un verre avant le déjeuner pour chasser notre gueule de bois. Au milieu de cette folie, je croise le regard d'Evan, qui goûte la première saucisse carrée de sa vie.

—Alors, ça te plaît? m'enquiers-je, évitant avec adresse un croûton de pain qu'Iona jette sur Patrick lorsqu'il lui interdit d'utiliser sa douche.

—Oui, répond Evan. Je suis très impressionné.

—Elles viennent de la boucherie Callaghan, intervient ma mère. Elles sont artisanales. Emily en rapporte toujours, quand elle nous rend visite. Êtes-vous proche de vos parents, Robert?

—Oui, affirme-t-il en me jetant un coup d'œil pour me rassurer. En réalité, Emily et moi allons passer le nouvel an avec eux dans le Surrey. Elle ne vous l'a pas dit?

Non, « Emily » n'a rien dit, parce que tu viens juste d'inventer ce bobard à l'instant.

Ma mère me donne une petite tape sur le bras.

—Elle a la sale manie de tout garder pour elle.

—Et que font vos parents dans la vie? demande Iona l'air de rien – question qui, traduite grossièrement, signifie: « Combien gagnent-ils? »

—Ils sont à la retraite maintenant, explique Evan. Ils étaient tous les deux enseignants.

—Intéressant, reprend-elle. J'ai toujours pensé qu'Emily pourrait être professeur à l'université, mais elle semble se satisfaire de la grille de salaire la plus basse de l'éducation.

—Hé! La snobinarde! Ferme-la, grommelle Patrick, qui en est maintenant à son troisième petit pain. Il faut excuser ma sœur, Robert. Elle oublie que tout le monde ne peut pas travailler dans le cabinet d'avocats de son « mari », et vivre dans une demeure payée par ses parents. Sans lui, elle ne plaiderait que des cas de divorce et d'héritage…

—Tu peux parler! s'offusque-t-elle sur un ton narquois. Sans « ta » femme, tu vivrais toujours chez maman et papa, à prétendre que ton petit boulot dans l'informatique est une carrière, et qu'il ne s'agit pas seulement de la saisie de données. Et nos parents t'ont acheté une maison à toi aussi, connard.

—Oh, ça suffit tous les deux, réplique sèchement ma mère. Vous mettez Robert mal à l'aise, et c'est la dernière chose que je souhaite. Vous savez, Robert, poursuit-elle tout sourires en se tournant vers Evan, je veux que vous vous sentiez le bienvenu ici. Si vous rencontrez la moindre difficulté pendant votre séjour, ou même si vous avez seulement envie de parler un peu, je consulte régulièrement mes messages…

La cuisine explose d'éclats de rire.

—Oh, vous êtes vraiment impossibles! m'exclamé-je, craignant qu'on n'en arrive au moment où Evan déclare qu'il en a assez de moi, de ma famille, et de mes saucisses à la forme bizarre.

Mais il rit. En réalité, il rit plus fort que tous les autres. Il lève les deux mains en l'air.

—Vous m'avez bien eu, répond-il sur un ton amusé. Vous avez tous entendu l'histoire de la carte de visite, pas vrai? Que puis-je dire? Je suis atroce pour tout ce qui touche au romantisme, mais je pensais le moindre mot de ce message.

Ils ne rient plus. Maintenant, ils poussent tous des «Oooh» et des «Aaah», et me répètent à quel point j'ai de la chance. Evan me prend la main et la serre discrètement. Je souris et presse la sienne deux fois plus fort.

— «Chéri», tu me gênes.

— Peut-on se débarrasser de l'échange de cadeaux maintenant? demande Iona, s'attirant des regards dégoûtés de toutes parts. Et j'aimerais bien pouvoir me doucher à un moment donné…

— Eh bien, tu es un vrai boute-en-train ce matin, fait remarquer mon père. J'irai jeter un coup d'œil à ta douche après l'ouverture des paquets. Je crois que j'ai oublié d'allumer ton chauffe-eau.

Ma mère se lève et commence à débarrasser la table.

— Dans le salon dans un quart d'heure, je vous prie, ordonne-t-elle. Et si papa Noël ne m'a rien apporté de chez Yves Saint-Laurent, ça va saigner.

Nous sortons tous de la cuisine repus et un peu somnolents, mais parvenons à garder l'esprit de Noël. Evan et moi retournons dans ma chambre, moi traînant tant bien que mal mon derrière considérable, et Evan fredonnant en chœur avec la chorale.

Une fois la porte fermée, j'ouvre ma valise et en sors tous les cadeaux, avant de les empiler soigneusement, prêts à être emportés dans le salon.

— C'est ton présent pour moi, annoncé-je en lui tendant le livre si savamment emballé et le parfum, maintenus ensemble par un ruban argenté.

253

— Mais il est exactement comme tous les autres.

— Et alors ? rétorqué-je en refermant ma valise. Où est le problème ?

— Eh bien, on dirait que c'est toi qui as emballé ton cadeau.

— Oh, merde, c'est exact !

Je panique. *Il a absolument raison.* J'ai placé le ruban et la carte de vœux de la même façon sur chaque paquet.

— Enlève le ruban et froisse un peu le papier, ordonné-je. Fais en sorte qu'on ait l'impression qu'un garçon peu soigneux l'a emballé.

Evan s'exécute, ruinant mon dur labeur en quelques secondes à peine.

— Ça te va ? interroge-t-il.

Je hoche la tête.

— Et rappelle-toi, la chemise noire que je t'offre ne doit « pas » être portée. Elle retourne au magasin.

— Il se pourrait qu'elle me plaise vraiment, cela dit, rétorque-t-il d'un air pensif. Et qu'elle m'aille bien.

— Eh bien, elle ira à merveille avec l'œil au beurre noir que je te ferai si tu l'abîmes.

— Oh ! Tu es tellement agressive, me taquine-t-il en fouillant dans son sac. Où est donc passé ton esprit de Noël ?

— J'ai dû l'oublier dans la voiture. Qu'est-ce que c'est que ça ? interrogé-je quand Evan sort quatre enveloppes blanches de sa valise. Tu as apporté des cartes de vœux pour tout le monde ?

—Oui, acquiesce-t-il. J'aurais eu l'impression d'être radin en arrivant les mains vides. En plus, ça te valorise, et c'est bien la seule raison de ma présence ici, non?

—En effet, confirmé-je. Mais ça reste gentil. Ils n'auraient rien attendu de ta part. Mes proches sont dérangés, mais ne sont pas cinglés non plus.

Le gage de bonne volonté d'Evan me fait chaud au cœur, et je souris intérieurement tout en rassemblant mes cadeaux sur le lit.

—Pourrais-tu ouvrir cette fenêtre avant qu'on y aille? demandé-je. Ça sent encore le chien.

Il obéit, laissant la douce brise rafraîchir la pièce.

—Savais-tu que j'avais un derrière énorme? m'enquiers-je, visiblement incapable de passer à autre chose. C'est ma mère qui me l'a dit. Apparemment, je l'ai hérité de ma grand-mère paternelle.

—Ta grand-mère t'a légué son derrière dans son testament?

—Quelque chose dans ce goût-là.

—Eh bien, la réponse est «non»… et «oui», répond-il. Enfin, il n'est pas monstrueux, pas du tout, mais pas petit non plus. Il est généreux. Comme ceux des années 1950.

—Mon derrière est rétro? interrogé-je, absolument ravie. Je peux m'en satisfaire.

—Prends-tu vraiment tout ce que ta mère te dit au sérieux? demande-t-il en ouvrant la porte de la chambre. Parce que tu ne devrais pas, tu sais. Neuf fois sur dix, les commentaires désobligeants des autres sont nourris par leur manque de confiance en eux.

— Est-ce que ta mère est du genre à critiquer ? le questionné-je en sortant dans le couloir. Tu ne m'as pas vraiment raconté grand-chose à son sujet.

— Toutes les mères le sont, répond-il. La mienne trouve sûrement que j'ai un gros cul, moi aussi.

Dans le salon, tous les autres sont affalés à plusieurs stades différents de ballonnements à la suite du petit déjeuner, et jacassent à tout-va telles des perruches surdimensionnées.

— Est-ce qu'il reste de quoi faire du bloody mary ? demande mon père, toujours obsédé par son idée de chasser le mal par le mal.

— Tout, sauf des branches de céleri, annonce Patrick, ce qui n'est pas une grande perte.

Mon père claque des mains.

— Quelqu'un veut un petit remontant, avant qu'on commence ?

Il est déjà debout en train de se ruer sur le bar avant que qui que ce soit réponde.

L'avis général penche vers le « oui », tout le monde se persuadant qu'un bloody mary n'est pas vraiment considéré comme de l'alcool, parce que les tomates compensent. Pendant que papa prépare les cocktails, nous nous échangeons nos paquets, déjà prêts à les déchirer quand il viendra enfin s'asseoir. Evan nous regarde d'un œil amusé en nous voyant toucher, soupeser, inspecter et ranger les cadeaux devant nous. Il est enchanté lorsqu'il en reçoit un de mes parents, qu'il peut poser au-dessus de sa chemise immettable.

—Allez, papa! s'écrie Patrick avec impatience. On a du pain sur la planche!

—Patrick, tu as exigé des bons d'achat de tout le monde, lui rappelé-je, tout en jouant avec le ruban rouge d'un des paquets. Tu sais déjà ce que tu vas avoir… à moins que tu n'aies encore demandé un poney?

Il rougit et me jette un regard noir.

—J'avais trois ans, Emily. Lâche l'affaire.

—Sept ans! s'exclame mon père à l'autre bout de la pièce. Tu avais sept ans et tu voulais un poney blanc.

—Je m'en souviens! s'écrie Iona. J'avais commandé un jeu de société, *Attrap'souris*, et toi, tu voulais un foutu poney!

Maman commence à nous expliquer comment Patrick s'était attaché à un poney appelé Jackerby, au centre équestre du coin, et qu'il menaçait de se tuer si Jackerby ne venait pas vivre avec nous.

—Nous ne pouvions pas nous résoudre à lui dire que la pauvre bête avait une patte folle, qu'elle ne voyait plus que d'un œil, et risquait de finir à l'abattoir à tout moment, ça aurait brisé son petit cœur. Donc nous lui avons raconté que le père Noël tenait vraiment à lui offrir une Game Boy à la place.

—Donc nous pouvons vous blâmer, papa et toi, pour son intérêt malsain pour la technologie, lance Iona en faisant de la place sur la table pour le futur plateau de boissons.

257

Honnêtement, je ne comprends pas que des adultes soient obsédés par des jeux vidéo. YouTube est rempli de types émotionnellement attardés qui se filment en train de jouer à *Minecraft* et se donnent ces surnoms idiots, comme Tweetypie ou Markoplayer...

— C'est PewDiePie... et Markiplier, rectifie Kim, les yeux dans le vide. Markiplier... Il est tellement sexy!

— Oh, bon sang, pas toi, Kim! Je suis tellement déçue.

Iona aide papa à poser le plateau sur la table, la mine complètement déconfite, tout comme Patrick, qui n'avait visiblement aucune idée que sa femme craquait sur un blogueur.

— Qu'en est-il de vous, Robert? Êtes-vous amateur de jeux vidéo quand vous n'êtes pas occupé à développer des stratégies ou gérer des budgets?

— Iona, répond-il en posant sa main droite sur son torse. Je peux honnêtement dire, la main sur le cœur, que je ne suis vraiment pas amateur de jeux vidéo.

Je lui donne un petit coup de pied. *On frôle la catastrophe. Il faut faire diversion.*

— Votre attention, tout le monde! m'écrié-je, plus fort que nécessaire. Levez vos verres! Joyeux Noël à tous!

En dépit de notre incapacité à nous montrer civilisés les uns avec les autres plus de quelques minutes d'affilée, la pièce se remplit rapidement de sons de meilleurs vœux, de rires et de tintements de verre, avant que la frénésie des déballages de cadeaux ne commence. Pacino reste assis patiemment, surveillant tout le monde tel un faucon, prêt à se jeter sur quoi que ce soit de comestible ou en forme de bâton. C'est seulement son troisième Noël, mais il sait que l'un de ces petits paquets brillants est pour lui.

Evan entreprend d'ouvrir son premier cadeau, révélant la chemise originellement prévue pour faire en sorte que Robert m'aime encore plus que je ne le croyais bêtement.

— Waouh, s'exclame-t-il en la tendant devant lui. Cette chemise est superbe. Merci, Em.

— Avec plaisir, répliqué-je en le prenant dans mes bras, tout en croisant les doigts pour qu'il la garde éloignée de son bloody mary. Ouvre le second.

Il déchire un emballage rouge, et découvre des gants en peau de mouton et une écharpe rayée. Il fait un sourire radieux à mes parents.

— C'est très gentil de votre part. Je les adore.

— De rien, mon garçon, dit mon père en lui adressant un signe de tête, tandis que ma mère lui laisse une trace de rouge à lèvres rouge vif sur la joue gauche.

Oui, ma mère porte du rouge à lèvres, même en robe de chambre.

— Ce n'est vraiment rien, Robert, roucoule-t-elle. Il peut faire frais par ici. Vous en aurez besoin si vous allez vous promener avec Emily.

Kim a aussi reçu des accessoires pour l'hiver de ses beaux-parents et porte déjà son nouveau bonnet couleur chocolat, qui est sensationnel avec ses cheveux roux.

— On dirait une actrice d'un James Bond, observe Patrick. Comment ai-je fait pour être un tel veinard ?

Elle sourit timidement et ouvre son cadeau suivant.

— Des boucles d'oreilles *Star Wars*? Tu m'as offert des boucles d'oreilles *Star Wars*?

Le silence s'installe dans la pièce, tandis que nous attendons que Kim envoie son mari dans une autre galaxie à coups de poing.

Elle lui saute dessus.

— Non! C'est moi, la veinarde! s'écrie-t-elle en lui embrassant les joues. Elles sont incroyables!

Je les examine de plus près lorsqu'elle les met à ses oreilles. Deux formes ovales en argent, l'une revêtant une image de princesse Leia en train de dire «Je t'aime», et l'autre avec celle de Han Solo, qui répond «Je sais». Evan claque la main de Patrick, alors que curieusement, Iona a l'air de ne pas trouver ses mots.

— Regardez, tout le monde! Robert m'a offert le livre que je voulais... et du parfum Chanel!

Je les brandis tous deux en l'air pour qu'ils constatent à quel point cet homme est merveilleux. Ce ne sont peut-être pas des boucles d'oreilles *Star Wars*, et, bien évidemment, il a fallu que j'achète un de ces cadeaux moi-même, mais ça vaut toujours mieux que d'être assise ici toute seule, à recevoir des regards de pitié de mes proches.

Iona, qui bataille avec le scotch qui entoure son second présent, observe le cadeau d'Evan et fait la grimace.

— J'espère que vous ne lui avez pas offert que ça?!

Patrick lui jette du papier d'emballage.

— Et où est le problème ?! Tu es tellement obsédée par la valeur de tout ! Qu'est-ce que tu pensais qu'il allait lui offrir ? Une île déserte ?

Evan les regarde bizarrement.

— Eh bien, bien sûr que ce n'est pas tout…

— Es-tu en train d'insinuer que notre sœur ne mérite pas une île déserte ?

— Tu es à côté de la plaque, Iona, rétorque Patrick. D'ailleurs, qu'est-ce que Graham t'a offert ? Quelque chose en diamant pour rattraper le fait qu'il ne soit pas venu ? Une nouvelle voiture ? Un bon d'achat pour de nouveaux nibards ?

— Nous échangerons nos cadeaux quand il reviendra, grogne-t-elle. Mais, oui, ce sera quelque chose de raffiné…

Je sors le parfum Chanel de sa boîte et commence à les vaporiser comme des moustiques.

— Je suis très heureuse de mes cadeaux. Passez à autre chose.

J'entends ma mère pousser un petit cri d'excitation.

— Le modèle Sac de Jour ! Oh, William, mon chéri, je l'adore. Regarde, Iona ! Regarde un peu ce savoir-faire.

Maman et Iona se ressemblent comme deux gouttes d'eau. Elles aiment tout ce qui est cher et porte une marque de haute couture. Il faut bien l'admettre, le snobisme de ma mère s'est quelque peu atténué avec les années, mais elle reste sincèrement bouleversée par la pure magnificence d'un sac à main Yves Saint-Laurent à 1 800 livres. Elle embrasse mon père, le remerciant comme si elle n'avait aucune idée

261

de ce qui allait arriver, alors qu'en réalité, elle lui a envoyé le lien du sac à main en septembre.

J'observe mon père feuilleter ses mémoires de Frederick Forsyth, en affichant une expression qui traduit à la fois sa joie et son agacement, à l'idée de devoir passer du temps avec nous alors qu'il pourrait lire.

—Fantastique, Emily, proclame-t-il. Tout simplement fantastique.

Mon père se moque éperdument du prix de son présent. À ses yeux, c'est l'intention qui compte.

Pacino, se sentant délaissé, aboie avec impatience, tout en reniflant le papier cadeau en quête de quelque chose pour les chiens.

Ma mère tend la main sous le sapin et en sort un gros paquet en forme d'os.

—Et voilà pour toi, mon grand, dit-elle en le grattant derrière l'oreille. Je ne t'aurais pas oublié, enfin.

Elle tient le cadeau pendant que Pacino commence à le déballer avec ses dents, mangeant de petits morceaux de papier tout en remuant la queue d'excitation. Enfin, il atteint l'os et le prend délicatement à ma mère. Il tourne en rond avant de se coucher près du feu en aboyant gaiement.

Vu que le dernier cadeau est déballé, Iona fait circuler une boîte de petits sapins de Noël en chocolat.

—Mon Dieu, j'ai vraiment besoin de prendre une douche. On a terminé ?

—Vous n'avez pas encore lu les cartes d'Ev... de Robert, balbutié-je.

Putain! C'était chaud.

—Oh, bien sûr! Comme c'est grossier de notre part, réplique Patrick en prenant la sienne par terre. Désolé, mon vieux.

—Non, honnêtement, tout va bien, insiste curieusement Evan. Vous pouvez les ouvrir quand vous voulez. Très franchement, je suis un peu gêné...

—Trop tard! annoncé-je en décachetant l'enveloppe. Tout le monde adore les cartes de vœux! J'aime celles qui sont amusantes, avec...

Je suis bouche bée. Le reste de ma famille m'imite aussitôt. Ce n'est pas une carte de vœux rigolote. En fait, ce n'est pas du tout une carte de vœux.

—Bordel de merde! s'exclame Patrick en montrant la carte à Kim. Vous êtes sérieux?!

Ma mère pousse le même cri perçant qu'en découvrant son sac à main – sauf que cette fois, elle est sincère.

Vous êtes conviés à séjourner un week-end dans l'une de nos suites de luxe à une date de votre convenance. Votre séjour comprend un accès illimité au spa, à la piscine et au terrain de golf. Tous les repas sont inclus. Nous sommes impatients de vous accueillir au *Wallace Hall*.

—Eh bien, eh bien, eh bien! s'exclame Iona. Cet établissement coûte au moins 1 000 livres la nuit. Pour qui travaillez-vous? L'Arabie saoudite?

Je commence à rire nerveusement.

— Ne nous emballons pas, je pense que c'est l'idée que Robert se fait d'une bonne blague, plaidé-je en lui donnant de petits coups de coude taquins. Je ne sais pas trop quelle est la chute, mais il est impossible que…

— Pas de blague, intervient Evan en secouant la tête. Pas de chute. Il vous suffit d'appeler l'hôtel pour réserver…

— «L'hôtel»? C'est plutôt un château! l'interrompt ma mère. Ce n'est pas là-bas que Madonna s'est mariée?

— Non, c'était au château de Skibo, rectifie mon père. Le *Wallace Hall* est l'endroit où ont séjourné les Clinton l'an dernier.

— Chéri, puis-je m'entretenir avec toi en privé une minute? demandé-je en me levant du canapé.

— Bien sûr, mon cœur, répond-il. Allons-y.

Il me suit dans la chambre, où je ne lui laisse même pas le temps de refermer la porte avant d'exiger qu'il m'explique à quoi il joue exactement.

— Ce n'est pas drôle, grommelé-je, en prenant bien soin de chuchoter au cas où Iona écouterait aux portes. C'est une chose de mentir à mes proches. C'en est une autre de prétendre que tu leur as payé un week-end au *Wallace Hall*. Ils seront tellement déçus quand tu leur diras que c'était du vent. Bon sang, c'est moi, la seule autorisée à décevoir ma famille!

— Je ne mens vraiment pas! Je te le promets! insiste-t-il. Écoute, je n'en ai pas parlé plus tôt au cas où ça tournerait mal dès notre arrivée: si on avait été découverts tout de

264

suite, ou encore, si tes proches avaient été des cons peu accueillants.

— Mais ça n'a aucun sens, poursuis-je. Tu n'as pas des montagnes de pognon à jeter par les fenêtres. Je t'ai payé 650 livres pour venir jusqu'ici ! Tu vis dans une H.L.M., bon sang !

— Bon, assieds-toi et je vais tout te raconter, dit-il en me poussant vers le lit.

J'obéis, toujours déroutée par la situation. Nous nous asseyons tous les deux et, au bout d'un moment, il me prend la main, que je lui arrache aussitôt.

— Arrête ça tout de suite.

— Ah, je suis désolé. Tu n'as pas besoin de t'asseoir sur tes mains, je ne recommencerai pas.

— Contente-toi de tout déballer.

— En vérité…, commence-t-il, visiblement tendu.

De petites rides se forment entre ses yeux quand il est nerveux.

— En vérité, je suis un millionnaire secret ! Comme dans l'émission de télé. Ou pas.

— Oh, nom de Dieu, j'ai cru que tu étais sérieux, répliqué-je en lui donnant un coup. Bon sang, si les membres de ma famille te prennent pour un millionnaire, ils vont me renier quand je leur annoncerai que Robert et moi ne sommes plus ensemble. Tu veux bien t'expliquer ?

Il sourit.

— D'accord. Je connais un type qui bosse là-bas. L'entourloupe, c'est qu'ils ne peuvent utiliser le bon qu'en février, quand la majeure partie de l'hôtel est fermée pour travaux. Grosso modo, c'est une chambre gratuite sur un chantier de construction.

On frappe timidement à la porte de ma chambre. C'est mon père.

— Emily ? Robert ? Vous revenez ? Est-ce que vous voulez un café ?

— Oui, s'il te plaît ! On arrive tout de suite ! m'écrié-je en sautant du lit.

Je me retourne et attrape Evan par la manche.

— C'était complètement débile comme idée, décrété-je en le tirant pour qu'il se lève. Mais voilà ce qui va se passer : tu vas gracieusement accepter leurs remerciements, dire à Iona que tu n'aimes pas parler d'argent quand elle te demandera nécessairement combien tu gagnes par an, primes incluses, et tu continueras à te faire passer pour Robert, un Robert encore plus convaincant que ne l'aurait été le vrai. C'est d'accord ?

— C'est d'accord.

— Bon. Très bien, acquiescé-je en lissant ma veste de pyjama. Je n'aurai qu'à faire l'autruche quand ils essaieront d'appeler. Est-ce que tu me réserves encore des surprises de ce genre, tant qu'on y est ? D'autres arnaques ? Des secrets dont je devrais avoir connaissance ? Protection de témoin ? Enlèvement par des extraterrestres ? Films porno ?

— Hmm, ça dépend. Tu parles de les regarder ? Ou de jouer dedans ?

— De jouer dedans !

—Ah. Alors, aucun des trois.

Nous retournons dans le salon, où le café a été servi et la chorale a enfin été mise en sourdine. À la place, le morceau *Last Christmas* de Wham! résonne dans la pièce.

—Vous avez pris votre temps, fait remarquer Iona d'un air suspicieux. Il y a de l'eau dans le gaz ?

—Plutôt le contraire, assuré-je en me pressant contre Evan. Je remerciais seulement Robert comme il se doit pour mes cadeaux.

—Ah, c'est beau, l'amour, quand on est jeune, roucoule ma mère. Enfin, au moins l'un d'entre vous.

Je suis presque contente d'entendre sa dernière remarque. Ça me prouve que rien n'a changé, et que personne n'a appelé l'hôtel pendant que nous étions sortis.

—À quelle heure déjeune-t-on ? demande Patrick.

Impossible qu'il ait déjà faim.

—Quinze heures quinze, répond maman. Après le discours de la reine. À la même heure, chaque année.

Non seulement elle devient croyante le jour de Noël, mais aussi royaliste. Les autres trois cent soixante-quatre jours sont absolument sans foi ni reine.

—Je vais aller jeter un coup d'œil à ta douche maintenant, annonce mon père à Iona. Si elle ne fonctionne pas, tu pourras utiliser la nôtre, celle de Patrick ou celle d'Emily, donc il n'y a vraiment aucune raison de continuer à faire cette tête.

Il marque un point. Iona est connue pour sa mauvaise humeur, mais là, elle bat des records. *Peut-être que son cher* mari lui manque ? Quoi qu'elle en dise, c'est impossible qu'elle ne soit pas un peu dépitée, à l'idée de devoir affronter les fêtes de Noël en famille toute seule. Peut-être qu'elle a enfin une vague idée de ce que ça fait, d'être moi.

Chapitre 19

Nous nous séparons pour aller nous doucher et nous changer. Ma chambre est la seule de la maison qui n'est pas équipée de sa propre salle d'eau, donc je compte monopoliser la salle de bains principale, qui dispose d'une baignoire et d'une douche à part.

Evan s'allonge sur le lit pendant que je ferme la fenêtre, puis suspends ma robe patineuse rouge en velours à la porte de l'armoire.

—Je vais me faire couler un bain, l'informé-je. Je compte m'y plonger jusqu'à Noël prochain.

—Je devrais peut-être me doucher pendant que tu utilises la baignoire, dans ce cas? suggère-t-il en admirant ses nouveaux gants.

—Hmm, non. Tu pourras utiliser la douche quand j'aurai terminé.

Il se redresse sur ses coudes, et son tee-shirt se plaque contre son estomac. *Où est-ce qu'il cache sa graisse?*

—Hors de question que j'attende trois plombes pour me laver, et, apparemment, toutes les autres salles de bains sont occupées. Allez, faisons d'une pierre deux coups. Pas la peine de jouer les timorées.

Il en parle comme s'il s'agissait de la chose la plus normale au monde.

—Au cas où tu l'aurais oublié, nous ne sommes pas réellement en couple, lui rappelé-je en prenant une serviette de bain. Aucune raison que nous nous déshabillions dans la même pièce.

—Eh bien, ça va paraître un peu curieux si on fait tout séparément, fait-il remarquer. Je parie que Kim et ton frère ne se disputent pas pour savoir qui va se laver en premier.

—Probablement pas, mais la réponse est toujours «non», rétorqué-je. Personne n'y prêtera attention, tu t'en fais pour rien. Je ne serai pas trop longue. Tu n'as qu'à t'occuper en lisant mon livre ou en essayant mes chaussures.

—Oui, enfin, je ne compte pas reprendre totalement le rôle de Robert, tu sais…

J'éclate de rire.

—Techniquement, il ne les a jamais portées, pas vraiment… Seulement… Oh, laisse tomber.

Je traverse le couloir jusqu'à la salle de bains, qui est chaude et douillette, et sent bon le thé noir et l'huile essentielle préférée de ma mère. J'ouvre le robinet d'eau chaude et la laisse couler tandis que j'inspecte les différents sels de bain sur l'étagère: pêche… fleurs –*bien évidemment*– et fraise des bois, qui gagne mes faveurs. Pour la première fois depuis notre arrivée, je commence à me détendre. Plus rien n'existe à part mes bulles et moi… et Iona qui se tient juste là.

—Aahh! Tu es sortie d'où? Bon sang, j'ai frôlé la crise cardiaque.

—Tu ferais une excellente tragédienne, réplique-t-elle, une serviette à la main. J'ai besoin d'utiliser votre douche. La mienne est définitivement cassée, et celle de maman et papa sent le baume du tigre.

—Je m'apprête à prendre un bain, protesté-je en montrant l'eau en train de couler. Et Robert se douchera après moi, donc tu vas devoir attendre.

Elle pose la main sur sa hanche.

—Et pourquoi Robert n'utiliserait pas la douche pendant que tu es dans ton bain? Comme ça, vous serez prêts tous les deux, et je pourrai prendre la place.

—Parce que je veux cinq minutes rien que pour moi! m'exclamé-je. Pourquoi tout le monde insiste pour qu'il vienne avec moi?

—Pourquoi tu t'énerves? demande-t-elle, à bout de patience. Écoute, je n'ai pas l'intention de continuer à me chamailler avec toi. Il y a sept personnes qui ont besoin de se doucher et de se préparer avant le déjeuner.

—Soit, abdiqué-je. Prends la douche en premier. Robert attendra.

—Oh, ne sois pas ridicule. Je n'ai aucune envie de te voir toute nue pendant que je me douche, et je suppose que c'est réciproque.

—Comment vont mes petites chéries?

Génial! Ma mère entre en scène. Ô joie.

—J'ai oublié mon shampoing ici, explique-t-elle en se dirigeant vers la cabine de douche. Je vous laisse dans une minute.

—Maman, Emily refuse que son petit ami se douche pendant qu'elle prend un bain, gémit Iona en me tirant la langue. Elle préfère voir mon derrière que le sien. Je trouve ça très bizarre.

—Oh, mon Dieu. Tu caftes à maman? Vraiment?

—Eh bien, pour la défense d'Emily, ce doit être assez intimidant d'être nue devant quelqu'un comme Robert, dit-elle la mine songeuse, tout en attrapant son shampoing. Mais c'est ton compagnon, chérie. Il t'aime telle que tu es.

—Comment arrives-tu à me critiquer et à me soutenir dans la même phrase? m'enquiers-je en vérifiant la température de l'eau. C'est un don. Un don vraiment, vraiment atroce.

—Ne sois pas aussi susceptible. Je disais seulement que ce doit être intimidant d'être une femme d'un certain âge avec un homme plus jeune aussi beau. Ce n'était pas une critique.

—Oh, bon sang, grommelé-je. Vous me mettez toutes les deux hors de moi.

J'ouvre en grand la porte de la salle de bains et me mets à crier:

—Robert! Robert! Viens donc te doucher avec ta petite amie grabataire. Dépêche-toi, avant que je tombe et que je me brise la hanche.

Consciente que les réactions impulsives semblent être ma spécialité ces jours-ci, je panique intérieurement, tout en m'efforçant de paraître calme et pondérée devant Iona et ma mère. Je m'approche de la baignoire pour couper l'eau. *Mon Dieu, pitié, faites qu'Evan n'arrive pas nu comme un ver!*

Heureusement, il apparaît tout habillé, une serviette sous le bras, un rasoir et de la mousse à raser à la main. Il s'arrête net quand il voit ma mère et Iona, qui n'ont pas vraiment l'air pressées de sortir.

—Oh, super, nous sommes tous réunis, lance-t-il en jetant sa serviette par terre. Emily m'a prévenu qu'il risquait d'y avoir un rite initiatique étrange par le bain. Suis-je censé y aller le premier?

Horrifiée, je le vois relever son tee-shirt comme s'il allait l'enlever, donc je lui tombe dessus aussitôt, lui hurlant que son comportement est tout à fait déplacé, alors que ma mère est morte de rire. Même Iona ne peut s'empêcher de glousser.

—Dehors! m'écrié-je en pointant du doigt la porte de la salle de bains. Toutes les deux.

Evan arbore un grand sourire et ramasse sa serviette, tandis que les deux idiotes sortent dans le couloir en ricanant.

—Je t'appellerai quand on aura fini, indiqué-je à Iona. Oh, arrête de rire, maman, ce n'était pas si drôle que ça.

Je claque la porte derrière moi et m'appuie la tête dessus l'espace d'un instant, réfléchissant à une échappatoire. *Hors de question que je me déshabille devant lui. Les commentaires de ma mère, quoique malvenus, ne sont pas bien loin de la vérité. Aurais-je le même problème, si j'avais toujours le corps de mes vingt-cinq ans ?*

— Voilà comment on va procéder, ordonné-je en faisant les cent pas. Nous devons faire en sorte de regarder ailleurs à tout moment. Les bulles camoufleront la majeure partie de mon corps, donc…

J'entends grincer la porte de la douche et le son de l'eau en train de couler. Puis chanter. Haut et fort. Il est déjà sous la douche.

— Ça aurait été sympa de me prévenir ! soufflé-je, mais il ne peut pas m'entendre. Hé ! Dans quel sens es-tu tourné ? m'enquiers-je, en élevant la voix.

Pas de réponse.

Je tourne la tête sur le côté, m'efforçant de déterminer dans quelle posture il est, et aperçois brièvement son derrière nu à travers la vitre qui se remplit de buée. *Bien, il est tourné vers le mur. Si j'arrive à me déshabiller en vitesse et à sauter dans la baignoire, il ne me verra pas et…* J'ai toujours les yeux rivés sur son postérieur.

Ma tête revient à sa position initiale, et j'essaie physiquement de me secouer pour effacer cette image de mon esprit, tout en me donnant une petite leçon de morale. *Ce sont des fesses, Emily, rien de plus. Plutôt roses, il faut bien l'admettre, mais tu es une adulte… une adulte qui laisse son bain refroidir parce qu'elle est trop occupée à penser à un fessier.*

Oh, oublions ça ! Je vais prendre mon bain. La tête baissée, je me tourne et me précipite vers la baignoire, retirant mon pyjama comme s'il était chargé de bombes. Puis je m'immerge dans l'eau jusqu'au cou, avant qu'Evan n'ait le temps de terminer le refrain de *Santa Baby*. Je me relaxe enfin, soulagée que ma stratégie ait fonctionné. Même si Evan se retournait, il ne verrait rien en dehors de ma tête. Toutefois, il reste un léger problème. À présent, je suis juste en face de la cabine de douche, et il y a de fortes probabilités que je voie la raison pour laquelle Cassie poussait tous ces cris étranges. Je plonge aussitôt la tête sous l'eau, sentant les bulles recouvrir mon visage et mon nez. *Ce n'est pas très agréable, mais au moins, aucun risque de trouver un pénis là-dessous.* J'ai beau faire de mon mieux pour demeurer sous l'eau, je tiens treize longues secondes avant qu'un reniflement malavisé ne me fasse tousser et remonter à la surface, ornée d'une barbe en bulles et d'un toupet en mousse.

— Tu as besoin de brassards ? interroge Evan, tandis que j'essuie mes yeux pleins de savon. Un tuba, peut-être ?

— Je suis ravie que cette situation t'amuse, rétorqué-je en me modelant un soutien-gorge en bulles, avant d'attraper le shampoing et de m'enduire rapidement les cheveux. Contente-toi de rester face au mur jusqu'à ce que j'aie lavé mes cheveux, s'il te plaît, c'est tout ce que je demande.

J'attrape le pommeau, et rince le shampoing et mon soutien-gorge de fortune au passage. Ce bain est le plus stressant de toute ma vie. Evan semble avoir tenu parole et, heureusement, la vapeur de la douche dissimule enfin sa silhouette nue. *Maintenant, passons aux choses sérieuses.*

Je me penche et ramasse ma serviette sur le sol.

—Je vais sortir, Evan, l'informé-je. Si tu as le malheur de te retourner avant que je sois dans une tenue décente, je le jure, je couvrirai tes testicules de crème dépilatoire pendant ton sommeil.

Il éclate de rire.

—Tu me menaces avec une épilation. Certains hommes paieraient pour ça… mais, d'accord : je « jure » que je ne me retournerai pas.

Lui faisant confiance pour tenir sa promesse, je sors du bain, mes pieds mouillés glissant légèrement tandis que des gouttes d'eau tombent sur le carrelage.

—J'ai presque fini, assuré-je tout en enroulant fermement ma serviette autour de moi. Je n'ai plus qu'à me brosser les dents et je serai…

—Dépêchez-vous, s'il vous plaît ! hurle Iona dans le couloir. C'est presque le nouvel an, bon sang !

—J'en ai pour une minute ! m'écrié-je en retour, tout en essorant mes cheveux au-dessus de la baignoire.

J'attrape une seconde serviette et l'enroule autour de ma tête comme un turban.

—Le temps est écoulé, fait remarquer Evan en coupant l'eau. J'arrive. Prépare-toi.

Je me tourne vers le mur du fond pendant qu'il sort de la douche.

—Tu sais, tout serait nettement plus simple si tu n'avais pas ma serviette autour de la tête.

Zut ! Il a raison.

—Cette journée n'a rien de simple, grommelé-je en jetant la serviette derrière moi. Pourquoi ce moment serait-il différent?

Quelques instants plus tard, nous sommes côte à côte devant le lavabo – moi en train de me brosser les dents, lui en train de se raser –, tous deux conscients qu'Iona fait le guet dans le couloir, se préparant à entrer en trombe dans la salle de bains et à tirer sur tout ce qui bouge.

—Que représente ton tatouage? s'enquiert-il tout en rinçant son rasoir. Celui sur ta cuisse… Ce n'est pas un signe d'appartenance à un gang, au moins?

—Tu as regardé! m'exclamé-je avant de cracher furieusement dans le lavabo. Tu as promis que tu ne te retournerais pas! Tu as «promis»!

Iona tambourine de nouveau à la porte, et je lui répète que nous allons sortir dans une minute.

Il lève les mains en l'air.

—Je ne me suis pas retourné, je le jure! Ce n'était pas utile. La vitre au fond de la cabine de douche… Eh bien, elle est très, euh, réfléchissante…

—Tu m'as espionnée! Tu es un menteur! Un menteur et un gros pervers dégoûtant!

—Arrête un peu! s'exclame-t-il, hilare. C'est comme ça que marche le monde! Je te mets au défi de trouver un seul type hétéro qui n'aurait pas fait exactement comme moi… et ça n'a duré qu'une seconde, de toute manière, à cause de la buée.

—Quelle explication débile! argumenté-je.

— Je te rappelle que c'est « toi » qui m'as fait venir ici ! s'offusque-t-il tout en vérifiant dans le miroir qu'il n'a laissé de poils nulle part. Arrête de te conduire comme si j'étais un obsédé ! En plus, je t'ai vue me reluquer les fesses, et pourtant, je ne monte pas sur mes grands chevaux. En réalité, j'aime bien que tu me regardes.

Il rince son rasoir et le repose sur le lavabo.

— Pas autant que tu aimes te regarder, j'imagine.

J'attire son attention sur son physique avantageux, couvert en tout et pour tout d'une petite serviette blanche nouée autour de sa taille.

— Enfin, regarde-toi, ajouté-je. Tu as vu ta silhouette ? Tu dois passer des heures en salle de sport… Quant à ta peau…

Je laisse glisser ma main contre sa joue. *Sa peau est plus douce que la mienne.*

— Tu te fais des gommages ? Bon sang, je parierais que tu utilises plus de cosmétiques que moi.

Sans me laisser l'occasion d'enlever ma main, il pose la sienne par-dessus et la maintient contre son visage.

— Qu'est-ce que tu fabriques ?

— Ça, répond-il en m'attirant contre lui, serviette contre serviette.

Il sent bon le frais, et je respire son odeur à pleins poumons. J'éprouve alors un frisson qui commence dans mes orteils et se diffuse dans mon corps entier, des zones où ma chair est exposée à celles qui sont dissimulées par ma vaporeuse serviette blanche.

—Ce soir-là, dans mon appartement, commence-t-il, ma main toujours posée sur sa joue. Le soir où nous nous sommes enlacés pour la première fois, et où tu m'as accusé de t'avoir mise à la porte…

—Eh bien, c'est ce que tu as fait…

—Je sais, je sais, mais ce n'était pas parce que je n'aimais pas te serrer contre moi. Plutôt le contraire. Parce que te prendre dans mes bras m'a fait ressentir ça.

Il enlève ma main de sa figure pour la plaquer sur son torse.

—Tu sens ça? demande-t-il. J'ai l'impression que mon cœur va jaillir hors de ma poitrine.

J'ai le souffle coupé. Il fut un temps où une fille comme moi aurait fait n'importe quoi pour un type comme lui. Une époque où le désir et le sexe étaient aussi importants et précieux que l'amour véritable. Mais les années ont donné à cette fille un point de vue de femme.

Avec mon regard plongé dans le sien, je sais exactement ce qu'il pense. Il pense que c'est le bon moment pour s'embrasser.

Avant que deux personnes s'embrassent, il y a une fraction de seconde qui change tout. L'instant où les regards se croisent, où les respirations deviennent haletantes, et où plus rien n'a de sens, pour finalement en trouver un. *Ce n'est pas un de ces instants.*

—Un livre.

Mes mots détournent ses pensées de mes lèvres et le ramènent à la réalité.

— Euh ? Quoi ?

— Le tatouage. Sur ma cuisse. C'est un petit livre. Robert le saurait, donc tu le devrais aussi.

— D'accord. Bon…

— Et ça… quoi que ce soit, commencé-je en retirant ma main de son torse, ça n'arrivera pas. Sérieusement, tu croyais que ce serait aussi facile ?

Je me retourne pour partir, mais il me retient.

— Hé, attends une minute. Je ne comprends pas. Je pensais que…

— Oui, ricané-je. Je sais à quoi tu pensais, parce que j'y ai songé aussi ! Mais contrairement à toi, j'ai dépassé la dimension sexuelle et j'ai poussé la réflexion, encore et encore… jusqu'à en arriver à l'inévitable et pathétique conclusion. Bon sang, Evan, je t'ai « payé » pour être ici, mais tu n'es pas un gigolo. Je n'ai pas besoin de la pitié d'un type de vingt-neuf ans, qui oubliera tout ce qui s'est passé dès que nous serons rentrés à Londres. J'ai déjà endossé le rôle de la maîtresse cette année. Ne fais pas de moi un cliché encore pire.

Cette fois, quand je le pousse pour passer, il ne m'en empêche pas.

— La salle de bains est toute à toi ! crié-je à Iona en retournant dans ma chambre.

Evan me suit et claque la porte derrière lui.

— Hé, doucement ! m'exclamé-je en sortant mes sous-vêtements de ma valise. Tu as failli arracher la porte de ses gonds !

—Va te faire voir, Emily, rétorque-t-il en se dirigeant vers son côté du lit. Je suis tellement furieux contre toi.

J'ouvre la porte de l'armoire et me cache derrière pour qu'Evan ne me voie pas enfiler ma petite culotte.

—Pourquoi ça? m'enquiers-je. Parce que je n'ai pas cédé à tes avances?

—Ce n'étaient pas des avances, Emily. J'essayais de te dire ce que je ressens.

Je passe la tête sur le côté de la porte. Il est toujours en serviette et assis sur le lit.

—Ce que tu «ressens»? Comment peux-tu ressentir quoi que ce soit? On se connaît à peine.

Confuse qu'il ait l'air blessé par ma réaction, je me cache de nouveau et mets mon soutien-gorge. J'étire mon bras autour de la porte pour attraper ma robe, mais je ne parviens pas à l'atteindre. *Et merde!*

—Pourrais-tu me passer ma robe, s'il te plaît? demandé-je, m'attendant à ce qu'il refuse, mais heureusement, j'entends grincer les ressorts du lit lorsqu'il se lève pour approcher. Merci, ajouté-je en tendant la main.

Je l'entends attraper le cintre, mais ne vois aucune trace de ma robe.

—Es-tu en train de me dire que tu n'éprouves rien? insiste-t-il. Que c'est à sens unique?

—Evan, serais-tu en train de prendre ma robe en otage?

—Jusqu'à ce que tu me répondes, oui.

—Très bien. Oui, c'est à sens unique.

Il referme la porte de l'armoire, m'exposant en sous-vêtements.

— Je ne te crois pas, rétorque-t-il. Quand je t'ai embrassée hier soir… la façon dont tu m'as rendu mon baiser… ce n'était pas rien. Pourquoi refuses-tu d'admettre que tu es attirée par moi?

Je lui arrache le vêtement des mains et tente de dissimuler le peu qu'il me reste de dignité.

— Tu m'as embrassée parce qu'il le fallait! m'écrié-je, exaspérée. Parce que Iona avait fait remarquer à tout le monde que tu ne l'avais pas encore fait. Et qu'est-ce que ça changerait, que tu me plaises? Ça n'impliquerait pas pour autant que j'aie des sentiments pour toi, parce que si je ressentais quoi que ce soit à cause d'un baiser qui ne signifie rien, qu'est-ce que ça ferait de moi? Je vais te le dire: une fille pathétique. À la limite du tragique, même!

Il secoue la tête.

— Iona a mis les pieds dans le plat, je te l'accorde, mais je t'ai embrassée parce que j'en avais envie! Soyons clairs là-dessus.

— Mais pourquoi?! Pourquoi as-tu tellement envie de dévier du plan?! D'abord, les réservations à l'hôtel, puis le baiser, et maintenant ça. Pourquoi ne pas te contenter de te faire passer pour mon salaud de petit ami, comme je te paie pour le faire?

— Attends une minute. Je te plais? Tu viens de dire que je te plaisais, non?

Je soupire et rouvre la porte de l'armoire, pour lui faire comprendre que cette conversation est terminée.

— Très bien, reprend-il, reconnaissant sa défaite. J'abandonne. Nous ferons comme s'il ne se passait rien entre nous si c'est ce que tu veux.

— La seule chose qui se passe ici, c'est deux personnes qui se préparent pour aller déjeuner, répliqué-je en enfilant mes collants. Rien de plus. On peut changer de sujet?

Je n'entends pas un seul autre pépiement pendant que nous nous habillons.

Tu as fait ce qu'il fallait, me dis-je. *Tu viens juste de rompre avec le vrai Robert; ce n'est certainement pas le bon moment pour s'envoyer en l'air impunément avec le faux dans la maison de tes parents… En plus, dans quelques jours, tu seras de nouveau à Londres, dans ta salle de classe, dans ta réalité.*

— Je suis prêt à y aller, annonce-t-il. Qu'est-ce que tu en dis?

Je jette un coup d'œil de derrière la porte et fais les gros yeux. Il porte la chemise que j'ai achetée pour Robert.

— Oh, merde, lance-t-il. Détends-toi. Je te rembourserai.

Je ne fais pas les gros yeux parce qu'il la porte. Je fais les gros yeux parce que non seulement il est superbe avec, mais il me donne aussi envie d'effacer tout ce que je viens de penser et de le remplacer par: *Espèce d'abrutie! Regarde-le un peu! Pour 650 livres, t'aurais au moins pu te faire peloter.*

— C'est pas grave, assuré-je, avant de me racler la gorge. Garde-la. Elle te va bien.

— Si tu le dis. Je t'attends dans la salle à manger.

Une demi-heure plus tard, j'ai les cheveux secs, je suis maquillée, et je suis toujours en train de me reprocher de ne pas l'avoir au moins embrassé encore une fois. J'ai besoin de soutien moral, et je ne risque pas de l'obtenir de ma famille. J'appelle Kara.

— Joyeux Noël, Emily! s'écrie-t-elle à l'autre bout du fil. Je pensais à toi, justement!

— Comment se passe ta journée? m'enquiers-je. Qu'est-ce que tu as eu de beau?

— Une séance de sexe matinal.

— Je parlais de cadeaux de Noël, mais merci pour l'info.

— Oh, pardon! Plein de trucs, en l'occurrence. Un sac, un manteau, que j'ai choisis moi-même, ainsi qu'une superbe paire de boucles d'oreilles en émeraude, que j'ai déjà sur moi. Ma belle-mère m'a offert un livre de cuisine et un kit de trente-deux ustensiles.

— Je pense qu'elle essaie de te faire passer un message, gloussé-je.

— Oui, elle essaie de me dire que c'est une garce. Enfin bref, comment ça va de ton côté? J'espère que personne ne te fait vivre un enfer à cause de Robert. C'est lui, le naze, ce n'est pas toi.

— Je n'ai pas parlé de la rupture, réponds-je. Je garde cette information pour moi pendant toute la durée des fêtes.

Je n'ai pas le temps de la mettre au parfum quant à la situation Evan/Robert. *Elle me prendrait pour une folle, de toute manière.*

—Bon, il faut que j'y aille, ajouté-je. La reine a sûrement terminé son discours. Je voulais seulement te faire un «coucou», ma chérie.

—Prends soin de toi, Em, dit-elle. Et garde la tête haute! Embrasse ta famille pour moi.

Je raccroche et appelle Alice, mais elle ne décroche pas.

—C'est moi, annoncé-je à son répondeur. Il a essayé de me faire du rentre-dedans dans la salle de bains. Et je regrette de l'en avoir dissuadé. Appelle-moi quand tu peux. Oh, et mes parents ne se doutent de rien, donc on va peut-être réussir... Ses fesses, en revanche... Rappelle-moi de te parler de ses fesses.

Je raccroche et mets mon téléphone à charger. Je ferais mieux de me montrer avant qu'on ne vienne me chercher. Je me vaporise de Chanel, puis m'inspecte une dernière fois dans le miroir avant d'affronter le déjeuner de Noël. Je les entends tous rire... *Je parie qu'Evan est en train de leur décrire ma barbe en mousse dans le bain.*

Chapitre 20

—Papa, tu t'es surpassé cette année. Tout a l'air délicieux.

Iona, visiblement de bien meilleure humeur, s'extasie sur le banquet que mon père nous mitonne depuis hier. L'odeur de la dinde en sauce et des pommes de terre rôties me donne presque envie de pleurer de joie.

—Je suis bien d'accord, papa. Qu'est-ce que c'est que ça ? Des panais déglacés au miel ? Tu es un véritable génie.

—Oh, c'est trois fois rien, répond-il avec modestie. C'est le four qui fait le gros du travail. Venez tous vous asseoir. C'est quasiment prêt.

Je m'installe entre Evan et Iona, en face de Kim et Patrick, tandis que mes parents se mettent chacun au bout de la table, qui croule déjà sous le poids de ce festin. Ma mère commence à servir du champagne à tout le monde, qu'on en ait demandé ou pas.

— Emily, as-tu montré le jardin à Robert ? s'enquiert-elle
en me tendant ma flûte. Vous allez l'adorer, insiste-t-elle.
Un peu dépouillé en hiver, mais tout à fait exquis en été.

— Je le ferai tout à l'heure, répliqué-je en prenant un
panais dans le plat de service. Ou peut-être demain. Il fera
déjà nuit d'ici à ce qu'on finisse de manger.

Quand mes parents invitent du monde à dîner, ils
reçoivent dans la véranda, une grande pièce blanc et doré
qui peut accueillir aisément six adultes bien élevés sous
un énorme lustre en or, et offre une vue sur la fontaine
dans le jardin. Toutefois, quand nous leur rendons visite,
nous mangeons à la table de la cuisine ; un environnement
nettement moins formel et surtout, nettement plus adapté
à nos vilaines manières. Durant mes jeunes années, j'étais
toujours abasourdie par la façon dont mes amis et leur
famille partageaient leurs repas. C'était toujours très
courtois, très calme, et sans le moindre incident. Chez nous,
c'était la pagaille, en général : dix conversations différentes
entre cinq personnes, des batailles de nourriture, des fous
rires incontrôlables, des coups de pied sous la table, et
parfois, des larmes. Rien n'a vraiment changé depuis.

— Patrick, je le jure devant Dieu, si tu t'avises de toucher
la nourriture avec tes doigts, je te castre, menace Iona en
éloignant une assiette de cornichons de lui. Il y a une
fourchette avec. Utilise-la.

— As-tu conscience que vous vous disputez pour les
mêmes idioties depuis vingt-huit ans ? demandé-je. Et ce
ne sont même pas de vraies disputes, il s'agit seulement de

chamailleries. Vous êtes tous les deux adultes, vous avez des carrières, des responsabilités et des conjoints! Vous ne pourriez pas faire au moins semblant de vous apprécier?

—Qui a dit qu'on ne s'appréciait pas? s'enquiert Patrick, avec sérieux. Qui a bien pu te fourrer cette idée dans la tête? Je la trouve géniale!

—Euh, tout ce que j'entends, c'est…

Iona éclate de rire.

—Vraiment, Emily?! J'adore Patrick – il le sait bien – mais nous sommes jumeaux. On se dispute depuis l'utérus. C'est comme ça.

—Tu ne comprendrais pas, reprend Patrick avec condescendance. C'est difficile à expliquer à un enfant unique.

—Un enfant unique…? Patrick, tu sais que je suis ta sœur, non? Maman, as-tu pris le temps de le lui expliquer?

—Oh, tu vois très bien ce que je veux dire, ricane Patrick, tandis que ma mère fait mine de lui tirer l'oreille. Tu n'avais personne avec qui te disputer quand tu étais petite.

Il attrape un cracker de Noël sur la table et me le tend pour que je tire de l'autre côté. La papillote éclate en émettant un petit craquement, mais les onze suivantes font assez de bruit pour déranger Pacino, qui se met à grogner.

—Servez-vous, nous invite mon père en mettant son chapeau vert en papier, avant de donner un petit coup de coude à Evan. On n'est pas là pour faire des manières, mon grand. Ne vous gênez pas.

—Au fait, Robert, avez-vous des frères et sœurs ? demande Iona en prenant des choux de Bruxelles. Emily ne nous a transmis aucun élément sur votre passé.

—Ça, c'est parler comme une véritable avocate, grommelé-je. Ce n'est pas un cas pratique, Iona.

En toute honnêteté, c'est une question tout à fait acceptable, mais nous ne l'avons pas anticipée, donc j'essaie de gagner du temps.

—Non, hélas, répond Evan. Il n'y a que moi. Même si, en vous voyant tous réunis, je regrette de ne pas avoir eu cette chance.

—Eh bien, si vous et Emily décidez de vous marier, vous aurez des frère et sœur par alliance…

—Maman, s'il te plaît…

—Je fais seulement la conversation, Emily, je ne cherche pas à me montrer indiscrète.

Patrick semble compatir à ma douleur et s'efforce de détourner la discussion des raisons potentielles de m'épouser.

—Au fait, maman, qu'est-ce que cette bonne vieille Lizzy avait de beau à raconter ? Le discours était bien ?

—Oui, vraiment… J'ai de l'admiration pour la reine, vous savez. Elle est un peu vieillissante, mais elle tient la route, quoique sans grande conviction… Elle doit en avoir assez de tout ça maintenant. Elle est sans doute prête à rendre sa couronne et à laisser quelqu'un d'autre s'occuper de toutes ces bêtises…

Elle s'interrompt et regarde l'assiette d'Evan.

— Robert, vous n'avez pas pris de *haggis*. William, donne de la farce à Robert, je te prie.

— Et nous revoilà à parler de ce foutu *haggis*, gémit Iona. Inutile de vous forcer à en manger, vous savez. Ce n'est pas une obligation.

Pourtant, si. À mon humble avis, quand on visite l'Écosse, on goûte le *haggis*. Tout le monde le sait. Je parie que même la reine ne pourrait pas y échapper.

N'étant pas du genre à refuser un défi, Evan prend une bonne cuillerée de farce et l'engloutit pendant que nous le dévisageons de façon très impolie. Il mâche, avale, puis déclare que c'est absolument divin, au grand bonheur de tout le monde – enfin, à l'exception d'Iona.

— Vraiment très bon, monsieur Carson. Un goût unique en son genre, mais ça m'a plu. Je suppose qu'un bon whisky irait à merveille avec.

Nom de Dieu, on aurait vraiment cru entendre Robert, sur ce coup-là. C'était troublant.

— Qu'obtient-on si on croise le père Noël avec un corbeau ?

Oh, génial, c'est le moment des blagues rasoirs des crackers de Noël. Nous regardons tous Kim, qui attend nos réponses.

— Du foie gras ? suggère ma mère.

— Le foie gras provient du canard, Jenny.

— Le père Corbel ?

— Ça n'a même pas de sens, Patrick. Non, la réponse est un « couacker » de Noël !

—À mon tour, intervient mon père, sans tenir compte de nos lamentations. Que prennent les bonshommes de neige au petit déjeuner?

— Des Ice Krispies?

— Bien tenté, Robert, mais ce n'est pas ça.

— Des flocons d'avoine?

— Oui! Bien joué, Emily. Toutefois, je crois que je préférais la réponse de Robert. À ton tour.

Je prends une bouchée de dinde avant de lire ma blague.

— D'accord. Pourquoi un pied est-il un bon cadeau de Noël?

— Un pilier?

— Non, maman, un pied. P-I-E-D, pied.

Tout le monde lève la main et attend d'être désigné.

— Ils font ça tous les ans? glousse Evan.

— Hélas, oui, soupiré-je. La blague de l'enseignante ne prend jamais une ride dans cette maison… Bon, d'accord. Maman, ta réponse?

— C'était quoi, la question déjà?

— Pourquoi… Oh, laisse tomber. Trop tard. Iona? Une idée?

— Parce qu'on prend son pied pendant les fêtes?

— J'aimerais que ce soit la réponse, comme ça le jeu serait terminé… Quelqu'un d'autre? Non. Eh bien, la bonne et hilarante réponse est: parce que ça remplit bien les chaussettes.

Je roule l'emballage en boule et le jette sur Patrick, qui recommence à s'attaquer aux córnichons.

—Alors, quel est le programme pour ce soir? s'enquiert Kim. On a déjà quelque chose de prévu?

—Je vote pour un karaoké, suggère Patrick. Même si Emily devra sûrement être beurrée avant, mais ça ne devrait pas prendre bien longtemps.

—Je pense qu'Emily a dépassé sa peur de chanter en public, intervient Evan en me faisant un petit sourire. Nous avons travaillé dessus.

—Mais elle a toujours une aussi mauvaise oreille, non? demande Iona en se penchant devant moi pour attraper les carottes.

—Oh que oui, confirme-t-il.

—Super! Je suis partante.

—Mais je voulais regarder *Love Actually*, gémit ma mère en poignardant une pomme de terre rôtie. Ce n'est pas vraiment Noël sans *Love Actually*.

—Elle marque un point, concédé-je. Ce n'est pas vraiment Noël si on ne regarde pas un homme faire de gros plans flippants de la femme de son meilleur ami…

—Oh, tais-toi donc, grommelle maman. Tu adores ce film autant que moi.

—Alors on fera les deux, tranche mon père. D'abord cocktails et karaoké, puis le film, pour ceux qui seront encore assez sobres pour le regarder. C'est d'accord? Parfait. C'est réglé, dans ce cas. Bon, qui veut du dessert?

Chapitre 21

TANDIS QUE KIM ENTONNE UNE REPRISE UNIQUE EN
son genre de *Firestarter*, Iona et moi préparons la deuxième
tournée de piña colada, la première ayant été engloutie en
un temps record.

— C'est tellement délicieux, fait remarquer Iona, en
chancelant légèrement. J'ignore pourquoi on n'en prend
pas au petit déjeuner, tu sais… à la place de la nourriture.

Je verse le mélange dans le mixeur et mets l'appareil en
marche, grimaçant en entendant le vacarme qu'il fait.

— J'approuve ton propos, concédé-je, en observant la
glace se piler. Tu devrais en faire une loi. Une vraie loi. Tu
peux faire ça, pas vrai?

Je suis officiellement à un verre près de devenir un boulet
pour la société, et, apparemment, je ne suis pas la seule.

— Oui! s'écrie Iona. Je peux le faire. Je peux utiliser
mon pouvoir pour faire le bien, tu sais.

Kim est retournée dodeliner de la tête sur le canapé,
soutenue par Evan, qui à un moment dans la soirée a décidé

de se mettre les bois de renne de ma mère sur la tête. Il rend le micro à mon père, le meneur de revue de la soirée.

— Mesdames et messieurs, en exclusivité pour vous ce soir, voici Patrick! Une ovation pour Patrick, s'il vous plaît.

Iona et moi poussons des cris derrière le bar, pendant que Patrick s'avance. Tandis que les premières notes de *Get Your Freak On* retentissent, tout le monde l'encourage, surtout Kim, qui semble déterminée à prouver qu'elle est la reine du hip-hop de Melrose.

Maman nous rejoint en dansant pour nous aider à porter les verres, la guirlande de Noël qui lui sert d'écharpe est à deux doigts de tomber.

— Le meilleur Noël de tous, déclare-t-elle. Super musique, super compagnie et, il faut bien l'admettre, Emily, super goût en matière d'hommes. Robert est une merveille!

J'arbore un grand sourire, tout en versant maladroitement la mixture crémeuse dans des verres tellement grands qu'il nous faut un second plateau.

— Oui, c'est quelque chose.

— Ça ne t'embête pas de savoir que, quand tu atteindras soixante ans, il en aura à peine cinquante? me demande Iona. Enfin, les hommes jeunes aiment les femmes plus mûres, ce n'est pas un secret, mais c'est l'inverse quand «eux» vieillissent. Il ne voudra pas d'une vieille peau flétrie à son bras. Sans vouloir t'offenser, maman.

L'intéressée foudroie Iona du regard, mais ne la contredit pas.

—Les hommes sont inconstants, dit ma mère d'un air songeur. C'est pour ça qu'une grossesse imprévue est souvent une bonne tactique, tant que tu en es encore capable. S'il te quitte, il te restera au moins quelque chose.

—Mais qu'est-ce qui ne tourne pas rond chez vous? m'indigné-je. Sérieusement? Une minute je fais des piña colada, et la suivante, je suis en cloque, célibataire et j'ai soixante piges!

—Nous sommes seulement pragmatiques, rétorque ma mère, tout en me prenant un plateau des mains. Il faut avoir l'esprit pratique dans la vie.

—Je pense que le mot que tu cherches est «psychotique», répliqué-je, tout en m'assurant qu'Evan n'est pas à portée de voix. Changeons de sujet, d'accord?

J'apporte le second plateau et m'assois à côté d'Evan, qui feuillette le répertoire de chansons du karaoké.

—J'hésite entre *Tiny Dancer* et *Seven Years*. Tu as une suggestion? me demande-t-il.

—Oui: prenons la fuite. Ils sont tellement ivres qu'ils ne remarqueront pas notre absence avant des heures.

—Ah! Qu'est-ce qui s'est passé, encore? Hmm… elles me détestent, c'est ça? Elles t'en font voir de toutes les couleurs?

Je descends d'une traite la moitié d'une piña colada.

—Oui, mais pas parce qu'elles te détestent! Plutôt parce qu'elles sont convaincues que tu me quitteras quand j'arriverai à soixante…

—Ans ou kilomètres-heure?

—Et je ne peux pas trop protester parce que, quand on se séparera, ils vont tous me dire: «On t'avait prévenue.»

Il lève son verre et le contemple un instant.

—Elles doivent vraiment me prendre pour un petit con capricieux, si elles croient sincèrement que je foutrais le camp pour une raison aussi dérisoire.

—Pas du tout, rétorqué-je, elles te prennent seulement pour un homme.

—C'est plutôt injuste, quand même, poursuit-il. Pour autant qu'elles sachent, je pourrais être fou amoureux de toi. Fou amoureux du genre, épouse-moi et fais-moi des enfants.

—Oh, tiens, à propos d'enfants, je suis aussi censée tomber enceinte par accident. Histoire de ne pas me retrouver seule quand tu finiras par me plaquer.

—Quoi? Mais qu'est-ce que c'est que ces gens?

—Bienvenue dans mon monde, chéri, répliqué-je en trinquant avec lui. Estime-toi heureux de laisser tout ça derrière toi dans deux jours. Je vais devoir attendre qu'ils soient tous morts.

Mon père se lance dans un numéro plus lent, tandis que ma mère se balance en titubant devant lui comme une groupie de quatorze ans. Evan griffonne son choix de chanson sur un morceau de papier.

—Qu'est-ce que tu as choisi? m'enquiers-je tout en observant ma mère renverser une partie de son verre sur les chaussures de mon père. Papa chante du Elton John, donc tu vas peut-être devoir changer.

—Tu verras, répond-il avec un sourire en coin. Prépare-toi à être éblouie.

— «Éblouie»? répété-je, prise de panique. Qu'est-ce que tu entends par là? Je n'ai pas besoin d'une quelconque forme d'éblouissement.

Mon père, savourant le tonnerre d'applaudissements qu'il récolte pour *Goodbye Yellow Brick Road*, invite Evan à prendre la suite.

— Merci, dit-il en prenant le micro. Je tiens seulement à préciser que la chanson que je m'apprête à chanter est inspirée par toi, Emily.

Le juke-box dans ma tête commence à jouer *She Fucking Hates Me* de Puddle of Mudd, et je me retiens d'éclater de rire.

— Tu écoutais cette chanson la première fois que je suis venu chez toi, poursuit-il. Et même si ça me coûte de chanter en public, je le fais pour toi.

Je regarde l'écran de la télévision. «Everybody (Backstreet's Back) – The Backstreet Boys.»

— Oh! J'ai tellement envie de l'entendre! m'exclamé-je. Je n'arrive pas à croire que tu t'en sois souvenu!

J'applaudis de joie, puis éclate de rire lorsqu'il tente une imitation d'un membre du boys band qui, curieusement, est crédible, même avec des bois de renne sur la tête. Je ne suis pas la seule à être impressionnée. Dès le premier refrain, tout le monde se met à chanter en chœur. Patrick –qui semble connaître un peu trop bien la chorégraphie– essaie même d'apprendre à maman comment faire des mouvements d'épaules.

— Mais j'ai l'air ridicule, grommelle-t-elle. On dirait que je m'enlève des pellicules.

—Mais fais comme si ces pellicules étaient tes soucis! Tu te débarrasses de tes soucis… et des gens qui te malmènent…

—Il se pourrait bien que j'aie des pellicules, cela dit, rétorque-t-elle.

—Oh, laisse tomber, va.

Pendant ce temps, mon père et Kim effectuent une sorte de danse en ligne, mais sans grande coordination, tandis qu'Iona chante en s'adressant au chien. Je sens mon cœur s'emplir de joie. Rien ne me rend plus heureuse qu'une pièce pleine de gens qui font les imbéciles, et dans mon état d'ébriété, je me laisse aller et plante un gros bisou sur la bouche d'Evan, geste auquel il riposte en m'embrassant deux fois plus fort, avec une fougue que je n'ai pas ressentie depuis longtemps, voire jamais.

C'est seulement en entendant Patrick le taquiner avec un : «Mec, éloigne-toi de ma sœur», que je recouvre mes esprits, et mets fin à un baiser orgasmique! C'est un Evan abasourdi qui se remet à chanter, cherchant ses mots tandis que je prétends aller prendre de l'eau dans la cuisine.

Je ne sais pas exactement combien de minutes j'y reste, mais Pacino est arrivé entre-temps pour jouer au roi du silence, jeu auquel je suis enchantée de prendre part. J'entends du vacarme dans la pièce d'à côté. Ma mère se fait huer par tout le monde quand elle essaie de chanter, et, en retour, hurle que *The Windmills of Your Mind* est un choix de chanson tout à fait acceptable, et réclame qu'on lui rende ce fichu micro. Je donne des bouts de dinde à Pacino tout en tentant de faire abstraction du bruit pour me rafraîchir les idées.

Ce serait facile de surinterpréter la situation, pour des tas de raisons, mais surtout parce que je suis bourrée. Bourrée et d'humeur festive. Voilà pourquoi tant de soirées de Noël d'entreprise dégénèrent.

— Ne prends jamais un emploi de bureau, conseillé-je à Pacino. Rien de bon ne peut en sortir.

— C'est l'heure du film ! annonce Patrick en pénétrant dans la cuisine. Pas sûr que Kim va rester, en revanche, elle est bien cuite… Tu vas bien ?

— Bien sûr ! affirmé-je. Je donnais seulement des leçons de vie à Pacino. J'arrive tout de suite !

Quand Patrick sort, Evan entre à sa place, sans les bois de renne clignotants.

— Faut-il vraiment qu'on en parle ? demandé-je. Parce que je ne veux pas que ça crée un environnement de travail hostile.

— Tu es ivre à ce point ?! s'enquiert-il avec un sourire narquois.

— Un peu.

— Non, je ne pense pas qu'on soit obligés d'en parler, répond-il. C'est Noël. Les gens boivent plus que de raison. Les gens s'embrassent. Pas de quoi en faire un plat.

— Bien, conclus-je en me levant. C'est la meilleure attitude à avoir… Même si ce baiser était « Waouh ! » Avec des étincelles, des feux d'artifice… toutes ces fadaises.

— Voyons d'abord si tu t'en souviens demain. On discutera à ce moment-là, si tu le souhaites… Tu viens regarder le film ? demande-t-il en m'offrant son bras. Tu titubes un peu…

— T'en fais pas, je suis juste de super bonne humeur, dis-je gaiement. En plus, ce film est génial… J'adore Ralin Ickman, pas toi ?

— Alan Rickman est un bon acteur, oui… Aïe ! Attention à ton pied sur le d…

— Merde ! m'écrié-je en baissant les yeux pour examiner mon orteil. Je viens juste de mettre un pansement… Peut-être que j'ai besoin d'un coup de main, tout compte fait.

Evan m'aide à boitiller jusqu'au salon, l'alcool contenant pour l'instant la douleur. Les lumières ont été tamisées, et tout le monde est à un stade différent de somnolence. Patrick et Kim ont pris place sur le sofa bleu, avec maman à moitié endormie à l'autre bout. Papa est dans son fauteuil, comme toujours, et Iona, dans le fauteuil crapaud vert, ses jambes se balançant sur le côté. Evan s'assoit sur le plus petit canapé, et je me blottis contre lui, comme les couples sont censés le faire.

— Tout le monde est prêt ? s'enquiert mon père, le doigt déjà posé sur le bouton « Lecture » de la télécommande.

Un murmure approbateur parcourt l'assemblée, et Iona éteint la lampe, l'obscurité rendant le sapin de Noël encore plus étincelant.

Au bout de vingt minutes de film, Pacino fait son entrée et choisit les genoux de ma sœur pour s'installer.

— Est-ce que quelqu'un peut prendre cette sale bête ? gémit-elle, en essayant de nous regarder malgré la carrure imposante du chien. Il a fait un pet silencieux, et ça pue la dinde. Beurk! Sérieusement, ça me donne envie de gerber.

Je m'attends à ce que Patrick suggère que c'est plutôt Iona qui empeste, mais quand je jette un coup d'œil dans sa direction, je m'aperçois qu'il dort déjà, la tête posée sur les genoux de Kim qui lui caresse les cheveux. J'éprouve un petit pincement de jalousie. Certes, je suis appuyée contre un très bel homme qui sent un mélange de *Sauvage* de Dior et de piña colada, mais ce n'est rien comparé au fait de se pelotonner contre quelqu'un qui vous adore assez pour vous offrir des boucles d'oreilles *Star Wars*.

Enfin bon, ça pourrait être pire. Je pourrais être ici toute seule, entourée de pets de chien fantomatiques, en regrettant amèrement que ma vie ne ressemble pas à un film de Richard Curtis.

— Quelqu'un d'autre entend *Down Under*? demande Kim. Vous savez, la chanson de Men at Work. Je l'entends en boucle!

— Alice! m'exclamé-je en bondissant du canapé. C'est mon téléphone! Je reviens tout de suite.

Je fonce dans ma chambre et décroche avant que l'appel ne bascule sur le répondeur.

— Allô! Allô! Je suis là!

— Je t'ai déjà appelée trois fois! beugle-t-elle. Tu n'as pas le droit de me laisser un message pareil et de ne plus répondre après!

— Désolée, m'excusé-je. Mon portable est resté dans ma chambre toute la journée. Joyeux Noël! Tu passes un bon moment?

—Oh que oui, roucoule-t-elle. Toby a décidé de rester à Londres, donc on boit des margaritas.

—Ah, un classique des cocktails de Noël.

—Peu importe. Il faut que tu me racontes le potin que tu m'as promis !

Je me dirige vers la porte et la claque d'un coup de pied.

—Je l'ai vu sous la douche. Je ne voulais pas regarder, mais il était juste « là ».

—Bon sang, Emily, tu prends ta douche avec lui ? Je sais qu'il est censé se faire passer pour ton petit ami, mais – waouh ! – il fallait oser.

—Non, ce n'est pas ce que tu crois, expliqué-je. Ce n'était pas prévu. C'est une longue histoire. Mais après, il s'est collé contre moi, il sentait super bon, et je voyais bien qu'il mourait d'envie de m'embrasser.

—J'arrive dans une minute, Toby ! Arrête de râler ! Désolée, ajoute-t-elle. Il ne parvient pas à mettre la main sur des verres propres. Bon, allons à l'essentiel : t'as couché avec ?

—Bien sûr que non ! m'exclamé-je. Au fait, dis à Toby qu'il y a une boîte de verres dans le placard à côté de l'évier… Je n'ai « rien » fait du tout avec lui !

—Et pourquoi ça ? insiste-t-elle avant de transmettre mon message à Toby. Oh, je vois, tes parents auraient entendu ?

—Non, seulement, ça nous aurait mis mal à l'aise, et on n'aurait pas su comment se comporter avec ma famille par la suite. En plus, c'est déjà assez pathétique comme ça d'avoir un faux petit ami, sans parler de coucher avec lui.

—Tu es dingue, décrète-t-elle. Complètement tarée.
J'aurais pu chevaucher ce bel étalon jusqu'au nouvel an.

—Ça, je n'en doute pas, ricané-je. Bon, on est en train
de regarder un film, il faut que j'y aille.

—D'accord, mais rappelle-toi que tu es célibataire. Et
les femmes célibataires ont le droit de s'amuser avec qui elles
veulent, y compris leurs faux petits amis. À plus tard!

Quand elle raccroche, je remarque un texto non lu de
Robert. Je tape sur l'icone en question.

Je t'en prie, Emily, appelle-moi. J'ai du nouveau et j'ai
besoin de te parler. Je suis prêt à te rejoindre en voiture,
s'il le faut.

—Ha ha! m'écrié-je, hilare. Tu ne sais même pas où...
Oh, merde. Si, il le sait. Je lui ai envoyé un message avec
l'adresse pendant ce dîner, après tout. Il sait exactement où
me trouver.

Prise de panique, je lui réponds aussitôt :

N'y pense même pas. Tu n'es pas le bienvenu ici, et j'ai
un frère très imposant et très énervé qui va te casser
les dents si tu te pointes.

Si un refus ne suffit pas à le dissuader, peut-être que des
menaces le feront réfléchir à deux fois. En réalité, Patrick
ne ferait pas de mal à une mouche, mais c'est la seule excuse
que j'aie réussi à trouver.

Je retourne dans le salon au moment où Hugh Grant se trémousse dans le couloir du 10, Downing Street.

—N'est-il pas à croquer, Emily? fait remarquer ma mère, avec une lueur de désir dans les yeux. Il me rappelle ton père. La mâchoire carrée.

—Mais je danse mieux, intervient l'intéressé. Il est ridicule.

Je me rassois à côté d'Evan, qui semble soulagé de me voir.

—Comment va l'Australienne cinglée? souffle-t-il. Elle prépare un mauvais coup avec le joli garçon?

—Tu n'as pas le droit de qualifier Toby de «joli garçon» alors que tu l'es aussi, murmuré-je en retour. «Ryan Gosling», tu t'en souviens?

Il commence à rire.

—Tu dois faire erreur, car je suis robuste et viril. Comme un bûcheron.

—Il menace de venir ici, marmonné-je.

—Ryan Gosling?

—Non… «Lui», expliqué-je, les dents serrées. Il ne le fera sans doute pas mais… et s'il le faisait?

—Il n'osera pas, assure Evan à voix basse. Qu'est-ce qu'il compte faire? Prétendre qu'il va chercher du lait et conduire plus de six cents kilomètres? C'est n'importe quoi.

—Baissez d'un ton, tous les deux, gronde ma mère. Elle s'apprête à ruiner le livre de Colin Firth.

Je jette un coup d'œil à Evan, qui ne me regarde pas, mais me caresse doucement la cuisse. *Il a raison, bien sûr.*

Impossible que Robert abandonne sa famille le jour de Noël pour venir jusqu'ici se prendre une raclée imaginaire de mon frère. Il est égoïste, mais il n'est pas stupide. Détends-toi, me dis-je. *On est en train de réussir. On vient de finir la deuxième journée. On est peut-être agacés, blessés et vaguement traumatisés, mais on l'a fait.*

Mettre de la distance entre Robert et moi m'a aidé à y voir plus clair. Visiblement, il ne me manque pas autant qu'il semble le croire. *D'ailleurs, à cet instant précis, il ne me manque pas du tout.*

Chapitre 22

Jour 3

—Nous sortons cet après-midi, annoncé-je en regardant par la fenêtre de ma chambre, tandis qu'Evan, encore au lit, tape un message sur son téléphone. Nous allons déjeuner dans un pub et peut-être faire une balade dans les champs. N'importe quoi, tant que c'est loin d'ici.

Il n'est que neuf heures et demie, et j'ai déjà assez vu cet endroit pour la journée. J'entends Pacino aboyer contre des oiseaux, et mon père lui crier de se taire, tandis que ma mère écoute en boucle du Phil Collins.

—Bonne idée, acquiesce-t-il. Même si je n'ai pas vraiment emporté les chaussures idéales pour marcher dans la boue.

Je jette un coup d'œil à sa paire de bottines en cuir marron, posées dans un coin de la pièce.

— Hmm. Papa ou Patrick ont peut-être quelque chose de plus approprié. Quelle pointure fais-tu ?

— Du 45.

— Je crois que mon père aussi. Il doit bien avoir une vieille paire de bottes qui traîne quelque part.

Je le rejoins sur le lit et vérifie mon portable. J'ai reçu un SMS d'Alice – « Joyeux *Boxing Day* ! » – accompagné d'une photo de Toby endormi sur le sol de la cuisine, avec le mot « bite » joliment écrit au marqueur sur son front.

J'ai aussi reçu un message de Kara qui me demande si je connais de bons tueurs à gages. Je souris et remets mon téléphone sur la table de chevet, avant de me tourner vers Evan, qui est encore tout chiffonné et somnolent.

— Qu'est-ce que tu fabriques ? demandé-je en essayant de regarder son écran. C'est qui ? C'est qui ?

— Curieuse, va, répond-il en éloignant son portable. Je discute seulement avec une amie.

— « Une » amie ? m'offusqué-je. Tu me trompes ? Notre fausse relation amoureuse ne veut-elle donc rien dire pour toi ?!

Il éclate de rire et continue à taper.

— Cette relation est tout pour moi. Sincèrement. Mais, oui. Tu m'as caché ton amour trop longtemps, alors que cette Gillian semble réellement impatiente de – comment l'a-t-elle formulé déjà ? – voir mon énorme…

— Ah ! Assez ! m'écrié-je en le poussant vers le bord du lit. Je ne veux pas savoir.

—Je te taquine, glousse-t-il en me montrant son téléphone. Je parle à mon ami Vikram, un type avec qui je travaille. Il vient de s'acheter une BMW.

—Moi aussi, j'ai une BMW, répliqué-je. Elle est ici, dans le garage. Elle n'est pas flambant neuve, mais c'est mon bébé.

Evan verrouille son écran.

—Vraiment? Pourquoi tu la laisses ici?

—Où voudrais-tu que je la gare à Londres? demandé-je. À moins que tu n'aies envie de me payer l'abonnement du parking pendant des années?

—J'ai une question à te poser, reprend-il, tandis que je continue à me plaindre du stationnement à Londres. Tes parents ont de l'argent, de toute évidence. Pourquoi ne t'en sers-tu pas à ton avantage? C'est ce que feraient la plupart des gens.

Je hausse les épaules.

—Je ne suis pas comme la plupart des gens. Écoute, j'ai laissé une grande maison ainsi qu'une jolie voiture pour partager un appartement et enseigner dans une école publique, c'est dire à quel point l'argent m'intéresse… En plus, c'est leur argent, ce n'est pas le mien.

—D'accord, mais ce n'est pas un crime de demander un coup de main si tu en as besoin.

—C'est vrai, et ils m'aident de temps en temps, mais ils ne le font pas plus que dans n'importe quelle autre famille. Patrick me ressemble beaucoup sur ce point. Il n'aime pas qu'on l'aide financièrement. Enfin, à part pour sa maison, mais c'était un cadeau de mariage, donc il estime que ça ne compte pas.

— Et Iona ?

J'éclate de rire.

— Iona serait désemparée si le solde de son compte en banque affichait moins de six zéros. Elle a fait un mariage d'argent, d'ailleurs, juste au cas où mes parents la déshériteraient.

Evan ricane, puis s'avance vers moi.

— Ne t'approche pas trop, l'avertis-je. J'ai mon haleine du matin.

Il s'étire pour attraper son jean, qui est par terre, et sort un paquet de chewing-gums de sa poche.

— Tiens, « haleine fétide ». J'en ai déjà pris un.

J'attrape un chewing-gum et lui rends le paquet.

— Donc c'est toi qui es à part, fait-il remarquer. Tu es la martyre.

— Loin de là. Seulement, je ne voulais pas passer ma vie à dilapider l'argent des autres, ni choisir d'aimer quelqu'un pour son salaire.

— Toutefois, il y a une faille dans ton histoire, objecte-t-il, parce que Robert était plein aux as. Ça a forcément pesé dans la balance quand tu as décidé de le fréquenter.

— C'est faux ! Sincèrement ! Robert est le seul homme riche avec lequel je sois sorti. Quand j'étais plus jeune, ma mère me répétait : « c'est toujours plus facile d'aimer un riche qu'un pauvre », et ça me mettait hors de moi. J'ai fréquenté un tas de ratés sans ambition à cause de ça. Par esprit de rébellion.

Pour ce qui est de Robert… je suis sortie avec lui parce qu'il était totalement différent de tous les précédents. Bien sûr, c'était agréable de se faire inviter dans des restaurants chic, ou de passer la nuit dans son appartement luxueux, mais j'étais avec lui parce que je me sentais en sécurité. Pas sur le plan financier, j'entends par là qu'il était très stable. Et sûr de lui. Je croyais que c'était ce que je voulais.

— Et maintenant ?

— Maintenant ? Maintenant, je prends conscience qu'on ne peut pas compter sur quelqu'un d'autre pour se sentir bien. Et que c'est un connaud.

— Un quoi ?

— Un connaud. C'est une vieille insulte. Ça peut vouloir dire « connard » mais aussi « vagin ».

— Compte sur moi pour utiliser ce mot quand je rentre.

— Un conseil : ne t'en sers pas quand tu es avec une fille. Ne t'avise surtout pas de lui dire qu'elle a un joli connaud. Ça ne marche pas dans ce sens-là.

— C'est noté.

Nous demeurons allongés à nous regarder pendant un moment. C'est fou, il y a quelques jours, je n'arrivais pas à le prendre dans mes bras sans me sentir gênée, et me voilà maintenant suffisamment à l'aise pour rester couchée près de lui et le contempler. *Le baiser d'hier, en revanche…* Aucun d'entre nous n'ose aborder le sujet.

— Tant qu'on parle d'argent, poursuit-il, je t'ai remboursé tes 650 livres. Je n'ai jamais eu l'intention de les garder. J'étais seulement curieux de voir si tu étais sérieuse quand tu m'as proposé de venir en Écosse. Et je voulais te punir pour Cassie.

—Tu m'as remboursée? Merci! m'exclamé-je, me sentant rougir. C'est vrai, j'ai un peu dépassé les bornes avec elle. Désolée.

—C'est pas grave, assure-t-il. En plus, je nous considère comme des amis maintenant. Je n'accepterais jamais d'argent d'un ami.

—Oh, bon sang! Ne me dis pas qu'on est en train de créer des liens? gloussé-je. C'est nouveau.

Il ricane.

—J'ai l'impression que oui, vu que tu ne m'as pas envoyé me faire voir depuis au moins quinze minutes, et que tu n'as mis que deux oreillers entre nous hier soir, au lieu de six. Y a du progrès.

—À propos d'hier soir…, commencé-je pour me motiver à parler. On devrait probablement crever l'abcès.

—Ah, ça…, confirme-t-il. Je me demandais quand tu allais aborder le sujet.

—Je veux seulement éviter que tu ne te fasses des idées. D'abord, je t'envoie sur les roses, et ensuite, je t'embrasse. Ce n'est pas correct.

—N'y pense plus, m'assure-t-il en souriant. Ce n'est pas la première fois qu'on m'embrasse sous l'effet de l'alcool, Emily. En plus, ça a fait bonne impression à ta famille, c'est le principal. Tu fais des histoires pour rien.

« Pour rien »? Ça, c'est humiliant. Hier, il prétendait que son cœur allait jaillir de sa poitrine, et maintenant il n'éprouve

rien ?! Je sens ma colère monter. *Pourquoi a-t-il une réaction aussi blasée * ? N'a-t-il pas « ressenti » cette étincelle, lui aussi ?!*

Un crissement de pneus dans l'allée attire mon attention vers la fenêtre. Je me lève d'un bond.

— C'est la tente de réception, annoncé-je, la mine abattue. Encore une bonne raison de fuir cette maison comme la peste cet après-midi.

— Je croyais que la fête n'avait pas lieu avant demain soir ?

— Effectivement, confirmé-je, mais ça prend des lustres de l'organiser. Il faut monter un chapiteau chauffé, équipé d'une piste de danse, de toilettes de luxe, et tout le tintouin.

Nous observons mon père et Pacino accueillir le chauffeur, qui a pour mission de tout apporter par le portail du côté. Je vois bien qu'Evan est à la fois fasciné et étonné par ce qui se passe, comme s'il regardait un de ces programmes de télé-réalité qui intriguent et répugnent en même temps. Mais, pour moi, c'est habituel. Ça fait partie des traditions familiales chez les Carson, depuis des générations. On raconte que mon père a été conçu pendant la soirée de Noël de 1950, quand ma grand-mère au derrière généreux a folâtré avec un cousin éloigné, qu'elle a épousé peu après.

— Allons prendre le petit déjeuner avant que cette maison ne devienne un véritable cirque, proposé-je en

---

* Tous les mots suivis d'un astérisque sont en français dans le texte original. *(NdT)*

m'attachant les cheveux en chignon. Après, on décampe. J'espère que tu aimes la soupe de poisson.

Je n'ai plus aucune envie de revenir sur le baiser.

— Oh, peu importe, réplique-t-il. De la «soupe de poisson»? Tu veux dire, du vrai poisson qui flotte dans de la soupe? Est-ce que tu sais qui aime ça? «Personne», voilà qui. Je préfère encore remanger de ce *haggis* dégueu!

— Mais tu as assuré à mon père que c'était délicieux!

— Tu vas vraiment me reprocher de mentir à ton père? Le seul but de ma présence ici est de lui mentir, ainsi qu'à tous les autres.

— Ça m'énerve que tu aies raison. Bon allez, dépêche-toi. Si on se presse, on aura le temps de manger avant qu'Iona revienne de son jogging et se remette à râler.

Équipé des vieilles bottes de randonnée de mon père qui, visiblement, ont été mâchouillées par Pacino, Evan enfile sa veste et enroule sa nouvelle écharpe autour de son cou. Il a l'air très content de lui.

— Je suis fin prêt pour cette balade en rase campagne.

Nous sortons dans l'air mordant du matin, qui nous picote les joues et le nez.

— Tu vas voir, c'est glacial, mais vivifiant, dis-je, sentant la neige craqueler sous mes bottes.

— Vous allez vous promener? s'enquiert mon père lorsque nous passons près du camion de livraison. Il fait frisquet, hein? ajoute-t-il en remarquant les joues rosées d'Evan.

—Oui, mais c'est vivifiant, rétorque Evan.

—On va faire de vous un Écossais en un rien de temps, Robert, glousse papa.

—Je pensais emmener Robert au *Bumbles*, annoncé-je, plissant les yeux à cause de l'éclat du soleil. Pour lui faire découvrir le *Cullen skink*.

—C'est qui? demande Evan. Le type qui va me forcer à manger de la soupe de poisson?

Mon père rit tellement fort que j'ai peur qu'il ne provoque une avalanche sur le toit et que nous soyons tous ensevelis.

—*Cullen skink* est le nom de la soupe, expliqué-je, tout en observant mon père essuyer ses yeux pleins de larmes. Et tu as bien conscience que tout le monde va se moquer de toi dès qu'on sera rentrés?

—Oui, t'en fais pas.

—Parfait. Oh, avant qu'on parte, je vais te montrer ma voiture. Papa, est-ce que le garage est ouvert?

—Oui, le mien l'est.

Nous nous rendons à l'autre extrémité de la maison, où se trouve un grand garage double indépendant.

Le côté droit est ouvert, dévoilant la Land Rover et les deux motos rouillées de mon père.

—Il faut un bon tout-terrain pour grimper jusqu'ici, fait remarquer Evan. Surtout l'hiver. Ta mère le conduit aussi?

—Parfois, dis-je en faisant le tour de la voiture, mais c'est mon père qui s'en charge la plupart du temps. Ma mère s'énerve au volant… Ah, la voilà! Cet engin faisait ma fierté et ma joie.

314

Ma BMW est toujours en assez bon état pour une voiture ancienne. Elle est plutôt imposante, par rapport aux modèles récents, mais elle fonctionne bien.

— Ah, on n'oublie jamais sa première, plaisante-t-il tout en jetant un coup d'œil à l'intérieur. Tu sais, il suffirait d'y installer une stéréo décente pour en faire une bagnole digne de ce nom. Ou alors, tu pourrais te contenter de l'échanger contre une de ce siècle.

— C'était mon cadeau pour mon dix-huitième anniversaire, l'informé-je. J'avais l'impression d'être une superstar en la conduisant. Elle me rappelle plein de bons souvenirs.

— Je comprends, réplique-t-il. Je me suis beaucoup attaché à ma première Playstation. Après avoir joué à *Final Fantasy* et *Resident Evil*, j'ai su que je voulais concevoir des jeux vidéo.

— Donc tu n'as jamais eu envie d'un vrai métier ? le taquiné-je. J'avais beau aimer ma voiture, je n'ai pas envisagé pour autant de devenir pilote de Formule 1.

— Mais c'est un vrai métier ! Bon sang, je croirais entendre ma conseillère d'orientation au lycée. C'était une vieille peau flétrie, elle aussi.

— Très drôle ! Va te faire voir. Je parierais que ta conseillère d'orientation n'avait pas un cabriolet, elle, fanfaronné-je en caressant amoureusement le toit du véhicule. Au revoir, voiture chérie. Je reviendrai te chercher, un beau jour…

En sortant du garage, nous saluons mon père de la main et, en remontant le chemin qui conduit au portail, nous passons à côté du père Noël.

— Brrr, je l'avais oublié, celui-là.

Evan s'arrête pour l'examiner à la lumière du jour.

— Je ne saurais dire s'il sourit ou s'il fait la grimace, ajoute-t-il, mais je suis quasiment sûr qu'il a déjà tué.

— C'est marrant que tu parles de ça, rétorqué-je en enfonçant mon bonnet sur mes oreilles. Avant d'avoir Pacino, on avait un chien appelé Byron, un beau labrador chocolat qui me suivait partout ; un animal vraiment loyal et gentil. Bref, chaque Noël, sans exception, Byron aboyait et couinait devant ce père Noël quand on le promenait. Ce truc lui flanquait vraiment une trouille bleue.

— Pas étonnant, approuve-t-il.

Je vois la respiration d'Evan s'accélérer lorsqu'il ose effleurer prudemment du doigt la barbe cradingue du papa Noël.

— Le dernier Noël avant mon emménagement à Londres, c'est moi qui ai sorti Byron, par le même chemin que celui qu'on vient d'emprunter. Tout se passait bien, quand, soudain, quelque chose l'a fait paniquer. Il est devenu fou furieux. Byron était un chien très calme – il n'avait jamais attaqué personne, ni même pris d'écureuils en chasse – mais il a sauvagement agressé ce père Noël, en déployant une force que je ne lui connaissais pas. Il a réduit sa veste en lambeaux. Regarde, juste ici, poursuis-je en lui montrant un endroit où le manteau rouge miteux a été salement amoché, et ici aussi, sur la jambe, où c'est tout déchiré. J'ai dû le lui arracher de la gueule.

Evan inspecte de plus près le manteau et les taches sur la jambe du père Noël.

— Waouh! C'est flippant. Qu'est-ce qui lui a fait peur à ce point?

— On ne l'a jamais su, parce que le lendemain matin, Byron était mort.

— Non! s'exclame Evan, sidéré. Que s'est-il passé?

— Le vétérinaire a dit que c'était un problème cardiaque, expliqué-je tristement. Comme si quelque chose avait arrêté net... son cœur.

Le teint rosé d'Evan devient soudain blême.

— Mais le plus étrange, c'est, qu'après les fêtes, en voulant ranger le père Noël dans l'abri de jardin, mon père a eu la frousse de sa vie. L'expression de son visage avait changé. Jusque-là, sa bouche était cachée sous sa barbe, mais maintenant... il sourit...

Evan examine de nouveau le père Noël.

— Pitié, dis-moi que tu plaisantes, lance-t-il timidement en reculant d'un pas. Parce que je crois que je n'ai jamais rien entendu d'aussi terrifiant.

— Parfois, la nuit, soufflé-je, on jurerait entendre des bruits de pas qui passent le portail... qui font crisser le gravier... «crac»... «crac»... «Bouh»!

Evan bondit d'au moins un mètre, avant de faire une glissade magistrale sur les fesses, tandis que je pleure de rire.

— Oh, mon Dieu! haleté-je, entre deux éclats de rire. Ta tête... Je n'arrive pas à...

Evan est toujours par terre.

— C'était une blague? Mais ses vêtements déchirés…?
Les marques sur sa jambe…?

— Son manteau s'est pris dans la chaîne de mon vélo
quand j'étais enfant, expliqué-je. Nous n'avions même pas
de chien! Ha ha ha ha!

Evan se relève péniblement.

— Méfie-toi, il va t'arriver des bricoles, menace-t-il, en
formant une énorme boule de neige entre ses gants.

Je pousse un petit cri et me mets à courir pour me mettre
à l'abri, mais c'est déjà trop tard. Une grosse boule de neige
me frappe dans le dos, et je me retrouve aussitôt sur le sol.
C'est à son tour de rire.

Pendant quelques minutes, nous continuons à nous
bagarrer, chaque attaque nous faisant rire encore plus que
la précédente, jusqu'à ce que mon ultime projectile atteigne
Evan en plein visage. Il hurle de douleur et se laisse tomber
à genoux.

— Oh, mince! Est-ce que ça va? m'enquiers-je en me
précipitant vers lui. Oh, merde, ne me dis pas qu'il y avait
un caillou dans le lot? C'est ton œil? Laisse-moi regarder!

Lentement, je l'aide à retirer sa main gauche de devant sa
figure, tout en me préparant à une vision d'horreur: sa tête
écrabouillée et un de ses yeux qui pend. Au lieu de ça, j'ai à
peine le temps de voir la boule qu'Evan tient dans sa main
droite m'arriver en pleine face.

— Je crois bien que j'ai gagné, fanfaronne-t-il en me
plaquant sur le sol. Maintenant, répète après moi: « Moi,
Emily Carson. »

— Evan, j'ai de la neige dans le nez, est-ce que je pourrais au moins…

— Ne me force pas à te chatouiller.

Beurk. J'ai horreur des chatouilles.

— Moi, Emily Carson, dis-je.

— Je jure solennellement…

Je secoue la tête pour tenter de déloger la neige de mes narines.

— Je jure solennellement…

— De me rappeler à quel point je peux être drôle quand je ne me comporte pas comme un connaud coincé.

— Tu t'en es souvenu! m'exclamé-je.

— Contente-toi de répéter après moi.

Je pousse un soupir.

— De me rappeler à quel point je peux être drôle quand je ne me comporte pas comme un connaud coincé.

— Tu es libre, annonce-t-il en relâchant mes bras.

Je me redresse, épuisée mais euphorique.

— Je suis toute mouillée maintenant, gémis-je en époussetant de la neige sur ma veste.

— J'adore quand tu dis des cochonneries.

— Il t'en faut peu.

— Je pensais ce que j'ai dit, poursuit-il en m'aidant à enlever la neige que j'ai dans le dos. J'aime cette version de toi. Enfin, j'en ai déjà eu des aperçus: la performance théâtrale avec Cassie, la femme qui construit des forts… qui pleure devant *Love Actually*…

— Il a trompé Emma Thomson! Elle était dévastée!

—Qui chante dans des stations-service… Qui pète dans son sommeil…

—C'est pas vrai!

—Oh que si. Hier soir, on aurait cru les cuivres dans l'intro de *Tijuana Taxi*.

J'enterre à nouveau ma tête dans la neige.

—Tout ce que je dis, c'est que, c'est peut-être ta vraie personnalité, parce que, même si tu t'efforces d'être sensée, cette facette authentique… idiote… merveilleuse de toi, continue à resurgir.

—«Merveilleuse»? ricané-je, en me tournant vers lui. Je suis pleine de morve et de neige à cet instant.

Il hausse les épaules.

—Pourtant, tu l'es. Je veux seulement que tu saches, qu'à mon sens, Robert est un crétin de la pire espèce. Il ne te méritait pas.

—Je suis bien d'accord, approuvé-je. De la pire espèce. Si c'était un chevalier, on l'appellerait lord Ment-à-tout-va.

Evan se redresse et m'aide à me relever. J'ai le derrière gelé.

—Si c'était le roi d'Écosse, ce serait Robert la Mauviette.

—Oh, oh… Tu es doué à ce jeu-là, déclaré-je, avant de lui claquer dans la main. Bon, allons déjeuner.

Je le prends par le bras pour descendre la colline glissante.

—Si Robert était un plat, ce serait de la soupe de poisson…, ajoute-t-il.

—Arrête ça tout de suite.

—Il est où, cet endroit, d'ailleurs? demande-t-il, tout en riant à sa propre blague. Et pourquoi n'y a-t-il pas une seule station de métro dans le coin? Tout est tellement barbare par ici.

—À moins de deux kilomètres, assuré-je. Ça devrait nous prendre une petite heure.

—Tu vois, c'est pour ça que l'Écosse n'a jamais vraiment été dans le coup, réplique-t-il sur un ton dédaigneux. Personne n'a envie de marcher deux kilomètres pour une vulgaire soupe. À Londres, on peut se la faire livrer et verser dans le gosier sans même avoir besoin de quitter son canapé.

—C'est vrai, mais faire deux kilomètres, ça ouvre l'appétit, et «surtout», tu n'aurais jamais une vue «pareille» de ton lit.

Je pointe du doigt les arbres en face de nous, au-dessus desquels vole majestueusement un grand oiseau.

—Qu'est-ce que c'est que ce truc? demande Evan, en essayant de protéger ses yeux du soleil. Un aigle?

—Peut-être une buse, suggéré-je. Je n'arrive pas vraiment à savoir d'ici.

Il semble impressionné.

—C'est vraiment cool. Je t'accorde un bon point pour ça. Et un de plus, si tu réussis à me trouver un cerf.

—Oh, on en apercevra plein par ici, affirmé-je. Ainsi que des lapins. Au printemps et pendant l'été, il y en a partout dans le jardin. C'est adorable.

—Est-ce que tu as déjà vu *La Folle Escapade*? s'enquiert-il en me suivant en bas de la colline. Ce film m'a tué. J'ai pleuré pendant une semaine.

—Oui, je l'ai vu. J'ai lu le livre aussi. Très éprouvant pour une enfant.

Je l'entends marmonner quelque chose dans sa barbe, et j'interromps notre progression.

—Attends une seconde… Est-ce que je viens bien de t'entendre dire… Que «les lapins sont courageux»?

Il a l'air embarrassé.

—Peut-être.

Il se remet à marcher pour éviter de croiser mon regard.

—Tu l'as dit! Oh, mon Dieu, tu es tellement «mignon»!

Il ne répond rien, mais accélère le pas.

—Non! Attends! m'écrié-je en tentant de le rattraper. Je crois vraiment qu'on devrait en parler.

Ça alors, ce type marche vraiment vite quand il veut.

Nous atteignons rapidement le *Bumbles*, un petit pub à environ huit cents mètres de Melrose, et choisissons de nous installer dans la salle principale, près du feu. De l'extérieur, on dirait un hôtel de campagne de luxe, couvert de chèvrefeuille et de clématites grimpants, et équipé d'une terrasse bien entretenue à l'arrière et d'un parking à l'avant. Mais, à l'intérieur, tout y est douillet et informel, avec des canapés en cuir confortables du côté du bar, et de vieilles tables en bois du côté du restaurant. La décoration est pour le moins éclectique. Tout est dans des tons jaune et noir: des grandes illustrations décalées de Matylda Konecka qui ornent chaque mur, aux chandeliers en bois de cerf, en passant par les étagères branlantes.

Evan enlève son manteau et le pose sur le dossier de sa chaise.

—J'ai tellement hâte de manger, m'informe-t-il en attrapant la carte. « Le *Bumbles* », lit-il, les yeux baissés sur le lettrage doré. Marrant, comme nom, *Bumbles*.

—Ça vient du mot « bourdon »… Autrefois, cet endroit appartenait à des apiculteurs, expliqué-je. Il y a un chemin à l'arrière qui conduit au vieux rucher. Tout le monde achetait son miel ici.

—Emily! Quel plaisir de te revoir, ma chérie!

Je me retourne et vois une femme corpulente, vêtue d'un pull avec un pingouin, me faire un grand sourire.

—Rosie! m'exclamé-je en me levant pour la serrer dans mes bras. Tu as l'air en forme! Oui, je suis rentrée pour les vacances, comme d'habitude. Comment vas-tu? Et que devient ta famille?

—Ça va, répond-elle. Les enfants sont tous les deux partis pour l'université maintenant, donc il n'y a plus que moi et Campbell pour faire tourner la baraque. Tu ne me présentes pas ton ami?

—Désolée! Evan, voici Rosie, la propriétaire des lieux. Rosie, je te présente Evan.

Celui-ci lève la tête de son menu, et nous prenons alors conscience du prénom que je viens de lui donner.

Trop tard pour rectifier. C'est sorti tout seul.

—Ravie de vous rencontrer, Evan, réplique Rosie, qui n'a pas idée de l'énorme bourde que je viens de faire. J'ai connu cette petite quand elle était haute comme trois pommes. Vous avez fait une belle prise, mon garçon.

— Oh, je suis bien d'accord, acquiesce Evan, et votre pub est fantastique. On m'en a dit le plus grand bien.

— Oui, cet endroit est apprécié, admet-elle, en souriant jusqu'aux oreilles. Oh, le téléphone, il faut que je file. C'est qu'on a du monde, cet après-midi. J'enverrai Abigail prendre votre commande d'ici quelques minutes.

Elle part en trombe vers le bar, nous laissant, Evan et moi, nous plonger dans nos menus.

— Elle aura vite oublié mon prénom, assure-t-il, percevant ma panique sur mon visage. Ne t'inquiète pas.

— Je suppose… Mais si elle n'oubliait pas? Mes parents mangent ici régulièrement… Patrick aussi…

— Alors tu prétendras qu'elle était occupée et qu'elle a dû mal comprendre. Vraiment, arrête de t'en faire.

Il a sans doute raison, donc j'essaie de me détendre.

— Tu sais ce que tu vas prendre? m'enquiers-je. Le chef est excellent ici. Ses raviolis maison sont un délice.

— Il y a une tourte garnie au boudin noir sauce *gravy* qui me fait de l'œil, répond-il. Même si les raviolis n'ont pas l'air mal non plus.

— Je vais prendre une soupe, suivie du pâté et des galettes d'avoine, décidé-je en refermant la carte. Je pourrais manger plus que ça, mais je préfère éviter de me traîner jusqu'à la maison avec une tourte à la viande dans l'estomac. Tu serais obligé de me porter, et ça finirait mal.

— Cet endroit ressemble toujours à ça? demande-t-il en balayant la pièce du regard.

— À quoi?

— Au décor d'un film de Tim Burton.

J'éclate de rire.

— C'est vrai, hein? Rosie adore s'entourer d'objets qui la rendent heureuse, et les objets en question ont tendance à être des plus excentriques. L'ambiance est très sympa, en revanche. Une fois par mois, elle organise une soirée jeux de société, durant laquelle les gens boivent et jouent au backgammon, au Monopoly, aux échecs… Il y a même un Docteur Maboule.

— Ça semble marrant, effectivement, acquiesce Evan, tandis qu'Abigail arrive pour prendre la commande. Ça me tenterait bien d'essayer… Désolé, oui, pourrais-je avoir un Yorkshire pudding, avec des frites et des oignons frits en accompagnement? Et une pinte de Guinness, s'il vous plaît.

— Aucun problème. Et pour vous?

— Un bol de *Cullen Skink*, s'il vous plaît, demandé-je, avec du pain et du pâté en supplément. Vous pouvez tout apporter en même temps. Oh, et je me contenterai de prendre de l'eau.

Elle part en vitesse chercher nos boissons, et manque de trébucher sur un bambin qui essaie de se déshabiller en plein milieu de la pièce, au grand dam de sa mère.

Evan fait un signe de tête dans leur direction.

— Tu vois, quand «lui», il fait ça, c'est mignon. Quand «moi», je le fais, on appelle la police.

— Tu crois qu'être parent est aussi terrible que ça en a l'air ? m'enquiers-je, songeuse, en regardant l'enfant réduire sa mère à une épave. Enfin, je suis certaine qu'il y a de bons côtés, mais j'enseigne à des versions plus âgées de ce petit garçon, et ça n'a rien de très plaisant.

— Je suppose que si c'était aussi atroce que ça, la race humaine serait éteinte depuis des lustres, fait-il remarquer. J'ai lu quelque part que les enfants exhalent une hormone bizarre que seuls leurs parents peuvent détecter. Ça les hypnotise, ou quelque chose dans le genre.

— C'est ça, je suis sûre que tu viens de tout inventer.

Abigail apporte nos boissons, tandis que la mère prend son bambin dans les bras, l'éloignant de la table pour laisser le père épuisé se frotter le front jusqu'à se faire saigner.

— Alors, c'est quoi, le programme du lendemain de Noël ? questionne Evan en contemplant sa Guinness.

— Qu'est-ce qui te fait croire qu'il y a un programme prédéfini ?

— Traite-moi de dingue si tu veux, mais, d'après ce que j'ai observé jusqu'ici, ta famille semble partie pour profiter au maximum de ces quatre jours.

— Une soirée quiz, avoué-je. Une fichue soirée quiz.

D'aussi loin que je m'en souvienne, nous organisons un quiz le 26, et personne au monde ne prend les choses autant à cœur que mes proches. Une année, ils ont même imprimé des tee-shirts.

— Je le savais ! s'exclame-t-il. Vous faites celui qui passe à la télé, ou vous créez le vôtre ?

—Mon père paie un type pour le faire à notre place. Non, sérieusement, son collègue, Edward – un petit gars plutôt louche – crée le quiz sur PowerPoint, le met sur clé USB, et nous la branchons à la télévision.

Je remercie Abigail lorsqu'elle nous apporte nos plats.

—Les questions sont toutes rangées par catégories : musique, sport, divertissement, culture générale, la totale !

Je perds Evan un instant, trop occupé qu'il est à regarder fixement la nourriture qu'on dépose devant lui.

—Cette tourte fait la taille de ma tête, commente-t-il.

—Et elle est tout aussi remplie, apparemment.

Je prends un morceau de pain au levain et le plonge dans ma soupe, sous les yeux ébahis d'Evan.

—Quand tu as parlé de « soupe de poisson », je me suis imaginé des têtes de poisson avec des coquilles de moule qui flottent autour. Ça n'a pas l'air mal du tout, en fin de compte.

—Goûte, proposé-je en poussant mon bol vers lui. Grosso modo, c'est de la soupe de cabillaud, poireaux et pommes de terre.

—Est-ce que ça implique que je te donne de ma tourte ?

—Absolument.

Il remplit sa cuillère de soupe et fait la grimace avant même d'y avoir goûté. Je parie que même le bambin ferait moins de chichis. Enfin, Evan prend une profonde inspiration et enfonce la cuillère dans sa bouche, comme un grand garçon.

—C'est plutôt incroyable, annonce-t-il en se resservant. Vraiment très bon.

— Je sais, rétorqué-je, c'est pour ça que j'en ai commandé. Bon, donne-moi ta tourte.

— Je peux finir ton bol ?

— Pas si tu tiens à la vie.

Il approche son assiette, et je me découpe une bouchée de tourte, émettant des « Hmmm » en la dégustant. Rapidement, nos plats séparés deviennent un énorme plateau à partager, chacun de nous félicitant l'autre de son choix, et se demandant s'il lui restera de la place pour un dessert.

— Au fait, il y a un prix pour l'équipe qui remporte le quiz ? interroge-t-il en sauçant les dernières gouttes de la soupe. Une somme d'argent ? Un trophée étincelant ?

— Pas vraiment, expliqué-je. C'est plutôt un gage pour les perdants. L'équipe en question doit faire les corvées ou les tâches ménagères des vainqueurs. L'an dernier, par exemple, j'étais dans les vaincus, et nous avons dû faire des massages de pied à tout le monde. L'année précédente, l'équipe d'Iona a dû nous apporter le petit déjeuner – y compris à Pacino. Des trucs dans ce goût-là.

Il s'enfonce dans sa chaise et éclate de rire.

— Plus j'en apprends sur les membres de ta famille, plus je les apprécie.

— Et pourtant, tu parles à peine de la tienne, répliqué-je. Comment est-elle ?

Il se redresse, visiblement mal à l'aise.

— Ce sont des gens normaux, rien de plus. Enfin bref, on s'était mis d'accord pour ne pas évoquer ma vraie vie, tu t'en souviens? Mieux vaut éviter que tu ne t'emmêles les pinceaux entre moi et Robert. Je me ferai un plaisir de tout te raconter à mon sujet quand on rentrera à Londres, si tu as toujours envie de savoir, bien sûr.

Avant que je n'aie le temps de répondre, Abigail vient débarrasser nos assiettes.

—Thé ou café?

—Un café américain avec du lait pour moi, s'il vous plaît, demandé-je. Ooh, et des *tablets*, si vous en avez.

—La même chose, renchérit Evan. Et je n'ai pas la moindre idée de ce que sont les *tablets*. Est-ce que j'en veux?

Abigail affiche un grand sourire.

—C'est un mélange de beurre, de sucre et de lait concentré.

—Tu en voudras, assuré-je. Fais-moi confiance.

—Mon seuil de tolérance s'arrête aux barres chocolatées frites, en revanche, glousse-t-il en tendant son verre à Abigail.

Nous poussons toutes deux un grognement.

—Personne n'en mange réellement, rétorqué-je en levant les yeux au ciel. C'est un mythe, comme le monstre du loch Ness.

Il affiche un air suspicieux.

—Donc vous mangez des abats de mouton et du sucre beurré, mais vous fixez la limite aux barres chocolatées frites?

La jeune Abigail ricane et rougit à la plaisanterie d'Evan. *Oh, bon sang, existe-t-il une seule personne capable de résister au charme de cet homme? Ah, oui. Iona.*

Je parviens à mettre la main sur trois morceaux de *tablet*, avant qu'Evan ne dévore la totalité, frôlant dangereusement l'overdose de sucre.

— Je pense mériter mon passeport écossais maintenant, proclame-t-il en se frottant les mains pour se débarrasser des miettes. Il ne me manque plus qu'un kilt et une cornemuse.

— Un « passeport écossais » ? Eh bien, fais-moi confiance : si nous devenons un jour un pays indépendant, tu seras le premier à en avoir un…

J'attrape mon sac pour prendre mon porte-monnaie, lorsque mon téléphone se met à sonner.

— Salut, maman… Oui, on vient de terminer… Non, je n'ai pas oublié le quiz… Oui, je dirai à Robert de faire travailler ses méninges… Non, je n'ai pas vu mon frère… D'accord… À tout à l'heure. Bisous.

Je pose mon portable sur la table.

— Nous faisons ce jeu tous les ans, gémis-je. Comment peut-elle penser que je risque d'oublier…

Le téléphone retentit de nouveau. Je jette un regard exaspéré à Evan avant de décrocher.

— Maman, nous sommes en… Qu'est-ce que tu veux, Robert ? Pourquoi est-ce que tu m'appelles ?

Evan, voyant mon expression passer de frustrée à blessée, se redresse et se penche en avant pour me murmurer : « Raccroche-lui au nez. »

— Non, je n'ai aucune envie d'entendre ce que tu as à me dire, et je n'ai rien à ajouter… Eh bien, ça ne te regarde pas avec qui je suis… Ne me rappelle pas.

Calmement, je range mon téléphone dans mon sac et continue à chercher mon porte-monnaie.

— Tu vas bien? s'enquiert Evan. Non, range ton porte-feuille, c'est pour moi.

— Très bien, assuré-je sèchement, et je suis tout à fait en mesure de payer ma part.

Je sors ma carte de crédit et commence à tapoter nerveusement la table.

— Non mais, vraiment, il a un de ces culots! Je ne sais pas ce qui est le plus insultant: qu'il estime avoir le droit de m'appeler, ou qu'il pense que j'en ai envie!

— Euh... Je...

— Il se prend sincèrement pour un bon parti?! Ou alors, me croit-il tellement fragile, tellement «désespérée», que je ne peux pas faire mieux qu'un homme marié? Que mon estime de moi est si basse, que je vais lui pardonner et faire comme si de rien n'était?

Evan semble un peu effrayé.

— Je ne suis pas dans sa tête, mais si tu pouvais juste baisser d'un ton...

— Ai-je dit une seule fois que je voulais le reprendre? Ou que je me projette encore avec lui? Non, bien sûr que non! Et lui, il a l'audace de me demander avec qui je suis! Parce que j'ai forcément dû me taper quelqu'un d'autre! Il doit bien y avoir un autre couillon pour remplir mon vide métaphorique...

— On ne devrait pas poursuivre cette conversation au-dehors? suggère Evan.

Il a déjà payé l'addition, laissé un pourboire, et est en train d'enfiler sa veste.

—Je t'écoute, m'assure-t-il. Je crois seulement que ton coup de gueule aurait plus sa place dans un espace ouvert. Tu sais, un endroit où tu pourrais pleinement exprimer ta colère.

Au départ, je me dis que c'est une idée débile, parce que, eh bien, elle vient de lui, mais dès que nous sortons dans le froid et commençons à rentrer à la maison, j'éprouve soudain une folle envie de hurler. Pas seulement un cri de frustration, un véritable rugissement, à m'en crever les tympans et me casser la voix. Je veux crier jusqu'à faire disparaître la moindre pointe d'amertume, de fureur, de tristesse et de déception. Je veux crier pour me purger et, dès que nous arrivons à huit cents mètres du pub, c'est exactement ce qui se passe.

Même si c'est Evan qui m'a soufflé l'idée, je doute fort qu'il soit préparé pour le bruit qui s'échappe de ma bouche. Ni pour les insultes. Ni pour les coups de pied. Sans doute pas non plus pour les coups de poing en l'air qui suivent, mais il observe toute la scène, en se tenant à une distance raisonnable de trois mètres tout du long.

—Qu'est-ce qui cloche chez moi ? m'écrié-je, en tapant du pied pour enlever la neige de ma botte. Pourquoi suis-je incapable de me prendre en main ? J'aurai quarante ans dans deux ans et pourtant, j'en suis là, à faire une crise de nerfs au beau milieu des champs !

Evan s'approche d'un pas, pendant que je cogne de toutes mes forces dans la neige.

— Tu me parais plutôt équilibrée, dit-il sur un ton hésitant. Enfin, peut-être pas à cet instant précis, mais, tu sais, en général.

— Tu te fiches de moi ? demandé-je, enfin calmée.

Je décrète que c'est le bon moment pour m'asseoir.

— Evan, je mène toujours la même existence bidon qu'il y a quinze ans ! Les gens sont censés évoluer, pourtant j'essaie toujours de faire plaisir à mes parents, je travaille toujours dans la même école, je vis toujours en colocation… je me fais toujours avoir par des types que je choisis de fréquenter pour les mauvaises raisons.

Evan s'installe à côté de moi dans la neige.

— Et qu'est-ce qui t'empêche de changer les choses ? Qu'est-ce qui te retient ?

— La réponse est tout simplement « moi », expliqué-je. C'est moi qui me tire en arrière. Je suis partie d'ici à vingt-quatre ans avec un objectif : faire ma vie à Londres. C'était un bon projet. Ça a fonctionné un temps.

— Mais ?

— Mais ce que je voulais à vingt-quatre ans n'est plus ce que je veux aujourd'hui. Je n'avais pas prévu d'avoir besoin d'un nouveau projet.

— Tu es une véritable énigme.

— Peut-être. Mais je me comprends. Je me suis désespérément accrochée à une vie que j'ai déjà vécue. Il est temps pour moi d'avoir un nouveau plan.

—Ah. D'accord. Je pense que je…

—Mais ce plan pourrait être… de ne pas en avoir, justement.

Evan enfonce un pistolet imaginaire dans sa bouche et presse la détente.

J'éclate de rire et m'allonge dans la neige pour contempler le ciel. Au bout d'une minute ou deux, il décide de se joindre à moi. Le soleil a déjà commencé à se coucher, et ces étoiles que j'aime tant se mettent à poindre.

—Alors, à quoi ressemblerait ce non-plan ? me demande-t-il. Tu y as réfléchi ?

—Oui, acquiescé-je en écartant des cheveux de mon visage. Beaucoup. Revenir vivre en Écosse. Posséder une maison à moi. Récupérer ma voiture. Enseigner dans un nouvel établissement.

—Tu quitterais Londres ? s'enquiert-il. Je ne crois pas que j'en serai capable un jour. La vie à Londres est trop géniale pour l'abandonner.

—Je suis prête à m'amuser différemment, rétorqué-je, les yeux rivés sur les étoiles. En plus, l'Écosse est ma maison. Londres n'était qu'une passade.

Nous restons étendus un moment, savourant le silence. On dirait que nous sommes les deux seuls êtres sur terre.

—Je pense que j'ai aggravé les choses en te faisant venir, lancé-je en mettant mes mains dans mes poches.

—Pourquoi ça ? Tout se passe à merveille ! Tes parents m'aiment bien ! Ce n'était pas le but ?

—Si, concédé-je. Mais je me disais qu'ils allaient seulement te tolérer, pas qu'ils allaient sincèrement t'apprécier.

—Qu'est-ce que je suis censé comprendre ? Oh, pitié, ne me force pas à refaire le coup du flingue.

J'éclate de rire.

—D'accord, je vais essayer de t'expliquer. Leur seul enfant célibataire – moi – fréquente quelqu'un qu'ils trouvent à la hauteur. Cet homme est cultivé, mignon, drôle et stable financièrement. Dans leurs têtes, surtout celle de ma mère, ils vont déjà planifier le mariage, les petits-enfants, se vanter devant leurs amis et tout le reste.

—Je te suis, jusque-là.

—Mais d'ici à une semaine ou deux, je vais leur annoncer que nous avons rompu, et donc réduire leur rêve à néant et passer pour une idiote qui croyait que la différence d'âge n'aurait pas d'importance. Nous leur avons donné espoir, et je m'apprête à pisser sur leur feu de joie.

—Et si on leur avouait la vérité ? suggère-t-il en gigotant à côté de moi.

—Qu'est-ce que tu fabriques ? Tu fais l'ange dans la neige ?

—Hé hé, glousse-t-il.

Je l'imite aussitôt.

—On pourrait…, commencé-je, sentant la neige en dessous de moi s'amasser en petits tas. Je pourrais leur raconter que tu n'es pas vraiment un cadre en marketing appelé Robert, qui conduit une voiture de luxe et offre des séjours hors de prix pour Noël. Mais que tu es, en réalité, mon voisin sans le sou, qui joue aux jeux vidéo, et que j'ai payé pour les rouler dans la farine pendant quatre jours.

— Je pense qu'ils me pardonneraient si j'étais vachement riche, cela dit, rétorque-t-il en remuant les bras. Ça pourrait aider à atténuer le choc.

— Eh bien, c'est un argument de poids, mais, honnêtement, je crois qu'ils se méfieraient de toi. Pourquoi un homme fortuné de vingt-neuf ans s'intéresserait à une enseignante de trente-huit ans ? Parce que c'est exactement la question que je me poserais. Donc, tu vois, il n'y a pas d'issue.

Il se rassoit et époussette la neige de son manteau.

— Il reste une option à envisager, reprend-il en m'aidant à quitter ma posture figée.

— Je sais, mais le meurtre n'est pas légal et ton flingue n'est pas réel, répliqué-je. Oh ! là, là, mes jambes sont complètement engourdies. Et si on se remettait en route ? Il fera bientôt nuit.

J'agite mes jambes pour tenter de réactiver ma circulation sanguine.

— Et si on n'arrêtait pas ? suggère-t-il en se nettoyant les mains.

— Arrêter quoi ? m'enquiers-je en me dirigeant vers le chemin.

— Ça, répond-il. Emily, tu peux arrêter de marcher une minute ? S'il te plaît ?

— Je veux rentrer ! pleurniché-je. On peut discuter en avançant, même si je ne vois pas où tu veux en venir.

—Je te demande… et si on continuait à se voir ? Et si, pour une fois, tu te foutais éperdument de ce que pensent ou ressentent les autres et qu'on poursuivait sur notre lancée, officiellement ?

Je me tourne vers lui en claquant des dents, m'attendant à le voir éclater de rire, ou sortir la chute de sa blague. Soit son visage est pétrifié par le froid, soit il est vraiment sérieux.

—Tu plaisantes, hein ?

—Non.

—Mais on ne sort même pas ensemble ! Comment poursuivre quelque chose qui n'a jamais commencé ?

—Putain, Emily, pourquoi tu réagis ça ? Pourquoi tu persistes à nier qu'il se passe quelque chose entre nous ? Souviens-toi de ce baiser !

—Celui qui, selon tes termes, ne signifiait rien ? rétorqué-je sans le moindre ménagement. Ou celui du soir du réveillon, pour épater la galerie ?

—Bien sûr que ça ne signifiait pas rien… J'essayais de sauver les apparences, explique-t-il. Je ne voulais pas passer pour le type qui se fait tout un monde d'un baiser.

—Eh bien, je ne voulais pas passer pour ce genre de femme, moi non plus ! Pourquoi est-ce qu'on se dispute, alors qu'on est d'accord ?

—J'en sais rien !

Nous nous retirons tous deux dans nos retranchements pour faire le point.

Il tape des pieds sur place pour lutter contre le froid.

— Tout ce que je sais, reprend-il, c'est que, quand je suis avec toi, j'ai l'impression d'être à ma place… et quand je t'embrasse… c'est…

— L'enfer ?

Il éclate de rire.

— Exactement.

Je n'ai pas souvenir d'avoir autorisé mes jambes à se diriger vers lui, mais elles le font. J'ai l'impression d'être attirée par un aimant.

— Je ne veux pas risquer de gâcher le Noël de tout le monde, expliqué-je, sentant la neige craquer sous mes pieds. Nous n'avons plus que deux jours à tenir. Ce ne serait pas bien.

— Donc on continue à mentir ? demande-t-il, visiblement déçu. D'accord. Si c'est ce que tu veux.

— Non, ce n'est pas ce que j'entendais, rectifié-je en m'approchant de lui. Tout ce que je dis, c'est que je ne veux pas en parler à ma famille tout de suite…

— Donc nous allons…

— Oh, oui, j'espère bien.

Je l'attrape par sa veste et l'attire contre moi, et nos visages ne sont plus qu'à quelques centimètres. Maintenant c'est mon cœur qui menace d'exploser.

Chapitre 23

J'AURAIS ÉTÉ RAVIE DE RENTRER À LA MAISON galvanisée par les joies du sexe, mais hélas, les conditions climatiques ont rendu notre troisième baiser assez problématique.

—Je ne parviens même pas à sentir mes lèvres, sans parler des tiennes.

—Je n'ose pas te toucher de peur de te casser.

Quand nous arrivons enfin à la maison, Iona est là, prête à frapper.

—C'est pas trop tôt! On a cru que vous étiez morts de froid, aboie-t-elle en nous poussant vers le séjour. Papa craignait d'avoir deux joueurs en moins pour le quiz.

Et merde! Le quiz.

—Donne-moi une minute pour enlever mon manteau, insisté-je. Voire prendre une tasse de…

—Pas le temps, frileuse, rétorque-t-elle en nous tendant des stylos et des feuilles de papier. On est sur le point de commencer.

Je prends nos vestes et les jette sur le buffet dans l'entrée, tandis qu'elle traîne Evan rejoindre les autres dans le séjour. J'ai la tête qui tourne. *Comment faire pour me concentrer sur un quiz, alors que la seule chose que je veuille, c'est Evan ?*

—Trois équipes, annonce mon père lorsque j'entre dans la pièce. Deux équipes de deux, et une de trois.

—Non ! Deux équipes, propose Iona. Les garçons contre les filles. Qu'est-ce que t'en penses, Emily ?

J'en dis que je fais de mon mieux pour m'intéresser au sujet. Evan m'adresse le même regard qu'à l'assiette de friandises tout à l'heure, et nous savons tous les deux comment ça s'est terminé.

—Guerre des sexes, acquiescé-je pour tenter de faire avancer le débat. Les vainqueurs, autrement dit nous, auront droit à du pain perdu et du bacon demain matin.

—Avec du sirop, ajoute Kim. Beaucoup de sirop.

—J'aime bien le pain perdu, intervient mon père. Surtout la recette d'Emily. Très bien, Jenny, va t'asseoir avec les nulles sur le canapé bleu. Patrick et Robert, vous êtes avec moi.

—Mais elles sont quatre, gémit Patrick, contraint de changer de place. C'est pas juste.

Papa lui donne une tape dans le dos.

—Fiston, l'autre jour, ta mère m'a demandé sur quel continent se trouvait l'Afrique. Je pense qu'on devrait s'en tirer.

Evan cesse de rire dès que je lui demande où en est son passeport écossais. La guerre est déclarée.

Nous en sommes à quarante-huit questions et deux tournées de boissons, quand les deux questions finales arrivent. Jusqu'ici, je suis plutôt optimiste quant au résultat, grâce à Kim qui a résolu deux énigmes mathématiques complexes, qui, pour moi, auraient tout aussi bien pu être écrites en klingon.

Mon père affiche la diapositive suivante.

« Question 49 : culture générale.

Par quel terme désigne-t-on un amas de poissons rouges ? »

Les deux équipes se concertent à voix basse.

— On ne dit pas un banc pour les petits poissons, si ? murmuré-je, attendant confirmation du groupe.

Iona et Kim sont d'accord, mais ma mère secoue la tête.

— Non. Attends une minute. L'an dernier, quand je me suis renseignée pour mettre des poissons dans le bassin extérieur, le type m'a dit qu'on parlait bien de banc de poissons rouges.

— Il se fichait de toi ? m'enquiers-je. Je n'ai jamais entendu ça de ma vie !

— Si, je t'assure. Ton père n'était pas avec moi, donc ça m'étonnerait qu'il le sache.

Aucune d'entre nous n'a l'air franchement convaincue, mais Iona écrit cette réponse.

— Dernière question, annonce mon père. C'est de la littérature.

Tout le monde dans mon équipe se congratule déjà, parce que je connais forcément la réponse. Le camp adverse pousse un grognement collectif.

«Westeros est un continent fictif dans quelle série de livres?»

Ma mère, Iona et Kim se tournent vers moi, en espérant que j'ai la solution. Elles ne se rendent même pas compte que je les regarde exactement de la même façon.

— Alors? demande Iona. Qu'est-ce que j'écris?

— Aucune idée! «Westeros»? Jamais entendu parler!

Je jette un coup d'œil aux garçons, qui se concertent à voix basse pour qu'aucune information ne fuite.

— Une série de livres se déroulant sur un continent fictif, me répété-je. *The Hunger Games*? *Les Annales du Disque-Monde*? Oh, arrêtez de me dévisager comme ça; j'aime lire, mais je n'ai pas lu «tous» les livres qui existent!

— J'ai vu les films de *Hunger Games*, intervient Kim. Mais Westeros, ça ne me dit rien. Ça fait un peu penser au nom d'une secte.

C'est à cet instant que je remarque l'expression de Patrick. Il sourit. Il fait même plus que sourire, il jubile. Il connaît la réponse.

— *Game of Thrones*! soufflé-je aussitôt. Inscris *Game of Thrones*.

— Le temps est écoulé! proclame mon père. Échangez les feuilles, je vous prie, nous allons commencer la correction.

Au bout de la quarante-septième question, les garçons ont un point d'avance, parce que, apparemment, c'est Lonnie Donegan qui chantait *My Old Man's a Dustman*, et non George Formby, comme ma mère en était convaincue.

« Question 49 : un amas de poissons rouges est appelé un banc. »

Sur ce coup-là, maman se rachète, et pas qu'un peu. Iona inscrit une énorme croix à côté de la réponse des garçons « nuée » et ne se prive pas de les taquiner.

Nous en arrivons à la toute dernière question.

« Question 50 : Westeros est un continent fictif de la série *Le Trône de fer* de George R.R. Martin. »

—Oui ! s'écrie Patrick en se levant d'un bond de son siège. Vous étiez près du but, mesdames, mais *Game of Thrones* est le titre d'un des volumes de la série, pas celui de la série. On a gagné, les mecs ! Danse de la victoire !

Pour couvrir les cris exaspérés des perdantes, mon père met *You're the Best*, extrait de la bande originale de *Karaté Kid*, nous obligeant à les regarder se déhancher en chaussettes, jusqu'à ce qu'on cède et qu'on les rejoigne sur la piste.

J'éclate de rire lorsque j'entends Evan me souffler : « Tu lui pètes la jambe » – la réplique du film *Karaté Kid* – lorsque Patrick me flanque sa feuille de score sous le nez.

— Pas la peine, assuré-je. Je demanderai à Kim de faire en sorte que Pacino lèche le bacon avant qu'il atterrisse dans son assiette.

Patrick me jette un regard noir, tout en baissant son papier.

— Je parie que vous ne vous étiez pas encore aperçu d'à quel point ma sœur est diabolique, lance-t-il à Evan. L'enfer est plus doux qu'une femme battue à un quiz. À votre place, je ne dormirais que d'un œil ce soir, l'ami.

Evan s'approche pour me chuchoter à l'oreille :

— Je n'ai pas l'intention de dormir beaucoup tout à l'heure, de toute façon. Et toi ?

Lorsque je sens sa main m'effleurer le bas du dos, un petit ronronnement involontaire s'échappe de mes lèvres.

— Jardin. Tout de suite, ordonné-je. Nous allons sortir Pacino, informé-je ma mère, tandis que nous nous dirigeons vers la porte de la cuisine.

— Non ! proteste-t-elle. Il va abîmer le chapiteau. Sa promenade peut attendre demain matin.

Flûte !

— Bon, eh bien, je vais montrer le chapiteau à Robert, dans ce cas, rétorqué-je.

Mais une fois encore, elle me contredit.

— Les éclairages ne fonctionnent pas encore. Il fait trop sombre et trop froid. Restez au chaud. Vous aurez largement le temps de le visiter demain.

Evan s'approche de la porte et attrape une branche de gui.

—À vrai dire, je compte embrasser fougueusement votre fille, annonce-t-il sur un ton détaché. Nous revenons tout de suite.

—Ah, pourquoi ne pas l'avoir dit plus tôt ? s'étonne ma mère. Franchement, Emily ! Tu es une adulte, tu n'as pas besoin de te planquer.

Evan me prend la main et m'entraîne dans la cuisine sans me laisser le temps de répondre. Au moment où j'ouvre la porte coulissante du patio, une grosse bourrasque de vent froid nous arrive dessus.

—Hors de question, assuré-je en refermant. J'ai déjà suffisamment claqué des dents aujourd'hui.

Nous demeurons donc à côté de la porte fermée, la branche de gui au-dessus de nos têtes, et nous embrassons comme nous voulions le faire plus tôt. D'abord timidement, nos lèvres s'effleurent à peine, nos corps se frôlent délicatement. Nous cherchons innocemment notre rythme pour nous assurer que le moindre baiser à venir soit aussi parfait que le précédent.

Et nous ignorons quand ça arrivera, mais nous savons que, à un moment donné, l'un de ces baisers sera différent – moins innocent, moins délicat – et qu'il agira comme un catalyseur qui nous poussera à lâcher le gui pour nous empresser de toucher la peau de l'autre sous ses vêtements, la moindre caresse nous confirmant que la suite sera à couper le souffle.

—Oh, putain, je n'ai vraiment aucune envie de voir « ça » !

Evan retire sa main de sous mon haut, tandis que je m'efforce de me rendre décente.

— Patrick! Bordel! Tu ne frappes jamais aux portes?

— Pour entrer dans la cuisine? En général, non.

Evan commence à rentrer son tee-shirt dans son jean, mais, en y regardant de plus près, décide de le laisser tel qu'il est. Il fait discrètement un pas derrière moi, pour épargner à Patrick une autre vision traumatisante.

— Estime-toi heureuse que ce n'ait pas été papa, fait remarquer mon frère en sortant des glaçons du congélateur. Je ne suis pas certain que la vision de sa fille à deux doigts de se faire prendre sur le plan de travail soit quelque chose qu'il pourrait effacer de son esprit.

— Tu pourrais te casser, maintenant? beuglé-je en aplatissant mes cheveux ébouriffés. On arrive dans une minute.

— Je dirais plutôt cinq, glousse-t-il en pointant Evan du doigt. «Ça», ça ne peut aller nulle part dans l'immédiat.

Il sort avant que j'aie l'occasion de lui jeter un objet tranchant.

Evan, visiblement mortifié, se met à rire.

— J'ai l'impression d'avoir quinze ans. Me faire pincer dans la maison de tes parents. Je pensais que j'avais dépassé tout ça.

— On devrait y retourner, répliqué-je en essuyant mon rouge à lèvres sur sa bouche. Il va faire exprès d'en rajouter. Mon père ne va pas tarder à sortir le fusil.

Evan pose sa main à l'arrière de ma tête et m'attire jusqu'à lui pour un dernier baiser.

— On reprendra ça plus tard, insiste-t-il. C'était délirant.

— C'est «toi» qui délires, si tu crois qu'on va faire ça sous le toit de mes parents! m'indigné-je. Pas maintenant!

— Mais...

— Mais rien du tout! Suppose qu'ils nous entendent! J'en suis malade rien que d'y penser.

Il se ressaisit et prend une profonde inspiration.

— D'accord. On va au moins se débarrasser de la barricade d'oreillers, non?

— Je ne sais pas si c'est une bonne idée, expliqué-je en me dirigeant vers la porte. Ça pourrait nous empêcher d'avoir les mains baladeuses... ou de nous mettre en cuillère...

— Oh, arrête ton char, soupire-t-il. Tu peux avoir confiance en moi. Je garderai mes distances. Tu n'as aucune raison de t'inquiéter.

— Oh, tu es tellement mignon! m'exclamé-je en ouvrant la porte. Mais ce n'est pas toi qui m'inquiètes.

J'ignore si Patrick a raconté ce qu'il a vu dans la cuisine, mais je ressens nettement une pensée du style : «Qu'est-ce que tu viens de faire, jeune fille?» chez ma mère. Toutefois, je me retiens d'agir comme si j'avais fait quelque chose de mal, parce que ce n'est pas le cas. Après tout, elle m'a suggéré de me faire mettre en cloque il y a quelques heures. *Elle peut se mettre sa leçon de morale là où je pense.*

— Alors, comment ça se passe demain? demandé-je, tout en vérifiant discrètement que je n'ai pas les tétons qui pointent. Tout est organisé?

—Oui, répond mon père en sirotant son whisky. On a invité la troupe habituelle, prévu l'alcool et la nourriture. Ce devrait être une belle fête.

—Qui s'occupe de la musique, papa? s'inquiète Iona. Pas encore ce crétin de Galashiels, comme l'an dernier? J'avais l'impression d'être à une soirée camping.

—Tu n'es jamais allée à ce genre de soirée, fait remarquer maman.

—Précisément et ce n'est pas pour rien. Quand il a mis *Agadoo*, eh bien, j'ai cru que j'allais le frapper.

—Iona, tu «l'as» frappé, intervient papa. Par chance, il avait bu encore plus que toi, et ne se rappelait plus à qui il devait son œil au beurre noir.

Elle affiche un sourire en coin.

—Donc je l'ai fait…

—Cette année, c'est un type appelé Niall. C'était le DJ au mariage de Tabitha Ralston. On me l'a chaudement recommandé.

—Bouboule Ralston s'est mariée?! s'exclame Iona, incrédule. Nom de Dieu! Comme quoi, il y a de l'espoir pour tout le monde, hein, Emily?

Tabitha Ralston incarnait la Némésis d'Iona au lycée. Elle était plus grande, plus mince et n'avait pas d'acné — contrairement à Iona, dont le visage souffrait d'éruptions spontanées plusieurs fois par jour. Toutefois, plus le temps passait, plus la peau d'Iona devenait nette, et plus le tour de taille de Tabitha augmentait, d'où son surnom. Nous étions convaincus qu'Iona avait vendu son âme au diable,

348

pour régler ses problèmes de peau et maudire Tabitha. D'ordinaire, je reprocherais à Iona ses commentaires méchants, mais dans le cas de Tabitha, je fais une exception. C'était une petite pétasse sournoise et snobinarde, qui se montrait particulièrement cruelle avec ma petite sœur chérie.

— J'espère que son inévitable divorce sera très pénible, renchéris-je en levant mon verre. C'est une longue histoire, soufflé-je à Evan. Cette fille est un monstre.

— Souvenez-vous qu'on se fait coiffer à 11 heures demain matin, intervient Kim. Au *Studio J*.

— C'est la première fois que j'entends parler de ça! m'exclamé-je. Depuis quand est-ce que c'est prévu?

— Des mois, répond ma mère. Je croyais pourtant te l'avoir dit... Ah, eh bien, peu importe. De toute façon, ça ne te ferait pas de mal de te faire couper les cheveux. Enlever un peu de matière sur les côtés.

Bon sang, même mes cheveux sont en surpoids!

Je secoue la tête.

— Désolée, j'ai déjà prévu de passer la journée avec Robert, expliqué-je en donnant un coup de coude à l'intéressé.

Hors de question que je laisse Evan sans surveillance, c'est trop risqué.

— C'est n'importe quoi, proteste mon père. Ça pourrait lui faire du bien un moment entre hommes. Tu le mènes à la baguette, nous l'avons tous remarqué. Laisse respirer un peu ce pauvre garçon.

Je me tourne vers Evan, en quête de renfort, mais il se contente de me donner de petites tapes sur le genou.

— C'est bon. Va te faire coiffer.

— Oooh, roucoule Iona. Ne t'en fais pas, Emily. Si tu lui manques, je suis sûre qu'il t'enverra un message...

— Dans ce cas, c'est réglé, décrète maman. Comme ce sera amusant! Rien que moi et mes filles.

— Oui, acquiescé-je. Très amusant.

Seulement, ça n'a rien d'amusant, ce sera juste éprouvant. Ces trois vautours vont me harceler de questions sur Robert, et Evan va subir le même traitement ici. La langue qui fourche, une improvisation qui va trop loin, et nous aurons beaucoup de choses à justifier.

La langue qui fourche... Oh, merde, voilà que je pense à la manière dont embrasse Evan, au contact de sa peau... à quel point il était dur quand il s'est serré contre moi...

— Emily! Tu es avec nous?

— Oui! Qui? Quoi? C'était quoi, la question?

— Je te demandais si tu voulais bien nous y conduire? répète Kim. Demain.

— Oui. Bien sûr! m'écrié-je. Ça ne t'ennuie pas qu'on prenne ta voiture, chéri?

Je pince la jambe d'Evan – mais pas d'une façon tendre et rassurante. Plutôt d'une manière sensuelle, presque érotique, et combinée à une œillade qui lui indique que je suis tout excitée, et que c'est entièrement sa faute.

— Tu n'as pas l'air bien? s'enquiert-il. Ça va?

Apparemment, mon regard traduit plus la nausée que le désir.

— Je suis assez fatiguée, prétexté-je, en retirant ma main, qui n'est même pas fichue de flirter correctement. Je vais peut-être aller me coucher.

— Mais il est à peine 22 heures ! s'exclame Iona. J'allais mettre un film… Tu sais très bien qu'on regarde toujours un film d'horreur après le quiz !

— Non, c'est faux, rectifié-je. On l'a fait une fois. L'an dernier. C'est loin d'être une tradi…

— Patrick, comment s'appelait celui qu'on a regardé, déjà ? demande maman. Celui où on filmait des fantômes.

— *Paranormal Activity.*

— Oui, c'est ça ! poursuit-elle en se tournant vers Evan. Honnêtement, Robert, je n'ai jamais entendu un homme adulte crier autant que Patrick. C'était hilarant.

— Le film faisait peur ! plaide-t-il. Emily était terrorisée, elle aussi ; il n'y avait pas que moi.

— Hé, ne me mêlez pas à vos histoires, grommelé-je.

— Je suis certaine que Robert a envie de voir un film avec nous, reprend Iona. J'ai apporté *Mister Babadook*. Mets-le, papa.

Mes chances de ramener Evan dans ma chambre s'amenuisent à vue d'œil. Il est trop poli pour refuser, et je passerai pour une rabat-joie si je tire ma révérence trop tôt. C'est peut-être une bonne chose, en fin de compte, parce que l'emmener dans ma chambre et ne pas coucher avec lui s'annonce comme une torture encore pire que de passer quelques heures à trembler en entendant les cris terrifiés de mon frère.

Pendant le générique de fin, j'exprime très clairement mon désir d'aller au lit, et cette fois, personne n'émet d'objection. Après avoir souhaité «bonne nuit» à tout le monde, je pars dans ma chambre à moitié endormie, suivie par un Evan tout aussi épuisé.

Pacino est déjà étalé au milieu du lit, donc toute tentative d'installer une barricade serait inutile. La pièce est plongée dans l'obscurité, mais je n'allume pas la lumière, car je veux qu'elle demeure sombre et calme, propice à mon coma imminent.

Sans réfléchir, je me déshabille devant Evan et jette mes vêtements en tas sur le sol. Je ne prends même pas la peine de mettre mon pyjama et choisis plutôt de dormir en sous-vêtements. L'absence de commentaire sur ma tenue légère signifie soit qu'Evan n'a pas remarqué, soit qu'il dort déjà.

Une fois assise sur le lit, je constate que je dispose d'à peine quinze centimètres entre le bord et le chien.

—Je le jure, Pacino, si tu ne te pousses pas, je consacrerai ma vie à m'assurer que tu ne joues plus jamais avec un bâton.

Je sais qu'il ne peut pas me comprendre, mais j'éprouve une pointe de culpabilité en le menaçant. Les bâtons sont la chose que Pacino préfère au monde. Quoi qu'il en soit, il se déplace au bout du lit, me laissant la place de m'étaler.

Je soupire en me glissant dans les draps chauds et en enfouissant ma tête dans l'oreiller moelleux, qui en prend aussitôt la forme.

— Je crois qu'il faut que je te dise quelque chose, murmure Evan dans l'obscurité. Enfin, tu sais, avant qu'on aille plus loin.

— Dis-le au chien, marmonné-je. Il me répétera l'essentiel demain matin.

— Je suis sérieux. C'est important.

Je retourne mon oreiller pour avoir le côté frais.

— Evan, à moins que tu ne t'apprêtes à m'annoncer que tu es mourant ou que nous sommes de la même famille, ça peut attendre.

Je l'entends bredouiller quelque chose, mais ses mots ne m'atteignent plus.

— Demain, soufflé-je. Dis-le-moi demain.

Chapitre 24

Jour 4 : la dernière ligne droite

Je sens le poids du bras d'Evan autour de moi et les mouvements de son torse pressé contre mon dos. Je ne me suis pas réveillée comme ça depuis très longtemps, et cet instant est parfait. Robert ne me faisait jamais de câlins pendant son sommeil, et ne dormait pas non plus contre moi. En réalité, Robert n'appréciait de compagnie dans son lit que bien réveillé et nu.

Les yeux fermés, je me pelotonne légèrement contre Evan, faisant en sorte que nos corps soient plaqués l'un contre l'autre, et j'éprouve aussitôt une pointe d'excitation. Il ne porte pas de sous-vêtements. Il est complètement nu, et d'ici quelques secondes, il se pourrait que je le sois aussi. Nous sommes dans la position idéale. On pourrait facilement se laisser aller à une séance de sexe matinale, encore à moitié endormis, et personne ne se rendrait compte de rien. Il pourrait passer la main sous les couvertures et m'enlever mes dessous, tout en m'embrassant dans le cou… *Bon sang, Evan, réveille-toi, bordel!*

—Debout, Emily! C'est à toi de préparer le bacon!

La voix d'Iona retentit dans le couloir et jusque dans mon oreille, me rappelant non seulement que nous avons perdu le quiz hier soir, mais aussi que je n'ai aucune chance de m'accorder un petit coup vite fait bien fait.

—J'arrive tout de suite! m'écrié-je en réponse, sentant Evan s'agiter à côté de moi.

—Bonjour, dit-il, toujours collé contre moi. Tu peux éviter de crier, s'il te plaît. Genre, plus jamais.

—Désolée, m'excusé-je doucement. Iona vient de me rappeler que je suis de corvée de petit déjeuner.

—D'accord, mais c'est très confortable, rétorque-t-il en se blottissant contre moi. Encore une petite minute.

Son cerveau percute enfin que nous sommes en cuillère.

—Attends une seconde… Tu es en sous-vêtements?

Je perçois son souffle dans ma nuque, lorsqu'il glisse les mains sous les couvertures pour vérifier. Trouvant d'abord ma petite culotte, sa main se déplace sur mes cuisses, puis sur mon ventre.

—On s'en fout du petit déjeuner, reprend-il sur un ton sérieux. Tu ne vas nulle part.

Je lui prends la main et la porte jusqu'à mon soutien-gorge, sentant aussitôt un frisson me parcourir.

—Il le faut, expliqué-je. Sinon, Iona va finir par entrer pour me traîner par les cheveux.

— Non. N'y compte pas. Ça alors, Emily, tu sens la vanille.

Sa main se trouve maintenant dans mon soutien-gorge, et je perçois, en bas de mon dos, à quel point Evan aime mon odeur. Je tends la main pour le toucher, et il gémit, tout en commençant à m'enlever ma culotte.

— Dépêche-toi, soufflé-je en l'aidant à me déshabiller. Dépêche-toi, c'est tout.

— Allez, le pain perdu va être… Oh… Désolée, je vous interromps ?

Iona est déjà au milieu de la pièce quand nous la repérons. Nous nous empressons de nous cacher sous la couverture, en constatant qu'elle reste plantée là.

— Qu'est-ce qui ne tourne pas rond chez toi ? hurlé-je sous la couette. Tire-toi !

— Eh bien, c'est ta faute, se défend-elle sur un ton pincé. Je t'ai donné plein d'avertissements. D'abord dans la cuisine, et maintenant ici ? Êtes-vous donc incapables de vous maîtriser ? On n'est pas dans une émission de télé-réalité.

Je savais que Patrick avait vendu la mèche. La situation est tellement gênante. J'attends qu'elle quitte la pièce.

— Elle est partie ? demandé-je à Evan.

Il hausse les épaules.

— Et toi, tu es partie ? rétorque-t-il.

— Oui. Lève-toi ! intervient ma sœur.

— Iona ! grondé-je.

Enfin, je l'entends sortir et claquer la porte derrière elle. Nous baissons la couverture, et Evan éclate de rire.

— Il faut croire que ce n'est pas censé arriver.

— Peut-être que non. Enfin, pas ici, en tout cas.

— C'était pas loin, cela dit, rétorque-t-il en affichant un sourire en coin. Je vais me repasser cette scène toute la journée… Jusqu'au moment où ta sœur débarque, évidemment.

J'enfile mon haut de pyjama.

— Je reviens vite avec le petit déjeuner, l'informé-je. Voire la tête d'Iona au bout d'une pique.

Je me rends dans la cuisine, où ma mère boit un thé, Kim casse des œufs dans un grand saladier, et Iona verse des grains de café dans le percolateur.

— C'est pas trop tôt, marmonne-t-elle. Le bacon est dans le frigo.

— Bonjour, tout le monde, lancé-je en foudroyant Iona du regard. Impatientes de faire la fête?

— Je le serai quand arrêteront les coups de marteau pour monter ce foutu chapiteau, répond maman. J'ai besoin d'un massage du crâne.

— Je pense que je vais me faire raidir les cheveux, intervient Kim en battant les œufs. Faire une petite pause avec les boucles.

— Mais tes boucles donnent l'impression que tu as les cheveux plus épais, proteste ma mère. On remarque beaucoup ton crâne, quand tu les raidis.

— Et toi, Emily? poursuit Kim, ignorant le commentaire de sa belle-mère. Tu vas tenter quelque chose de différent?

— Tout raser, dis-je en sortant le paquet de bacon fumé du frigo. Ou peut-être juste laisser une petite frange. Je ne suis pas décidée.

— Tu n'as pas la bonne forme de crâne pour avoir les cheveux rasés, objecte aussitôt ma mère, en sirotant toujours son thé. Il faut vraiment avoir une petite tête, tu sais, comme Sinéad O'Connor.

— Je n'étais pas sérieuse, maman, répliqué-je. Mais je suis contente de savoir enfin ce que tu penses de mon crâne.

Iona éclate de rire en allumant la machine à café.

— Je crois que je vais me contenter d'un carré et d'un brushing. Je ne peux pas en faire grand-chose d'autre.

— Je vais être triste quand vous serez tous repartis demain, reprend maman. J'adore quand la maison est remplie. Cette agitation me rappelle quand vous étiez petits.

Elle sort des assiettes du placard et les pose sur le plan de travail.

— C'est vraiment un discours de vieux, maman, fait remarquer Iona, tout en aidant Kim avec le pain perdu. C'est exactement ce que dirait une vieille mamie aux cheveux gris.

— Justement, dépêchez-vous de faire de moi une grand-mère, rétorque-t-elle. Comme ça, ça ne vous paraîtra plus bizarre. Après tout, vous êtes trois, et pas un seul n'a de bébé. C'est ridicule.

Ma mère, c'est quelque chose. En l'espace de cinq minutes, elle a réussi à critiquer mon crâne et les cheveux fins de Kim, et nous a reproché à toutes les trois de ne pas avoir d'enfants. Je me demande ce qu'elle nous réserve pour la suite.

Je dispose trois tranches de bacon à côté du pain perdu d'Evan, et y ajoute un autre morceau pour moi, avant d'apporter le tout dans la chambre.

—Voilà, annoncé-je. Le petit déjeuner est servi.

—Ça sent super bon, réplique-t-il. Où est le tien?

—Je l'ai mangé en cuisinant, expliqué-je. Je vais aller prendre une douche en vitesse, vu que nous n'allons pas tarder à partir chez le coiffeur.

Il regarde tour à tour son assiette et moi.

—Je consens à sacrifier ce petit déjeuner, si j'ai la « moindre » chance de te reprendre dans mes bras.

—J'ai bien peur que non, annoncé-je en affichant une mine déçue. En plus, tu sais que, dès que tu seras de nouveau excité, quelqu'un va débouler et tout gâcher.

—Qu'est-ce que t'entends par « de nouveau » excité? Ça ne s'est jamais arrêté.

Et, effectivement, j'aperçois une grosseur significative sous la couverture.

—Oh! là, là… On s'en occupera plus tard. Qui sait, on arrivera peut-être à trouver un coin tranquille quand tout le monde fera la fête.

—C'est pas tombé dans l'oreille d'un sourd.

Je laisse Evan savourer son petit déjeuner, pendant que je file sous la douche. Espérons qu'aucun d'entre nous ne va tout foutre en l'air aujourd'hui. On est dans la dernière ligne droite, et demain, on rentre à Londres. *Et pour une fois, j'ai bien l'intention d'être celle qui fait du bruit de l'autre côté du mur.*

Nous sortons à peine de l'allée que l'interrogatoire commence, et elles ne prennent même pas la peine de prétendre que ce n'en est pas un.

—Tu crois «vraiment» que ça va quelque part? me demande ma mère. C'est un très gentil garçon, mais presque dix ans d'écart, ça fait une sacrée différence d'âge.

Je tourne prudemment sur la rue principale à cause de la neige fondue.

—Je parie que Madonna, Jennifer Lopez ou Demi Moore n'ont pas eu à écouter des conneries pareilles, ni n'importe quel type, d'ailleurs. Sérieusement, si Robert avait quarante-huit ans, vous me diriez que c'est un très bon parti. Pourquoi ce ne serait pas moi, le bon parti?

—Parce que toutes ces femmes célèbres ont des chirurgiens esthétiques à disposition pour les empêcher de vieillir. Quant aux hommes, eh bien, c'est plus acceptable, tout simplement. Pas vrai?

—Et s'il peut se permettre de nous envoyer au *Wallace Hall*, pourquoi est-ce que tu conduis une voiture de location?

J'examine le tableau de bord, en quête d'indices pour comprendre comment Iona le sait. Et alors, je le repère dans le rétroviseur: un petit autocollant de l'agence de location sur le pare-brise arrière.

—Parce que sa voiture est au garage, idiote.

—Il y a quelque chose qui sonne faux entre vous, intervient Kim.

Va te faire voir, Kim, pensé-je. *Qui t'a dit que tu pouvais participer ?* Mais à voix haute, je tempère mes propos.

—Vraiment ? Explique.

—Je sais que vous n'êtes ensemble que depuis quelques mois, mais vous avez l'air d'avoir tellement de retenue l'un avec l'autre. Il n'y a rien d'intime. Patrick et moi, nous en sommes au point de percer nos boutons, mais je ne vous ai même pas vus vous tenir la main.

—Oh, je peux t'assurer qu'il y a quelque chose de vraiment « intime » entre eux, révèle Iona en gloussant. Disons seulement que la scène à laquelle j'ai assisté ce matin laissait peu de place à l'imagination.

Je me mords la langue, vu qu'Iona s'en sort très bien pour convaincre ma mère et Kim que nous sommes attirés l'un par l'autre.

—Et Patrick les a surpris dans la cuisine, ajoute-t-elle, comme si je n'étais pas là. On dirait presque que tu as une aventure.

Maman halète et s'agrippe à la boîte à gants.

—Emily ? C'est la vérité ? Tu as une aventure avec Robert ?

Je me mets à rire, et une fois que j'ai commencé, je ne peux plus m'arrêter, mes larmes m'aveuglant alors que je suis au volant. *C'est tellement parfait. Tellement ironique.* Le temps d'arriver et de garer la voiture devant le salon, je me suis fait un point de côté.

Je sèche mes larmes et me tourne vers tout le monde.

— Je peux vous garantir, à cent pour cent, que je n'ai pas d'aventure avec cet homme, ni avec aucun autre, d'ailleurs. Bon, s'il n'y a rien à ajouter, j'aimerais aller me faire coiffer.

— Bienvenue au *Studio J*, mesdames! Comment allons-nous aujourd'hui? demande l'homme à la réception, en nous faisant un sourire éclatant. Cheryl, les manteaux! beugle-t-il à une jeune fille avec une coupe à la garçonne. Kimmy, chérie, comment allez-vous? s'enquiert-il. Le petit mari se porte bien? Gééééniaaal! Bon, nous allons vous rendre fabuleuses.

Nous sommes accueillies par nos visagistes, tandis que Kimmy se fait emmener par celui qu'elle appelle Julian, jusqu'à ce que je présume être le fauteuil VIP. On m'a assigné une femme prénommée Izobel-avec-un-Z, qui gonfle mes cheveux jusqu'à ce que je ressemble à une brosse de toilettes, tout en me demandant ce que je veux qu'elle en fasse.

Eh bien, tu peux déjà arrêter de faire ça, pour commencer, espèce de cinglée.

— Oh, juste les couper un peu, dis-je en observant ma tignasse devenir de plus en plus broussailleuse.

Elle secoue la tête.

— Vous voyez tout ça? interroge-t-elle en me flanquant mes propres cheveux sous le nez. C'est «ça» qui durcit votre visage. Je pense qu'il faut vous enlever au moins cinq centimètres, désépaissir... Peut-être même faire une frange longue, pour adoucir les traits.

— Oui! s'écrie ma mère à l'autre bout de la pièce. C'est exactement ce que « je » lui ai conseillé.

Parfois, je me sens désolée pour maman. Elle croit sincèrement que je suis à une coupe de cheveux près de me transformer en Kim Kardashian. Elle place tous ses espoirs dans une grande révélation qui n'arrivera jamais.

Je donne mon accord pour tout, sauf la frange. Non seulement parce que ça s'appelle une « frange », mais aussi parce que la dernière fois que j'en ai eu une, je ressemblais à quelqu'un en pleine crise identitaire.

Cheryl me lave les cheveux avec un produit qui sent les flocons d'avoine, puis me fait un massage du crâne pendant que mon après-shampoing opère son effet magique. J'aime bien Cheryl. Elle ne me demande pas une seule fois ce que je fais ce soir, ni où je pars en vacances l'an prochain, et elle qualifie Julian de « connard maigrichon » dans sa barbe, lorsqu'il l'interpelle d'un claquement de doigts pour la énième fois.

Cheryl me rapporte une bouteille d'eau pétillante du réfrigérateur, tandis que les autres savourent du prosecco. Ça me convient tout à fait. J'ai assez bu ces derniers jours pour le reste de ma vie, et je dois encore affronter la réception de ce soir.

Kim ignore les conseils de ma mère et fait raidir ses longs cheveux roux autant que possible. Ça lui donne une allure incroyablement glamour. J'ignore pourquoi ma mère critique toujours tout. Iona, comme d'habitude, fait seulement reprendre son carré brun et a terminé bien avant nous autres. Quant aux cheveux blond filasse de ma mère, ils font un bond dans les années 1980 : des mèches dégradées sur le côté, suivies d'un séchage à l'envers pour le volume et le maintien.

Quand Cheryl a terminé, je me surprends à constater à quel point mes cheveux sont beaux. Elle a réussi à conserver mon faux air avec Helena Bonham Carter que j'aime tant, mais l'ensemble est bien plus doux, plus brillant et plus structuré. Je sais que ma mère aura toujours une furieuse envie de me sauter dessus avec ce peigne qu'elle traîne partout, mais à mes yeux, cette coupe est imparfaitement parfaite.

Comme ça compte dans nos cadeaux de Noël, ma mère paie toute la note avec sa carte de crédit, tandis que je laisse 20 livres de pourboire à Cheryl, en lui recommandant de s'acheter quelque chose qui déplairait à sa mère. Ensuite, nous nous dépêchons de retourner dans la voiture, pour tenter de protéger nos coupes de cheveux impeccables du climat rigoureux. Sur le chemin du retour, l'interrogatoire est bien moins intense, mais de nature beaucoup plus indiscrète.

—Alors, comment est-il ? demande ma mère, en vérifiant ses cheveux dans le miroir. Tu sais, au lit ? Je me souviens de ton père à cet âge. C'était vite terminé, mais il était prêt à remettre le couvert en quelques minutes.

—Tu as conscience que Patrick a le même âge que Robert ? fait remarquer Iona. Ça rend ce genre de questions légèrement perturbantes.

— Je suis juste curieuse ! s'exclame ma mère. Il doit bien y avoir une explication au fait qu'elle le fréquente. J'essaie seulement d'aller au fond des choses.

Je m'arrête au feu qui passe au rouge.

— Donc ça ne pourrait pas être parce qu'il a le sens de l'humour, ou encore parce qu'il est beau, intelligent et gentil ?

Kim, qui caressait tranquillement ses nouveaux cheveux lisses, émet un petit ricanement.

— Oui, bien sûr, Emily. Tu es avec lui pour sa « personnalité »…

Elles trouvent toutes cette remarque hilarante, alors qu'en fait, j'apprécie réellement la personnalité d'Evan, et nous n'avons jamais couché ensemble. Donc, techniquement, ce sont elles, les dindons de la farce, mais elles ne le sauront jamais. Le feu passe au vert, et je redémarre.

— Soit, cédé-je en empruntant une route de campagne. Il est incroyable au lit. Il adore faire plaisir.

— Est-ce qu'il s'épile le torse ? s'enquiert Iona, soudain intéressée. Il donne cette impression.

— Non ! m'exclamé-je. Quand je l'ai rencontré, j'ai cru la même chose, moi aussi. Amusant.

— As-tu espoir de l'épouser ?

Ah ah ! La question ultime : celle que ma mère allait forcément finir par poser. Celle qui est plus importante pour elle que pour moi. N'ayant pas le cœur de la détromper, je débite toutes les idées débiles que j'avais formulées dans ma tête pour le vrai Robert – le nom composé, le mariage à

Kew Gardens, la lune de miel à la Barbade – et tout le reste. Le plus triste, c'est que j'ai plus eu l'occasion de connaître et d'apprécier Evan en deux semaines, que Robert après des mois de relation. Je m'étais autant projetée parce que je voyais en lui une perspective de mariage réalisable. *Est-ce que je vois Evan ainsi ? La réponse est « non ».*

Un peu attristée par cette prise de conscience, je laisse mes passagères babiller sur mon avenir pendant le reste du trajet, hochant la tête ou signifiant mon accord de temps à autre pour ne pas éveiller les soupçons. Je me gare devant la maison et laisse tout le monde sortir en premier, prenant un moment seule avant de rentrer.

Ce matin, j'ai quitté la maison tout excitée à l'idée de retrouver Evan à mon retour, mais maintenant, je me demande si mes sentiments ne vont pas causer plus de dégâts qu'autre chose. Bien sûr, c'est le début, mais si je sais déjà qu'il n'est pas du genre à se marier, à quoi bon démarrer quelque chose de voué à l'échec avant même d'avoir commencé ?

Chapitre 25

EVAN, MON PÈRE ET PATRICK SONT ASSIS AUTOUR DE LA table de la cuisine, et boivent une bière tout en regardant les ouvriers finir de monter le chapiteau.

— Vous êtes toutes magnifiques, lance mon père en embrassant ma mère sur la joue. Nous ne nous sommes pas encore occupés du déjeuner, chérie. On a préféré vous attendre.

Evan se tourne vers moi en souriant.

— Jolis cheveux, fait-il remarquer. Ils brillent de mille feux.

Je le remercie gracieusement avant de m'asseoir en face de Patrick.

— Alors, qu'est-ce que vous avez fait pendant notre absence ? m'enquiers-je, m'efforçant de déterminer si Evan a tout balancé à la seconde où nous sommes sorties.

— Pas grand-chose, répond Patrick en arrachant l'étiquette de sa bière. On a aidé les ouvriers à sortir du matériel de leur camion, on a vérifié que le chauffage fonctionne, ce genre de choses. Des trucs de mecs... Hé, poupée! Sexy, ta coupe de cheveux, ajoute-t-il en prenant Kim sur ses genoux. Je vais devoir faire un saut à la maison pour aller chercher mon costume. Tu m'accompagnes?

— Non, repartit-elle. Je vais plutôt faire une sieste. Ce prosecco au salon m'est monté à la tête.

— D'accord, bébé. Ne te décoiffe pas, en revanche, rétorque-t-il en la faisant descendre de ses genoux. Ce sera à moi de le faire plus tard.

— Qui veut déjeuner? demande ma mère, en examinant le contenu du frigo. Il y aura plein de choses à manger ce soir, mais je peux préparer une salade, une omelette, ou autre.

Kim décline l'offre et part s'allonger en titubant.

— Ça va, merci, répond Evan. Je ne suis pas contre une sieste, moi non plus... à moins que vous n'ayez besoin d'aide, bien entendu?

— Quel homme attentionné, déclare ma mère en sortant un saladier. Mais non, on va s'en tirer. Allez donc vous reposer avec Emily.

Donc moi aussi, je dois faire la sieste? J'espérais une omelette aux champignons.

Une fois dans la chambre, Evan ferme la porte, tandis que je m'allonge sur le lit avec la ferme intention de rester tout habillée. Mon langage corporel crispé ne passe pas inaperçu.

— Je veux seulement faire un somme, dit-il. Tu peux arrêter de t'emmailloter dans la couette.

—Désolée, répliqué-je. La situation me met un peu mal à l'aise.

—Je ne sais pas du tout comment on en est arrivés là, moi non plus, admet-il tout en essayant de tirer sur la couverture coincée en dessous de moi. Mais inutile de se mettre la pression. Contentons-nous d'aller au bout de cette journée, d'accord ?

Nous entendons un autre camion arriver devant la maison, et visiblement, plusieurs hommes en sortent en se traitant de tous les noms.

—Ce sont des toilettes, expliqué-je à Evan, qui s'étire pour voir par la fenêtre. Comme des toilettes chimiques de luxe. Ma mère préférerait faire ça en pleine nature, que de voir des gens défiler toute la soirée dans sa demeure.

—Pourquoi tes parents organisent-ils cette fête ce soir ? demande Evan. On croirait une réception du nouvel an.

—C'est vrai, acquiescé-je, mais c'est M. et Mme Sloan qui invitent pour le réveillon tous les ans, et ils mettent tout autant les petits plats dans les grands. Si mes parents organisent cette fête ce soir en particulier, c'est par pur égoïsme. Avant, on recevait le 26, mais nos réceptions sont vite devenues envahies par des enfants qui rendaient visite à leurs proches. Il n'y a rien que mes parents détestent plus qu'une pièce remplie d'adultes qui font attention à leur langage et à leur consommation d'alcool.

—Tu es sûre qu'ils ne vont pas avoir besoin d'aide pour tout préparer ? s'enquiert-il. Tu sais, pour la nourriture, ou le reste. Je me sens un peu coupable d'être parti me coucher.

J'éclate de rire.

— Les traiteurs seront là à 17 heures, et maman les fera déguerpir avant l'arrivée des invités à 20 heures, pour pouvoir prétendre qu'elle a tout fait elle-même. Les serveurs arrivent à 19 heures, et nous serons tous ivres morts avant minuit.

Il cesse d'observer les hommes-toilettes et se rallonge à côté de moi.

— Tu te rappelles quand je t'ai dit que j'avais quelque chose à t'avouer?

— Tu as fait ça?

— Oui. J'ai précisé que c'était important, mais tu as plaisanté au sujet d'un hypothétique lien de parenté entre nous, puis tu t'es endormie.

— Ah. Exact. Et tu veux me confier cette chose importante tout de suite?

— Je crois qu'il le faut. Nous sommes dans une situation particulière, et je me sens le devoir d'être honnête.

Je regonfle mon oreiller sous ma tête pour m'installer confortablement.

— D'accord, crache le morceau.

— Par où commencer? reprend-il en se redressant, visiblement nerveux. Beaucoup de choses que je t'ai confiées sur moi ne sont pas tout à fait vraies…

Je sens un malaise m'envahir.

— Seulement, beaucoup le sont.

— Qu'est-ce que je suis censée comprendre? Oh, merde, j'espère pour toi que tu n'es pas fiché.

Je reste forte en attendant sa réponse. *Putain! Y a-t-il un seul homme dans ma vie qui ne me fasse pas de cachotteries?!*

Il gigote nerveusement sur le lit.

— D'accord, d'accord… D'abord, ce que j'ai raconté quant au fait d'avoir été élevé à Brighton par ma grand-mère? Eh bien, c'est la vérité. Mais mes parents ne vivent pas au Canada. Je n'ai aucune idée de l'endroit où se trouve ma mère, et mon père est réellement en prison pour vol.

— Merde! Pour de vrai?

— Pour de vrai… Je sais. Je suis le fils d'un escroc. C'est embarrassant. Deuxièmement, je suis riche.

— Oh, non, ne recommence pas avec ces bêtises. Pourrais-tu…

— Tu vas m'écouter, à la fin?! s'écrie-t-il. Il faut bien le reconnaître, je n'étais pas riche jusqu'à récemment – jusqu'au jour du concert de la chorale, en fait – donc je peux comprendre ta confusion. Moi-même, je suis toujours en train de m'adapter. Cela dit, toi non plus, tu ne te vantes pas d'avoir beaucoup d'argent.

Je réfléchis un moment.

— Que s'est-il passé le jour du concert?

— Tu sais ces types avec qui j'étais? Ce sont mes associés. Nous sommes développeurs de jeux vidéo. Des jeux d'horreur, si je veux être précis. Principalement des applications bêta pour iOS et Android, grâce à un financement participatif. Tu sais, des RPG basiques, des jeux de survie, ce qui… D'accord, je vois bien à l'expression de ton visage que je t'ai perdue.

— Des jeux. J'ai pigé. Continue.

— D'accord. Pour la faire courte : un beau jour, nous avons conçu un jeu. L'accueil a été très bon, et nous avons signé un contrat avec un gros éditeur pour les droits exclusifs, plus ceux du suivant.

— Donc tu as reçu une avance sur ton jeu ? Comme pour un livre ?

— Oui, enfin, nous avons reçu l'avance il y a un an. J'ai remboursé mon prêt étudiant, et je suis allé en vacances au Japon, mais ce n'était pas cette occasion qu'on célébrait ce soir-là. Le jour du concert, nous avons perçu nos droits d'auteur.

— C'est calculé sur les ventes, c'est ça ?

— Exact.

— Et combien en avez-vous vendu ?

Il grimace, comme s'il s'apprêtait à m'avouer quelque chose d'horrible.

— Environ quatorze millions.

— Quoi ? Nooooon !

Evan plaque aussitôt sa main devant ma bouche avant que je ne fasse encore plus de vacarme. Sa main sent comme Pacino.

— « Quatorze millions » ? répété-je à travers ses doigts. « Millions » ? Donc tu es millionnaire ?

— Oui… En quelque sorte… Mais un petit millionnaire.

Je réfléchis un instant. Ce qu'il raconte n'a aucun sens.

— Pourquoi tu fais ça ? Qu'est-ce que tu espères obtenir ? m'exclamé-je en repoussant sa main. C'est un mensonge éhonté et dans quel but ? Pour m'impressionner ? Tu devrais me connaître assez maintenant pour comprendre que l'argent est bien la chose qui m'impressionne le moins!

— Ce serait vraiment débile de ma part de mentir à ce sujet, rétorque-t-il. Je n'essaie pas de t'impressionner. J'essaie seulement d'être honnête!

— Et comment il s'appelle, ce jeu? ricané-je. Ta fameuse vache à lait? *Resident Evil*? *Pac-Man*?

— *Trauma*, répond-il. Même si je suppose que tu n'as jamais…

— « *Trauma* »? Le jeu de zombies?

— Donc tu en as entendu parler!

— Bien sûr que oui! Je suis une enseignante entourée d'adolescents qui passent leur vie devant des jeux vidéo. Ils sont intarissables sur le sujet. Ce n'est pas toi qui l'as créé. Impossible.

— Tape mon nom sur Google, suggère-t-il en me tendant son téléphone. Le nom de notre société est G.O.D. Games.

— God Games? Sérieusement?

— Non. G-O-D. Pour nos noms de famille. Tape-le sur Google.

Je prends l'appareil et obéis, puis clique sur la page Wikipédia correspondante.

« G.O.D. Games est une société fondée en 2009 à Londres par les développeurs Evan Grant, James Ostler et Vikram Darsha. Atteignant d'abord un succès modéré avec les jeux *Point-and-Click Bedtime* et *The Hospital*, G.O.D. Games a par la suite développé le jeu de survie *Trauma*, dont les ventes ont atteint les 14,2 millions. »

Ce n'est pas réel. Je clique sur le nom d'Evan, ce qui me conduit sur sa page Wikipédia.

« Evan Grant (né le 10 avril 1987) est un développeur de jeux vidéo anglais et l'un des membres fondateurs de la société G.O.D. Games, connue pour… »

Je cesse de lire et dévisage Evan, qui reste tranquillement assis, attendant de connaître mon verdict.

— Il n'y a pas de photo de toi, argumenté-je en montrant la page ouverte sur son téléphone. Si c'était bien toi, il devrait y avoir une photo, non ?

Je suis à court d'arguments.

— Je ne mets pas beaucoup de photos de moi en ligne…

— Quatorze millions. Pourquoi tu n'as rien dit plus tôt ?

Le chiffre ne fait que tourner dans ma tête.

Il récupère le téléphone dans mes mains, qui demeurent figées en l'air.

— J'ai essayé de prendre la température plusieurs fois, explique-t-il en verrouillant son portable. Écoute, je n'avais aucune raison de t'en parler tout de suite. À la base, tu me détestais, et même si je voulais que tu m'apprécies, je refusais de te donner quatorze millions de raisons de changer d'avis. Je voulais que tu m'apprécies… pour moi. En plus, je ne suis pas venu ici pour être moi, mais pour être Robert.

— C'est insensé, répliqué-je en me redressant. Donc les séjours à l'hôtel… ?

— Oh, ils sont réels, admet-il. Sans chantier de construction… et je reconnais que c'était idiot de ma part. J'ai pensé que c'était quelque chose que Robert aurait fait, mais je

374

voulais aussi me faire mousser. Je voulais impressionner tout le monde, surtout toi.

—Et maintenant que tu me l'as dit?

—Eh bien, de manière détournée, j'ai toujours le même problème, répond-il en fronçant les sourcils. Parce que, maintenant tu m'aimes bien, mais j'ai peur de t'avoir donné quatorze millions de raisons de recommencer à me détester.

—Tu n'as pas vraiment quatorze millions à toi, si?

—Non, nous sommes trois, sans compter les taxes et autres frais…

—Eh bien, quelle que soit la somme, ce n'est pas un motif valable pour te détester, assuré-je. Cet argent, en revanche, t'ouvre une quantité de nouvelles portes, et j'en suis ravie pour toi… mais ces portes sont très différentes de celles que je veux ouvrir.

—Je n'aime pas la direction que prend cette conversation.

J'éclate de rire et lui donne un petit coup de coude amical.

—Ne fais pas cette tête. Nous nous dirigeons vers des horizons différents, c'est tout! Comme on pouvait s'y attendre. Je suis quasiment sûre que ces chemins se croiseront une fois ou deux à l'avenir, cela dit…

J'entends Pacino aboyer contre les camions lorsqu'ils remontent l'allée.

—Profitons de la soirée, poursuis-je. On va boire, danser, sans doute se faire pincer en train de s'embrasser dans la salle de bains, et célébrer la dernière soirée où tu dois te faire passer pour Robert. Tu vas enfin récupérer ton nom.

En vérité, je suis aussi déçue que lui, mais je sais que j'ai raison. Le monde vient soudain de s'ouvrir à lui, et je suis prête à parier que s'installer, dans n'importe quel sens du terme, ne fait pas partie de ses projets.

— Puis-je seulement ajouter deux petites choses? s'enquiert-il. Primo, je suis vraiment heureux que tu m'aies invité ici pour Noël. Non seulement j'ai pu passer du temps avec toi, mais j'ai aussi eu l'impression de faire partie d'une vraie famille – quelque peu dérangée, il faut bien l'admettre, mais ils sont tous géniaux. Ça me touche beaucoup.

— Mais de rien! répliqué-je. Je suis contente que tu sois venu.

— Et secundo… À propos du baiser de ce soir… faut-il vraiment que ça ait lieu dans la salle de bains? Parce que je me disais…

Je prends un coussin et le frappe en pleine tête.

— Si tu ne fais pas attention, c'est la vieille Mme Penman que tu vas embrasser.

— Madame Qui?

Chapitre 26

—MADAME PENMAN! JE SUIS TELLEMENT CONTENT que vous ayez pu venir!

Mme Penman remonte son bas, qui a glissé sur sa cheville, avant de tendre sa main surchargée de bijoux à mon père.

—Oh, William, dit-elle en lui tapotant la joue. Vous êtes de plus en plus séduisant d'année en année. Si j'avais vingt ans de moins...

—Vous seriez toujours trop vieille, marmonne Patrick, à quelques mètres de là. Protège-moi d'elle, Em. L'an dernier, je te jure qu'elle a essayé de me tripoter sur la piste de danse.

Personne ne connaît l'âge exact de la vieille Winnifred Penman, mais ce que nous savons, c'est qu'elle a été mariée à cinq reprises, qu'elle a été veuve deux fois, et qu'elle a enterré quatre de ses cinq enfants. Elle vit toujours dans la demeure qu'elle partageait avec son dernier époux en date, Kenneth

– une grande bâtisse avec un sol en damier dans l'entrée, un petit salon à l'ancienne, et des pelouses parfaitement entretenues – mais à présent, c'est Clarissa, sa fille dévouée, qui s'occupe d'elle et lui sert de compagne. Clarissa doit avoir une cinquantaine d'années et ne ressemble en rien à sa mère. Elle n'a jamais été ni mariée, ni extravagante, et on la voit rarement sans son caniche bien-aimé, Humphrey. Mais il y a quelque chose chez Clarissa, une chose dissimulée derrière son apparence terne et timide. Une chose qui n'est reconnaissable que pour une personne qui a également pâti d'une mère autoritaire.

— Sous ses allures insipides se cache une perverse sérieusement dérangée. Tu verras, à la minute où elle mettra la main sur la fortune familiale, elle va se débarrasser du chien, porter du cuir et se taper le jardinier.

Visiblement, Iona est d'accord.

Quand elle cesse enfin de toucher le visage de mon père, Mme Penman tend son manteau à l'employé en charge du vestiaire et se fait escorter par Clarissa jusqu'au chapiteau, qui est déjà rempli de convives.

Iona et moi laissons Patrick et mon père accueillir les gens pour nous rendre sous la tente principale, où nous repérons Evan et Kim en train de boire un verre.

— Tu ne danses pas encore ? demandé-je à Kim, qui secoue aussitôt la tête.

— Il va me falloir une quantité d'autres verres avant que tu me voies me trémousser sur cette prétendue musique.

— C'est *The Ballroom Blitz*, ricane Iona. Pour faire plaisir aux anciennes générations. Je retourne à la maison chercher de la tequila. Quelqu'un m'accompagne ?

Evan et moi refusons, mais Kim n'a pas besoin qu'on le lui propose deux fois.

Je tire la chaise de Kim et m'installe à côté d'Evan qui, d'ailleurs, est superbe avec sa chemise blanche et son veston. Il m'écoute attentivement tandis que je le mets au parfum sur les existences fantasques de nos convives.

— L'homme avec la cravate vert foncé possède le club de golf. C'est un con arrogant et complètement stupide. Son épouse l'a quitté pour leur plombier, et on comprend pourquoi. Oh, et la femme en robe longue à côté de lui, c'est une ancienne consultante de l'entreprise de mon père, qui s'est reconvertie récemment dans la comédie. Elle est hilarante. Oh, et la dame âgée qui danse comme une folle à côté du serveur, c'est elle, Mme Penman. Une véritable cougar. Elle te dévorerait tout cru au petit déjeuner... à condition qu'elle ait mis son dentier d'abord.

Evan passe sa main autour de ma taille.

— Est-ce que je t'ai dit à quel point tu es sexy ? demande-t-il en examinant ma robe de soirée blanche et moulante. Tu es la femme la plus séduisante dans cette assemblée. Enfin, sans compter Mme Penman, bien sûr.

J'éclate de rire.

— Oh, tu te sens obligé de dire ça parce que tu es mon faux petit ami.

Sa main glisse en bas de mon dos.

—Je vais nous chercher un verre, puis je reviendrai t'admirer.

Je pousse un petit gloussement d'excitation, tandis qu'il s'éloigne pour nous trouver du champagne.

Du coin de l'œil, je repère ma mère près du buffet. Elle porte sa nouvelle toilette en velours rouge, et réarrange nonchalamment des hors-d'œuvre pour donner l'impression qu'elle a passé la journée en cuisine, alors qu'en réalité, elle regardait *House of Cards* sur Netflix en se faisant les ongles, pendant que les traiteurs s'occupaient de tout.

—Emily! s'écrie-t-elle en me faisant de grands signes. J'ai deux mots à te dire.

J'abandonne le confort de la chaise réchauffée par Kim et me dirige vers elle.

—Tu as vu ça? Bill et Steph sont venus avec leur fils, Donald, le pilote. Il est juste là, à côté du DJ. Pas mal du tout. Enfin, rien qu'un régime allégé en glucides ne puisse régler.

—Maman, écoute-moi bien. Je suis avec Robert. Je suis physiquement ici avec Robert. Tu peux arrêter de me repérer des petits amis potentiels. Je suis déjà prise.

Elle enlève mes cheveux de derrière mes oreilles pour les ajuster à son goût.

—Chérie, Robert est vraiment un chic type, mais ça t'ennuierait tant que ça d'étudier toutes tes options? Juste au cas où?

—Et si Robert pesait des millions, maman? Faudrait-il encore que j'étudie toutes mes options?

—Emily, mon ange, s'il avait des millions, il aurait une petite minette pendue à chaque bras, et nous ne serions pas en train d'avoir cette conversation.

—Waouh, m'exclamé-je, sidérée. Donc un jeune et beau millionnaire ne me porterait pas le moindre intérêt. Merci, maman.

—Oh, arrête d'être aussi susceptible. Je dis seulement qu'un jeune et beau millionnaire ne porterait d'intérêt à personne d'autre que lui-même !

Elle repère deux de ses amies de son club de jardinage et les salue de la main.

—Voici Annie et Maureen. Qu'est-ce que je suis censée leur dire ? Que ma fille a un gigolo ?

—Non… Tu n'as qu'à leur dire ouvertement que je l'ai payé pour venir ici, grommelé-je avant d'engloutir une tartelette au fromage. Je retourne m'asseoir.

En partant, je croise le regard de Clarissa et lui fais un sourire solidaire. Elle me retourne la politesse, puis je la vois vider d'une traite une flûte de champagne. Je sais exactement ce qu'elle ressent.

Une heure plus tard, j'ai réussi à garder mes distances avec ma mère et à siffler quatre coupes de champagne, avec en tout et pour tout une malheureuse tartelette dans l'estomac. Evan fait un malheur avec les dames, et dans mon ivresse, je prends un malin plaisir à leur faire savoir qu'il est déjà pris.

—T'es tellement riche, lui dis-je tandis que nous dansons un slow sur Al Green. Qu'est-ce que tu vas bien pouvoir faire de ta vie maintenant ?!

— C'est une drôle de question à poser sur une piste de danse, rétorque-t-il. Aucune idée. Acheter un appartement plus grand. Continuer à créer des jeux vidéo. Je ne sais pas trop.

— Ah, voilà un homme qui n'aime pas savoir ce que l'avenir lui réserve.

— C'est tout moi.

— Tu vas épouser un mannequin suédois qui te fera des tas d'enfants et restera mince. Quant à moi, je finirai comme elle, ajouté-je en montrant Clarissa. Toujours célibataire, en surcharge pondérale à cause de mes antidépresseurs, à prendre soin de ma mère qui me fera remarquer que mes cheveux sont en surpoids.

— Tu le prendrais mal si cette perspective me faisait rire ? Parce que j'en meurs d'envie.

— Pff, pesté-je en appuyant ma tête sur son épaule.

— J'ai toujours envie de voir où ça nous mène, souffle-t-il dans le creux de mon oreille. Mon stage intensif sur toi, c'était génial, et j'aimerais apprendre ce qu'il reste à savoir à un rythme moins effréné. Tu es plus âgée que moi, et alors ?! Dix ans, c'est rien, Emily, et je ne vais certainement pas laisser un truc aussi stupide que les maths me dicter avec qui je devrais être.

— Tu veux bien m'embrasser tout de suite ? demandé-je. Parce que je crois vraiment que tu devrais.

Il prend mon visage entre ses mains, presse ses lèvres sur les miennes, et cette sensation familière revient aussitôt. La sensation qui part de mes orteils et se diffuse dans mon corps entier, me donnant à la fois l'impression d'être à bout de forces et absolument fabuleuse.

—Je pense qu'on devrait continuer dehors, murmure-t-il en jetant un coup d'œil aux invités autour de nous. Je ne voudrais pas créer un scandale.

Il me prend la main et m'entraîne loin de la piste de danse pour rejoindre l'allée extérieure. Une bourrasque de vent froid s'abat soudain sur mes bras nus, et je frissonne.

—Attends-moi ici, ordonné-je. Je fais un saut dans la maison pour prendre un manteau. Je reviens tout de suite.

Je lui vole un dernier baiser, puis traverse en trombe la tente de réception, cours jusqu'à la demeure et passe la porte d'entrée, avant de m'arrêter pour reprendre mon souffle. Je me sens vaseuse. *Il faut vraiment que j'avale quelque chose avant de me retrouver la tête dans la neige, couverte de mon propre vomi.*

J'attrape mon manteau dans le hall et fais un détour par la cuisine. J'ai besoin d'un truc pour éponger l'alcool. J'ouvre la huche à pain, en espérant que Patrick n'ait pas déjà tout raflé, comme il le faisait quand nous étions enfants. Le bruit de la fête devient soudain plus fort, lorsque les portes du patio s'ouvrent.

—Emily, te voilà, lance ma mère. Il y a quelqu'un qui veut te voir!

Je sors la tête de la huche, me retourne, puis je me fige, comme si mon cœur venait de s'arrêter. À deux mètres de moi, se tient Robert en tenue de soirée, couvert de neige et le sourire aux lèvres.

— Salut, Emily. Joyeux Noël.

Je suis incapable de parler. Incapable de bouger. Je tourne les yeux vers les portes ouvertes, au cas où Evan apparaîtrait, mais je ne le vois pas. *Oh, mon Dieu ! Ça ne peut pas être en train d'arriver.*

— Tu ne comptes pas faire les présentations ? insiste ma mère en me foudroyant du regard.

Elle sait. Oh, elle sait qui il est, parce que leur conversation a dû ressembler à ça :

« Bonjour ! Je cherche Emily.

— Elle est à l'intérieur ! Bonjour, je suis sa mère, et vous êtes ?

— Je suis Robert. Son petit ami. »

— Robert, balbutié-je d'une voix faiblarde. Maman, voici Robert Shaw.

Elle semble à peine étonnée.

— Hmm, et s'il s'agit de Robert, poursuit-elle, qui est l'homme sous le chapiteau ? L'homme qui vient de passer quatre jours avec nous ? Emily, qui diable as-tu ramené sous notre toit ?

Robert, complètement perdu, dévisage d'abord ma mère, puis moi.

— Emily ? Tu es venue accompagnée ?

À partir de là, la situation n'a plus que deux issues possibles. Soit je fais machine arrière et je nie avoir jamais rencontré l'individu qui se tient à côté de ma mère, exigeant qu'il parte avant que j'appelle la police ; soit je confesse tout et je passe pour l'idiote la plus pathétique qui ait jamais existé.

— Emily! Emilyyyyyy! Soleil de ma vie! Dépêche-toi de ramener ton joli petit cul ici! On se retrouve sur la piste de danse!

Ou troisième option: Evan attire l'attention sur lui, et Robert fonce dans sa direction.

— Robert! Attends! m'écrié-je, mais il a déjà franchi les portes du patio pour sortir dans le jardin.

Il faut que j'atteigne Evan en premier. Alors je me mets à courir. Je traverse la cuisine, je dépasse Robert, je passe à côté des fumeurs, et entre enfin sous le chapiteau, où j'aperçois Evan et la comédienne danser sur du Calvin Harris, au milieu de plusieurs autres invités.

— Te voilà! beugle-t-il en me faisant signe d'approcher. Tu as mis des plombes, alors j'ai décidé de danser.

Je me faufile poliment jusqu'à lui.

— Il faut que tu viennes tout de suite, ordonné-je. C'est sérieux.

Soudain, j'aperçois Robert entrer sous le chapiteau et balayer l'assemblée du regard.

— Immédiatement, grogné-je. Allons-y.

— Merde! Quelqu'un est mort? demande-t-il tandis que je le traîne au-dehors.

— Pas encore, répliqué-je. Garde la tête baissée.

Nous empruntons l'entrée principale pour nous rendre dans la cuisine, où mes parents, Iona, Patrick, Kim et même Pacino sont déjà rassemblés. J'entends Robert pénétrer dans la maison derrière nous. Nous sommes piégés.

— Tu ferais mieux de t'expliquer, commence mon père.

Mais je suis bien trop occupée à répéter «Merde!» pour lui répondre.

— Emily, qu'est-ce qui se passe? s'enquiert Evan.

— Jette un coup d'œil derrière toi, soufflé-je, et il s'exécute.

— Oh, dit-il en regardant fixement Robert. «Merde», c'est le mot juste.

— Vous? Qu'est-ce que vous faites là, petite andouille? demande Robert, le souffle légèrement court.

— «Andouille»? répète Evan. Vous utilisez ce mot-là? Eh bien, vu que vous posez la question, on m'a invité. La vraie question, c'est : qu'est-ce que vous faites ici?

— On m'a invité aussi.

— Emily?

— Je lui ai envoyé l'adresse, expliqué-je d'une voix morne. Il y a des lustres. Au cours d'un dîner. Pendant qu'il restait assis à me mentir ouvertement, poursuis-je avant de pointer la table du doigt. S'il vous plaît, asseyez-vous tous… Non, pas toi, Pacino.

Ils obéissent, tout en se jetant des regards perplexes. Une fois que tout le monde est installé, j'entreprends de faire les cent pas à côté de la table, m'efforçant de trouver les mots pour formuler des phrases cohérentes.

— Par où commencer? marmonné-je en me frottant le front. Bon, comme vous l'avez sans doute compris, voici Robert. Le vrai Robert. Celui dont je vous ai parlé.

— Mais alors qui êtes-vous? demande Patrick à Evan, qui ne cille pas. Et pourquoi vous faites-vous passer pour lui?

— Je vous présente Evan, expliqué-je. Evan est mon voisin.

— Je « savais » qu'il y avait quelque chose entre vous deux, lance Robert sur un ton méprisant. Je savais qu'il n'était pas vraiment gay.

— Oh, toi, ta gueule, grogné-je. Je suis loin d'en avoir fini avec toi.

— Êtes-vous gay, Robert ? Je veux dire, Evan ? interroge ma mère. Je me suis posé la question aussi. J'ai cru que c'était pour cette raison que vous ne pelotiez pas beaucoup Emily.

— Maman ! m'écrié-je. On peut se concentrer sur l'essentiel ?

— Vous êtes Evan Grant, intervient Iona tout en tapotant de ses ongles sur la table.

Nous la regardons tous deux comme si elle avait des pouvoirs magiques.

— Comment… ? Depuis combien de temps le sais-tu ? m'enquiers-je, abasourdie.

— Oh, je n'étais sûre de rien jusqu'à maintenant, répond-elle en croisant les jambes. Mais j'ai appelé le *Wallace Hall* hier pour m'assurer que les réservations étaient valides, et on m'a dit que tout avait été organisé par un certain Evan Grant. J'ai cru qu'il s'agissait de son assistant.

— « Assistant » ? raille Robert. Je ne suis même pas sûr que cette petite andouille ait un vrai travail.

— Et voilà encore ce mot…

— Oh, fermez-la, tous les deux !

Au même instant, Mme Penman et Clarissa font irruption dans la cuisine. Nous la bouclons tous.

—Quelle fête splendide, Jenny! Je cherche seulement les toilettes!

—Maman, tu sais exactement où elles sont. Tu y es déjà allée une centaine de fois, marmonne Clarissa.

—Dans le couloir, Winnie. Troisième porte à gauche.

—Dacodac!

Nous attendons patiemment qu'elle sorte avant de poursuivre.

—Je suis perdu, reprend mon père. Pourquoi nous mentirais-tu?

—Parce que ce connard est marié! m'exclamé-je en pointant Robert du doigt.

—Séparé, rectifie-t-il. J'ai quitté ma femme, Emily. Pour toi.

—Tu as fait quoi?! Redis-moi ça.

Je n'arrive pas à croire ce que j'entends.

—Je l'ai quittée, répète-t-il. Ma vie est avec toi, maintenant, Emily. Si tu veux toujours de moi?

La pièce devient silencieuse. J'ai besoin de m'asseoir.

—Emily, tu ne vas quand même pas..., commence Evan.

Mais Iona le réduit au silence.

—Robert, je ne sais pas quoi dire... Je suis sous le choc, balbutié-je.

Il sourit et s'avance vers moi.

—Tu es ma petite chérie, rétorque-t-il en me prenant la main. Je suis seulement désolé de ne pas l'avoir fait plus tôt.

Tout le monde attend, le souffle coupé et les yeux rivés sur moi, tandis que j'essaie d'intégrer tout ce qui se passe – tout le monde en dehors d'Evan, qui regarde fixement la main de Robert, qui tient la mienne.

— Je vais attendre dans la chambre, annonce-t-il en se levant de sa chaise. De toute évidence, vous avez des choses à vous dire.

Voir la mine abattue d'Evan me donne aussitôt envie de lâcher la main de Robert. Après tout ce qu'on a traversé, il mérite sa place à cette table. Ce n'est pas à lui de partir.

— Reste où tu es, grondé-je, tout en me tournant pour m'adresser à ma famille. Papa, je vois bien que tu es perdu, donc laisse-moi m'expliquer. Quand j'ai découvert la vérité au sujet de Robert, il m'a paru plus facile de demander à Evan de se faire passer pour lui, que d'admettre que le type génial que je m'étais vantée d'avoir rencontré n'était qu'une sale petite fouine infidèle. Vous ne m'auriez jamais lâché la grappe. « Pauvre Emily, de nouveau seule… Comme cette pauvre Emily est naïve. Fera-t-elle les choses correctement un jour ? »

— Foutaises ! décrète ma mère. Nous n'aurions jamais fait une telle ch…

— Si, c'est exactement ce que tu aurais fait, l'interrompt Iona. C'est ce qu'on aurait tous fait, parce qu'on est comme ça.

Une fois encore, nous nous taisons lorsque Mme Penman et Clarissa reviennent des toilettes.

Dès qu'elles sont ressorties, je me tourne vers Robert.

— Tu es tellement arrogant. Je t'ai dit que je n'étais pas intéressée, mais tu as continué à m'appeler. Je t'ai demandé de ne plus téléphoner, donc tu as envoyé des messages. Et maintenant tu oses te pointer ici ? Comment as-tu pu penser un seul instant que tu serais le bienvenu ? C'est super flippant ! Quand une femme dit qu'elle ne veut rien avoir à faire avec toi, ça ne signifie pas que tu as le droit d'ignorer sa demande et de la harceler.

Visiblement mal à l'aise, Robert gigote sur sa chaise.

— Écoute, Emily, j'ai mal agi, mais tu ne m'aurais pas écouté. Est-ce qu'on peut aller discuter ? S'il te plaît ? J'ai fait tout le trajet jusqu'ici.

— Mais je ne veux pas d'explications. Je n'en ai pas besoin. Maintenant, lis bien sur mes lèvres : tout est fini entre nous. Retourne dans ta voiture et tire-toi !

Tout le monde l'observe tandis qu'il se lève et rajuste sa veste.

Iona me prend la main et la serre gentiment.

— Je suis navrée que tu aies dû endurer ça, déclare-t-elle. Nous aurions dû te soutenir, parce que ce que ferait une famille normale, c'est de dire à ce connard de ficher le camp de cette baraque !

— Vous avez quitté votre famille entière à la période des fêtes ? raille ma mère. Vous êtes bien bête. Vous croyez vraiment que je laisserais un être capable d'une telle chose approcher ma fille ?

— L'autre Robert a l'air d'un salaud de première, intervient Kim. Je préfère celui-là.

Elle donne un coup de coude à Evan, qui arbore un grand sourire.

— Oh, pour l'amour du ciel ! beugle Robert. Si tu préfères perdre ton temps avec un gamin qui n'a pas un sou, ne te prive pas. Mais soyons honnêtes : quand tu approcheras de la cinquantaine, il prendra la tangente. Les hommes préfèrent les femmes plus jeunes.

— Ça suffit, gronde mon père en se levant. Emily vous a très clairement exprimé ce qu'elle ressent. Maintenant, mon garçon, tirez-vous vite fait, avant que je ne lâche le chien sur vous.

Il tape des mains sur ses cuisses, et Pacino se lève en aboyant. Il n'en faut pas davantage à Robert pour déguerpir, tandis que toutes les personnes à table éclatent de rire, vu que c'est seulement un tour que fait Pacino pour obtenir un biscuit.

Je m'assois à côté d'Evan et commence lentement à me cogner la tête contre la table. *Quel désastre.*

— Graham m'a quittée.

Je lève les yeux sur Iona, qui s'est enfoncée dans sa chaise et retire ses boucles d'oreilles.

— Il n'est pas en voyage d'affaires. Il s'est tiré avec Zara Brown Gifford, qui possède une maison d'édition que nous représentons. Ils passent Noël à New York, et je vais divorcer, ajoute-t-elle avant de se tourner vers moi en souriant, ses longs cils dissimulant ses larmes. Nous faisons tous semblant d'être plus heureux que nous ne le sommes en réalité, Em.

Mes parents se tournent vers Patrick et Kim.

—Quoi ? demande Patrick. Je n'ai rien à déclarer ! Nous allons bi…

—Il produit peu de spermatozoïdes, l'interrompt Kim. On essaie d'avoir un bébé. Il produit peu de spermatozoïdes, et j'ai un ovaire paresseux. Donc, Jenny, quand tu lances des piques quant au fait que tu n'as pas de petits-enfants, c'est douloureux.

Mes parents restent assis en silence. Ils ne s'attendaient vraiment pas à ce que leur fiesta annuelle tourne comme ça. À l'extérieur, la musique est à fond, et les gens commencent à se diriger vers la maison pour se ravitailler en alcool.

—Je vais aller chercher du vin dans le garage, annonce mon père. Mais avant, je tiens à vous dire quelque chose : je suis extrêmement fier de vous tous, et si nous vous avons donné l'impression un jour que vous ne pouviez pas nous confier vos problèmes, alors c'est notre faute. Je vous promets qu'à partir de maintenant, ça ne se reproduira pas. Nous vous aimons, quoi qu'il arrive.

Il esquisse quelques pas vers la porte, mais il s'interrompt et se retourne.

—Et, Evan, techniquement, vous n'êtes pas le petit ami d'Emily, mais, je dois vous le dire, je ne crois pas l'avoir déjà vue sourire autant que cette année. Donc, si vous ne sortez pas ensemble… eh bien, peut-être que vous devriez.

Là-dessus, il repart en mission pour aller chercher du vin.

Ma mère est toujours sous le choc.

— Tu vas bien ? lui demandé-je.

Elle secoue la tête.

— Kim, je suis tellement désolée. En fait, je vous le dis à tous : je suis désolée. Et ce que votre père vient de déclarer est valable pour moi aussi. Vous êtes tous merveilleux, n'en doutez jamais un seul instant. Je vous aime plus que tout au monde.

Nous nous enlaçons en reniflant quelques minutes, avant qu'Iona ne reprenne la parole :

— Bon, on peut retourner boire maintenant ? Je suis sobre tout d'un coup, et ça me dégoûte. Robert… Evan… quel que soit votre prénom, venez prendre un verre avec moi. J'ai des anecdotes hilarantes à vous raconter sur Emily.

J'observe tout le monde se disperser dans le jardin, mais je reste un peu plus longtemps à table avec ma mère.

— Je me sens très mal, gémit-elle. Crois-le ou pas, mais ma mère était une femme très exigeante. Celle de ton père avait peut-être un gros derrière, mais au moins, elle était gentille, tout comme toi.

— C'est rien, la rassuré-je. Nous devrions tous être un peu plus gentils les uns avec les autres. Ce serait une bonne chose.

Maman se penche en avant et me serre tellement fort dans ses bras que j'ai peur de me briser en mille morceaux.

Vingt minutes plus tard, la fête bat toujours son plein sous le chapiteau. Pendant que mon père apporte du vin aux serveurs, Kim, Patrick et ma mère se déhanchent sur la piste de danse. Je passe mon tour pour cette fois, trop occupée à observer Iona et Evan en grande conversation. *Si elle fait mention de Glastonbury, je la massacrerai.*

J'ai toujours su que ma famille n'était pas parfaite, mais je n'avais pas conscience que chacun avait ses faiblesses, et il aura fallu un gros mensonge pour que tout le monde commence enfin à dire la vérité. Nous sommes tous aussi tordus les uns que les autres.

Mon père me rejoint à ma table et me tend une flûte de champagne.

—La voiture de Robert est déjà loin, m'informe-t-il. Maintenant que je l'ai rencontré, j'avoue que je suis bien content que tu ne l'aies pas ramené à la maison. Quel sale snobinard de Londonien !

J'éclate de rire et applaudis mon père.

—C'en est vraiment un. Mais ils sont en minorité. J'ai fait de merveilleuses rencontres à Londres. Ça me manquera quand je partirai.

—Tu déménages ? s'enquiert-il. Quand ?

—Je ne sais pas précisément. J'ai encore beaucoup de détails à régler. Mais bientôt.

—Tu comptes revenir à la maison ? demande-t-il. Ta mère serait aux anges, tu sais.

—Surtout, ne lui dis rien pour l'instant, imploré-je. Elle serait tout le temps sur mon dos. Si je reviens en Écosse, ce ne sera pas dans la région. À Glasgow, peut-être…

—Et que fais-tu d'Evan ? ajoute-t-il. Quelle est sa place dans tout ça ?

Je me tourne et regarde Evan plaisanter avec ma sœur.

—Je ne suis pas sûre qu'il en ait une, papa. Il adore Londres, son boulot se passe bien, et nous avons des envies très différentes pour l'instant.

Mon père se penche pour me prendre dans ses bras.

—En tout cas, si tu décidais de le ramener un jour, il serait le bienvenu. Et oublie un peu la différence d'âge. On ne choisit pas qui on aime.

—Waouh! Doucement, papa! m'esclaffé-je. Qui a parlé d'amour? Je le connais depuis à peine cinq minutes.

—C'est à peu près le temps que ça m'a pris pour tomber amoureux de ta mère, rétorque-t-il. Je disais ça comme ça… Allez, viens danser avec ton vieux père. J'ai demandé du Shakira au DJ.

Nous entraînons Iona et Evan sur la piste avec nous, à l'instant même où *Hips Don't Lie* commence, sous les ovations d'une foule majoritairement composée de quinquagénaires et plus. Evan prend le temps de danser avec tout le monde avant de revenir vers moi.

—Tu vas bien? hurle-t-il par-dessus la musique. Pas trop bouleversée?

—Je n'ai pas la moindre idée de ce que tu racontes.

Il me prend par la main et m'emmène à l'écart.

—Je voulais juste savoir comment tu vas. Tu sais, avec l'arrivée de Robert et tout le reste. Sacrée soirée.

—Je vais on ne peut mieux, assuré-je. Je parlais justement à mon père de mon projet de quitter Londres. Il me tarde de voir ce que l'avenir me réserve.

— Donc tu as toujours l'intention de partir? Je me disais que, tu sais, tu allais peut-être rester. Voir comment ça évolue entre nous.

— Eh bien, je ne pars pas demain non plus! rétorqué-je. Bien sûr que j'ai envie de nous donner une chance, mais je ne mets pas tous mes œufs dans le même panier! Promets-moi de ne pas le faire non plus.

— D'accord, acquiesce-t-il. Laissons l'univers décider pour nous.

— J'aime bien cette idée. Aucune pression.

Nous retournons sur la piste main dans la main, prêts à découvrir ce que l'univers décide.

Chapitre 27

—CONTENTE D'ÊTRE DE RETOUR ? S'ENQUIERT EVAN pendant que nous entrons dans l'ascenseur. Ça fait un peu bizarre d'être dans un espace confiné maintenant. La campagne me manque déjà.

—Je suis épuisée, avoué-je en appuyant sur le bouton. À vrai dire, j'ai l'impression d'avoir dépassé ce stade et d'être perdue quelque part dans l'avenir.

L'ascenseur commence à monter.

—Donc, dans l'avenir, demande-t-il en souriant, es-tu endormie dans ton lit ou dans le mien ? Ce serait sympa de le savoir à l'avance.

—Dans le mien ! m'exclamé-je. Et dans l'avenir, il n'y a aucun bruit provenant de ta chambre. C'est très précis, mais c'est aussi un fait.

Il enroule ses bras autour de ma taille.

—Viens dormir avec moi. On a encore ce jeu de la cuillère à terminer, il me semble que c'est moi qui gagnais.

Je secoue la tête.

— Si tentant que ce soit, j'ai seulement envie de m'effondrer dans mon lit. Mais on se verra demain. Je prendrai plein de ce truc vitaminé dont on m'a tant parlé.

Nous arrivons au dernier étage et traînons nos valises derrière nous.

— Eh bien, tu sais où me trouver si tu me cherches. Si tu as besoin de moi. Si je te manque. Quoi que ce soit.

Il m'embrasse sur le front, puis disparaît dans son appartement.

Je sors mes clés de ma poche et ouvre la porte, m'attendant à entendre la douce voix d'Alice enguirlander Toby. Mais c'est tranquille. Le calme plat. Ils doivent déjà dormir. Je ferme la porte et longe le couloir aussi discrètement que possible, ravie de savoir que mon lit n'est qu'à quelques mètres. Je tourne la poignée, entre dans ma chambre et trouve Toby profondément endormi. Je suis tellement crevée que, l'espace d'un instant, je crois m'être trompée et retourne dans le couloir, en m'excusant à voix basse. Deux secondes plus tard, je prends conscience de ce qui se passe et allume la lumière.

— Toby ! Qu'est-ce que tu fiches ici ? Sors de mon lit, bordel !

En rougissant, Toby se lève péniblement et commence à ramasser ses vêtements par terre, marchant maladroitement dans une assiette de nourriture improbable, sans doute un machin végane, qu'il a laissé traîner là.

— Merde. Désolé, Em, je ne comptais pas dormir ici encore une fois.

— «Encore une fois»? Est-ce que tu squattes ma chambre depuis mon départ? Qu'est-ce qui ne va pas avec ton lit?

— Je n'ai dormi ici que la nuit dernière. Mon lit est en quelque sorte... eh bien, il est cassé, répond-il, un large sourire aux lèvres. Ne pose pas de questions.

— Et tu n'aurais pas pu rester dans la chambre d'Alice? demandé-je en regardant de travers l'assiette de mixture marron écrasée. Je présume qu'elle a quelque chose à voir avec ton problème.

— Elle a refusé, admet-il, visiblement en colère. Une histoire de règles, ou pas. Je pense qu'elle n'aime tout simplement pas partager son lit.

— Eh bien, on est deux!

J'ouvre la porte et pointe le doigt dans la direction dans laquelle j'espère le voir disparaître. Il sort la queue entre ses jambes maigrichonnes. Je ne suis partie que quatre jours, mais j'ai l'impression que c'était plus long. Tout me paraît différent. Je me sens différente. Je suis arrivée à une croisée des chemins, et les deux routes en question me semblent moins empruntées. L'une des deux ouvre sur une nouvelle vie en Écosse – nouvelle maison, nouveau boulot, nouveau projet – et l'autre conduit directement à un homme appelé Evan Grant, qui pourrait bien incarner la chose la plus merveilleuse, la plus incroyable, qui me soit jamais arrivée.

— Tu es revenue quand?! s'écrie Alice en faisant irruption dans ma chambre.

Je pousse un grognement en guise de réponse.

—Tu es fatiguée? s'enquiert-elle. Ou seulement très, très écossaise, parce que je n'ai rien compris à ce que tu viens de dire.

—Oh, pour l'amour du ciel, maintenant c'est «toi» qui es dans mon lit! m'exclamé-je en lui jetant un coussin dessus. Dis-moi la vérité: est-ce qu'il va falloir que je brûle ces draps?

—On s'en fiche, des draps, rétorque-t-elle en me renvoyant le coussin. Parle-moi plutôt du voisin? Vous l'avez fait? Vous l'avez fait, hein? Tu as dû le bâillonner pour que tes parents n'entendent rien?

—Nous ne l'avons certainement «pas» fait, insisté-je, consciente de ressembler à une vieille maîtresse d'école frigide. On s'est embrassés, oui, mais…

—Ah ah! Je savais qu'il s'était passé «quelque chose». Sérieusement, tu ferais mieux de commencer à parler avant que je n'implose sur ta jolie couette.

—Demain matin, assuré-je. Je te raconterai tout. Maintenant, s'il te plaît, laisse-moi faire un somme.

—Vendu! s'exclame-t-elle en se redressant. Et ne t'inquiète pas pour les draps, ils sont propres, à moins que Toby ne s'y soit masturbé.

Elle se lève d'un bond et disparaît aussi vite qu'elle est apparue.

Je soupire et commence à enlever les draps de mon lit. J'ai beau adorer Toby, j'ai bien conscience que les garçons sont des animaux, et qu'on ne peut pas leur faire confiance. En plus, je suis loin d'être impatiente d'annoncer à Alice que j'envisage de quitter Londres. Je n'en ai même aucune envie. Je n'avais pas pensé que je pourrais manquer aux gens en partant.

Cinq minutes plus tard, les draps sont changés, et je suis enfin prête à dormir. Je crois que je n'ai jamais été aussi heureuse de voir un lit de toute ma vie. Je me mets aussitôt toute nue, puis ferme les yeux et me laisse tomber la tête la première sur l'oreiller.

Treize heures de sommeil, ça vous change une personne du tout au tout. Je me réveille régénérée, affamée, et impatiente de voir Evan. Je me douche et m'habille avant d'aller à côté pour voir s'il a faim.

—Il n'est pas là, aboie sa charmante colocataire, Stéphanie. Aucune idée de quand il rentre.

—D'accord, pas de problème, je vais lui envoyer un message. D'ailleurs, quand il reviendr…

Elle ferme la porte.

Bon sang, si j'habitais avec elle, je serais de sortie en permanence!

Je retourne chez moi et trouve Alice en train de faire du thé.

—Bonjour, roucoule-t-elle. Tu te sens mieux?

—Beaucoup mieux, assuré-je. Tu veux bien m'en préparer un? Je suis déshydratée.

Elle met un sachet de thé dans ma tasse rose.

—Tu étais chez Evan, hein? demande-t-elle. Une petite visite de bon matin?

J'éclate de rire.

—Je voulais savoir s'il avait envie de prendre un petit déjeuner, c'est tout. Mais il est sorti. Pas de quoi en faire un plat.

—Donc… vous vous entendez bien ? s'enquiert-elle en m'apportant mon thé. Tant mieux, mais ce qui m'intéresse vraiment, c'est de savoir si tu as vu plus que son derrière.

—Hélas non, avoué-je, en ajoutant du lait dans ma tasse.

J'affiche un sourire en coin en voyant sa mine déçue.

—En revanche, j'ai bien senti autre chose ! précisé-je.

Je suis persuadée que Trevor a dû entendre le cri jubilatoire d'Alice du rez-de-chaussée.

—Non… Non ! Tu as couché avec lui, c'est ça ?

—Non. Enfin, pas vraiment, mais nous…

—Oh, sale veinarde. Je veux les détails ! Attends une minute, il me faut aussi des toasts.

Je la regarde s'agiter avec enthousiasme dans la cuisine, tandis que je lui raconte mon Noël. Je laisse de côté le fait qu'Evan est plein aux as, en revanche. Je la trouve déjà assez surexcitée comme ça.

—Je n'arrive pas à croire que Robert soit venu, dit-elle en plongeant son couteau dans du beurre de cacahouètes. Quel culot ! Je parie qu'il pensait faire un grand geste romantique, alors, qu'en fait, il se comportait comme un sale petit troll intrusif.

Je hausse les épaules.

—Eh bien, quoi qu'il ait cherché à accomplir, ça n'a pas fonctionné. Tout le monde lui a demandé de partir, donc la seule chose qu'il ait réussi à faire, c'est de gâcher du temps et de l'essence.

— Mais Evan! poursuit-elle. Vous sortez ensemble ou quoi? Est-ce qu'on pourrait faire une sortie à quatre avec Toby, et nous comporter tous comme des cons insupportables?

— Peut-être… Je ne sais pas. Écoute, c'est encore très balbutiant, c'est compliqué.

— Non, c'est parfait. Il est super sexy, il habite à côté, et tu as largement le temps de voir comment ça évolue.

Elle mâche bruyamment sa tartine en gigotant gaiement sur sa chaise.

— Eh bien, en l'occurrence, commencé-je, j'envisage de retourner en Écosse.

Elle secoue la tête.

— Très mauvaise idée. Aucun de nous ne s'y trouve.

Elle attend que je tombe d'accord avec elle, mais au lieu de ça, je reste assise en silence et sirote mon thé.

— Mais tu ne peux pas faire ça! insiste-t-elle. Tu ne m'as pas entendue? «Aucun de nous ne s'y trouve!»

Soudain, elle a l'air d'avoir l'appétit coupé.

Je pense que c'est pour cette raison qu'Iona évite de se faire des amis, parce que cette partie de la vie craint à mort.

— C'est juste une idée pour l'instant, assuré-je. En plus, toi et Toby avez une histoire en cours. Bientôt, vous voudrez l'appartement pour vous, ou vous déménagerez, et je me retrouverai ici à chercher de nouveaux colocataires. Je suis trop vieille pour prendre des colocataires!

— Contente-toi d'attendre, décrète-t-elle, campant sur ses positions. Toi et ton jeune amant allez vivre votre conte de fées, et c'est toi qui finiras par emménager avec lui. J'ai tout prévu.

— Tu es devin, maintenant ?

— Exact. Je sais des choses.

— Intéressant, mais ce qui l'est encore davantage, c'est que tu ne m'aies pas reprise sur-le-champ quand j'ai suggéré que Toby et toi preniez un appartement à vous.

Elle affiche un large sourire.

— Que dire ? Il me comprend. Je suis heureuse.

— Oh, je te crois volontiers. Il faut être sacrément heureux pour casser un lit…

Elle s'apprête à se lancer dans les détails sordides, quand un martèlement sourd retentit à la porte. Nous restons assises sans mot dire, espérant que Toby se lève pour répondre, mais la reprise du bruit nous indique qu'il tient bon et refuse d'encourager notre fainéantise.

Evan se tient à ma porte, armé d'une énorme boîte de beignets et d'un sourire.

— Je vois que tu dépenses ta fortune intelligemment, lancé-je en l'invitant à entrer. Ooh, il y en a un à la pomme. Il est à moi !

Je le conduis dans la cuisine, où Alice lave son assiette dans l'évier.

— Evan a apporté des beignets, l'informé-je en présentant l'assortiment comme une hôtesse. Je crois que refaire du thé est de rigueur.

—Oh, bien joué, voisin ! s'exclame Alice en jetant un coup d'œil dans la boîte. Je comprends pourquoi Emily t'adore.

Je me sens rougir, et Evan affiche un sourire en coin.

—Alors comme ça, elle m'« adore » ? réplique-t-il. Dis-m'en davantage.

—Toby ! Beignets ! m'écrié-je pour couvrir leurs voix, tandis qu'Evan s'installe à table.

Toby arrive dix secondes plus tard, vêtu de la robe de chambre rose d'Alice, et je mets la bouilloire en marche.

—Très sympa, mec, déclare-t-il à Evan, en prenant un beignet fourré au chocolat. Comment ça va ?

—Bien, merci, répond Evan en posant sa veste sur le dossier de sa chaise. J'ai passé un Noël génial. Tu savais que les parents d'Emily vivent dans une propriété immense ? Ils ont organisé une garden-party, avec un chapiteau, comme le fait la reine.

Alice hoche la tête.

—Emily m'y a invitée l'an dernier pendant les vacances d'été. C'est quelque chose. J'adore ses parents, même s'ils sont complètement cinglés !

—Ça n'a pas dû être évident de te faire passer pour Robert, fait remarquer Toby en se léchant les doigts. Ont-ils fini par se rendre compte que tu n'étais pas vraiment lui ?

Je foudroie Alice du regard, qui hausse les épaules.

—Quoi ? Comme si je n'allais pas lui en parler ? Comment ne pas partager ce genre de potin avec son petit ami ?

Deux beignets plus tard, Toby part se préparer pour aller travailler, et Alice s'éclipse pour nous laisser seuls, Evan et moi.

— Tu viens avec moi à une fête ce soir, m'annonce-t-il en s'essuyant les mains sur un torchon. En réalité, c'est plutôt un rassemblement.

— Ah, bon ? répliqué-je. En quel honneur ?

— Mi-crémaillère, mi-célébration des droits d'auteur. Seulement des amis… et quelques copains de jeux. Ça se passe dans le nouvel appartement de James, à Soho.

— Une crémaillère ? Devrais-je apporter quelque chose ? Une plante, par exemple ?

Il éclate de rire.

— Non. J'ai du champagne, je pense que ça lui plaira nettement davantage. Tel que je connais James, cette plante serait morte en deux semaines. Je passe te prendre à 20 heures ?

— D'accord, ça va être super.

Je le jure devant Dieu, si je suis la plus vieille sur place, je fais un scandale.

L'associé d'Evan, James, a choisi de louer un T3 à Soho, avec chauffage au sol et terrasse privée sur le toit, où nous le trouvons, au milieu d'un nuage de fumée de cigarette. C'est le type que j'ai vu nettoyer ses lunettes avec son écharpe au concert de la chorale.

— Evan ! Comment ça va ? demande-t-il en soufflant sa fumée loin de nous. Content que tu aies pu venir.

—Voici Emily, déclare Evan en prenant son ami dans ses bras.

James me serre la main.

—Ravi de te rencontrer, Emily, répond-il en lançant à Evan un regard en coin que je n'arrive pas à déchiffrer. Quand Evan m'a dit qu'il venait accompagné, je m'attendais à une de ses bécasses.

—« Une de ses bécasses » ? Combien est-ce qu'il y en a ?

—Ne fais pas attention à lui, m'assure Evan. Emily enseigne à Acton.

—J'aurais voulu que mes profs te ressemblent, rétorque James avant de donner un coup de coude à Evan.

—Et si on prenait un verre ? propose Evan en m'adressant un regard désolé, très facile à identifier. À tout à l'heure, mec, ajoute-t-il en me prenant par le bras pour me ramener dans l'appartement.

Vu le peu de meubles, il paraît évident que James vient tout juste d'emménager, mais comme l'endroit n'est pas immense, ce n'est pas forcément plus mal. Il doit y avoir cent cinquante personnes ici, qui semblent toutes se connaître, passant d'une pièce à l'autre et prenant part aux conversations avec aisance.

—Des « bécasses », hein ? lancé-je quand nous arrivons dans le séjour. Dois-je comprendre que je ne ressemble pas à une bécasse ? Est-ce une autre façon de dire que j'ai l'air d'une vieille rabat-joie ?

—Euh… Je suis désolé pour James, réplique Evan en sortant deux bières d'une glacière. Il n'est même pas ivre. Il se croit seulement plus drôle qu'il ne l'est.

Nous nous appuyons contre un mur, tout en sifflant nos bières pendant que la soirée s'amplifie. Les gens ont commencé à danser sur le parquet près de la sortie, des groupes de filles perfectionnent leurs mouvements d'épaules, tandis que d'autres font tapisserie et attendent le troisième verre pour prendre leur courage à deux mains. Tout le monde ici est dans le coup, bruyant, et a moins de trente ans ; et je suis visiblement la seule à espérer un coin confortable où m'asseoir.

Evan fait signe à deux types qui viennent de passer la porte.

— Celui de gauche, c'est Vikram, m'explique-t-il. Il est nettement plus normal.

Vikram se dirige vers nous en retirant ses gants.

— Comment ça va ? demande-t-il à Evan en lui faisant une accolade virile. Cet endroit est génial, hein ?

— Vik, je te présente Emily.

Je lui tends la main, mais Vikram l'esquive pour me prendre dans ses bras à la place.

— Ravi de te rencontrer, dit-il. Tu es la photographe, c'est ça ? Evan assure que tu as beaucoup de talent.

— Emily est enseignante, intervient Evan sans me laisser le temps de rectifier.

À côté de moi, une fille qui porte des talons ridiculement hauts se tord la cheville, entraînant une de ses amies dans sa chute.

— Oh, désolé, reprend Vikram en jetant un coup d'œil à la scène qui se produit à côté de nous. Tu connais Evan ! Je n'arrive jamais à suivre… Paula Green est là ? Waouh ! James s'est abstenu d'en parler. Je reviens tout de suite.

Je regarde Vikram se frayer un chemin dans la foule jusqu'à une fille vêtue d'un marcel en résille blanc et d'un sarouel.

— Eh bien, c'est très gênant, lance Evan en prenant une gorgée de bière. Mes amis me font passer pour quelqu'un d'atroce.

Je me tourne vers lui en souriant.

— Tu te fiches de moi ? C'est à mourir de rire. Je sais que tu n'es pas un enfant de chœur, Evan. Je te rappelle que nous partageons un mur.

— Ça ne m'empêche pas d'avoir envie de faire bonne impression, rétorque-t-il avec un sourire en coin. Pour l'instant, j'ai l'air d'un vrai salaud.

— Oh, je ne sais pas, assuré-je en lui caressant le dos. Je suis plutôt impressionnée que tes copains connaissent les prénoms de tes conquêtes et, à vrai dire, je me demande quels bruits « je » ferai une fois de l'autre côté du mur…

Il se penche pour murmurer dans le creux de mon oreille :

— Tu lis dans mes pensées. Tu veux qu'on s'en aille ?

— Oh que oui.

Nous posons nos bouteilles sur le plan de travail en même temps, et parvenons à faire trois pas avant que Vikram réapparaisse.

— Vous ne partez pas déjà, si ?

Evan se gratte la nuque.

— Si, je ne me sens pas dans mon assiette. Donc, bon...

— Est-ce qu'il t'a parlé du festival ? Ça va être super.

— Il faut vraiment qu'on s'en...

— Un « festival » ? m'enquiers-je. Un festival de musique ?

— Non, un festival de jeux vidéo qui se déplace dans tout le pays. On fait quatre villes au Royaume-Uni, et deux en Europe. Souviens-toi de t'occuper de ton passeport avant la semaine prochaine.

Vikram donne une tape dans le dos à Evan et se dirige vers l'escalier.

— Ça me semble génial ! m'exclamé-je avec enthousiasme. Tu dois être ravi.

— Je comptais t'en parler, répond-il, l'air démoralisé. C'est seulement l'affaire de quelques mois. Il faut qu'on fasse la promo de notre nouveau projet, qu'on crée des contacts, ce genre de trucs.

— Arrête de faire cette tête ! répliqué-je, sans me départir de mon sourire. Je suis heureuse pour toi. C'est excitant !

Il reprend du poil de la bête, et commence à discuter du festival tandis que nous quittons l'appartement de James et cherchons un taxi. Il m'expose en détail l'industrie du jeu vidéo, et la seule chose que je réussis à penser, c'est que je savais que ça arriverait. C'est un jeune homme avec énormément d'argent et sans attaches. Il se trouve exactement où il est censé être, contrairement à moi. Toutefois, je reçois le coup fatal lorsque nous croisons Cassie et deux de ses amies dans la rue.

— Très gentil de ta part, Evan, lance-t-elle en me toisant de la tête aux pieds. D'inviter ta mère à sortir. Quel bon garçon tu es.

Elles se mettent toutes à ricaner.

— Oh, Seigneur, c'est vous, les bécasses ! m'exclamé-je en riant. Je me demandais de qui James parlait.

— Ferme-la, mamie.

— Tu es beaucoup moins mignonne sans ton bonnet d'ourson, Cassie, rétorqué-je. Je n'arrive pas à croire que j'ai eu de la compassion pour toi.

— C'est plutôt pour Evan qu'il faut en avoir, grommelle-t-elle, vu qu'il doit se faire un vieux vagin desséché comme le tien. Ça t'a plu de nous écouter par mur interposé ?

— Cassie, ça suffit, gronde Evan. Allons-nous-en, Em.

— C'est vrai, je vous ai entendus à travers la cloison, concédé-je. Tous ces cris perçants... Pas très alléchant. Mais sais-tu ce que je n'ai pas entendu ? Je n'ai « pas » entendu Evan émettre le moindre son. Voilà la différence entre toi et moi, chérie. Je sais ce que je fais. Et, sérieusement, les filles, à moins que vous ne cherchiez un style « ramonage de cheminée », allez-y mollo sur le fard à paupières.

Et là, ça arrive : Cassie me pousse, ses mains parfaitement manucurées rebondissant contre mon nouveau manteau, me faisant trébucher en arrière. Je suis sous le choc. Personne n'a cherché à me refaire le portrait depuis le lycée.

Evan s'apprête à bondir lorsque je me jette sur Cassie, l'attrape par le col, et murmure tranquillement à son oreille :

— T'as intérêt à te contenir avant que je te fasse la tête au carré. Tu me crois pas ? Essaie pour voir. Je t'y invite doublement, pétasse.

Elle me repousse et ramasse son sac à main.

— Elle est complètement cinglée, dit-elle nerveusement en rajustant son col. Allons-nous-en.

Nous finissons par avoir un taxi et indiquons l'adresse au chauffeur. Nous restons silencieux pendant une minute ou deux. Evan ne s'en rend pas compte, mais intérieurement, je suis soulagée que Cassie ne s'en soit pas réellement prise à moi, vu que je suis incapable de me battre. En plus, elle a sous-entendu que j'avais un vieux vagin desséché, et ça m'a blessée.

— C'est mal, d'avoir trouvé ça excitant ? demande-t-il en regardant droit devant lui. Qu'est-ce que tu lui as raconté ?

Je souris.

— Disons seulement qu'il n'y a rien de tel qu'un Écossais en colère pour te faire réfléchir à deux fois avant d'agir.

— Tu lui as fait un coup à la *Trainspotting* ? On aurait dit une version vraiment sexy de Begbie.

Je commence à rire.

— Et tu avais raison, tu sais, ajoute-t-il. Quand tu as lancé que je n'ai pas fait le moindre bruit.

Au moment où le taxi se gare devant chez nous, Evan porte la majeure partie de mon rouge à lèvres. Il paie le chauffeur et me prend par la main pour m'entraîner dans l'immeuble. Trevor nous dit poliment « bonsoir », tandis qu'Evan m'emmène jusqu'aux ascenseurs.

—Salut, Trev, m'écrié-je en réponse, tout en m'empressant d'appuyer sur le bouton pour monter.

De toute évidence, Evan ne pense plus qu'à une chose. Dès que nous sommes dans l'ascenseur, il me plaque contre la paroi, presse sa bouche sur la mienne et glisse une main sous ma jupe. On croirait une scène d'un film, sauf que nous nous trouvons dans un ascenseur bancal qui sent le vieux chien.

—Chez toi ou chez moi? demande-t-il, hors d'haleine, tandis que nous sortons dans le couloir en titubant. Ou ici? On peut le faire juste ici, ça m'est égal.

—Chez toi, réponds-je tandis qu'il m'embrasse dans le cou. Alice et Toby sont là.

—Ai-je mentionné qu'on pouvait le faire ici?

Je le pousse vers sa porte d'entrée tandis qu'il attrape sa clé dans sa poche. Une fois que nous arrivons enfin dans sa chambre, il ne prend même pas la peine d'allumer la lumière. Nous nous dirigeons vers son lit, en nous agrippant aux vêtements l'un de l'autre et en nous embrassant désespérément, jusqu'à ce qu'enfin, je me retrouve de l'autre côté du mur et aux commandes.

Je le fais d'abord gémir avec ma bouche, puis avec ma langue et mes mains, et nous atteignons le point culminant en exécutant tous les gestes coquins et désinhibés que nous parvenons à faire, jusqu'à ce que je réclame un temps mort.

— Ce truc…, dit-il en reprenant son souffle, ce truc que tu fais avec ta langue et ta bouche. Putain !

— Je sais, répliqué-je en enlevant mes cheveux de mon visage. Mais cet autre truc, quand je suis sur le ventre…

— Nom de Dieu ! nous écrions-nous à l'unisson.

De l'autre côté du mur, quelqu'un prénommé Alice ou Toby donne de grands coups, suivis d'applaudissements et de cris de joie. Je tambourine en retour « allez vous faire voir » dans mon morse personnel.

— Je t'interdis formellement de quitter cette pièce, insiste-t-il en calant un oreiller sous sa tête. Nous allons continuer à faire ça jusqu'à ce qu'on ait besoin d'appeler les secours.

— Tu sous-estimes mon endurance, observé-je. Tu manquerais ton festival de jeux vidéo.

Il se tourne pour me regarder en face.

— Pour être honnête, je préférerais ne pas être obligé d'y aller, maintenant. Tu es vraiment super, tu sais. Je resterais volontiers au lit pendant un mois.

— Cette idée est plutôt plaisante, rétorqué-je en souriant.

— Je peux te demander quelque chose ?

— Bien sûr.

— Est-ce que tu envisages toujours de quitter Londres ? Parce que j'aimerais vraiment que tu ne le fasses pas.

Je me tourne et rive les yeux sur le plafond.

— J'en aurai fini avec toutes ces conneries de travail d'ici quelques mois. Ensuite on pourra…

— Notre timing est mauvais, l'interromps-je, le cœur lourd. Nous devons voir les choses en face. J'en ai assez de

Londres. J'en ai assez d'avoir des colocataires, de la foule, et de croiser les mêmes têtes au travail tous les jours. J'en ai assez, Evan, mais tu commences à peine à vivre. C'est ici qu'est ta place.

—Alors emménage avec moi. Je nous achèterai une maison et...

—Evan, nous en sommes à des stades très différents de nos vies, dis-je avec fermeté. Soyons réalistes. Tu es riche, séduisant, et tu finiras par rencontrer une fan d'informatique ou de jeux vidéo qui sera jeune et belle, et elle va te retourner le cerveau. Je ne veux pas me retrouver plus vieille, plus flasque, et dans une maison que « tu » as achetée quand ça se produira.

Il soupire et se redresse pour allumer sa lampe de chevet.

—Donc on en reste là? demande-t-il. On prend des chemins différents?

—Non, on reprend seulement le cours de nos vies, rectifié-je. On peut garder contact.

—D'accord, acquiesce-t-il en passant son bras autour de moi. Faisons comme ça.

Même si nous sommes toujours étendus dans son lit, nous savons tous deux que ça a très peu de chances d'arriver.

Chapitre 28

—ALLEZ, TOUT LE MONDE, ASSEYEZ-VOUS, S'IL VOUS plaît.

J'observe mes élèves de quinze ans s'installer à contrecœur.

—Oh, mademoiselle, vous n'allez quand même pas nous faire travailler aujourd'hui ?

Le reste de la classe grommelle pour marquer son approbation.

—Adam, comme en témoignent les bois de renne que j'ai sur la tête, je suis pleinement consciente que c'est le dernier jour avant les vacances. Mais c'est aussi un jour de classe, et je suis forcée de suivre le programme.

Les grognements reprennent de plus belle. Suivis d'un éternuement répugnant. *Bon sang, les enfants sont atroces.*

—Bon, poursuis-je en tendant un mouchoir à Johanna McBride, soit vous continuez à bouder, soit nous pouvons mettre ce temps à profit en mangeant du chocolat et en regardant *Ant-Man*.

Je les laisse exprimer leur joie. Je n'enseigne peut-être au collège Mearns que depuis dix mois, mais je sais que je suis déjà leur prof préférée.

Je ferme les rideaux et tamise les lumières, tandis que le râleur en chef, Adam McKerral, met le film. M'efforçant d'ignorer mon faible pour Paul Rudd, je fais le tour de la classe pour déposer des poignées de bonbons sur les bureaux, à l'exception de celui de Johanna McBride, qui est allergique aux arachides. Elle a donc droit à un énorme paquet de chocolats rien que pour elle, parce que j'ai fait des recherches sur la question, et surtout, parce que je suis un être humain très attentionné.

Tout en retournant à ma place, je me déballe une petite friandise et avale le premier des milliers de chocolats que je vais engloutir avant janvier. J'ouvre mon tiroir pour en sortir tout ce qui pourrait me manquer pendant les vacances, mais je n'y trouve que des bêtises sans intérêt : un spray pour l'haleine, du déodorant, des tampons… Si quelqu'un est assez désespéré pour piquer tout ça, c'est qu'il en a nettement plus besoin que moi.

Je vide le contenu de mon taille-crayon électrique dans la corbeille, quand j'entends vibrer mon téléphone. Un message de Kara :

Ma belle-mère ne passe pas Noël avec nous cette année. J'ai explosé de joie quand John me l'a dit, et maintenant il fait la tête. Ça en valait la peine. Appelle-moi tout à l'heure. Bises.

J'essaie de lui envoyer un émoticon à l'effigie d'une dame en train de sourire, mais mon pouce ripe et atterrit sur un homme en turban.

— Je croyais que c'était interdit d'utiliser son téléphone en classe, mademoiselle Carson, fanfaronne une voix au fond de la classe.

— C'est exact, Nicole, c'est interdit, rétorqué-je, les yeux toujours rivés sur mon portable. Tout comme il est interdit de manger. Donc si tu veux t'aventurer sur ce terrain, je serai ravie de le ranger pendant que tu ramasses les sucreries sur tous les bureaux. Je suis certaine que tes camarades te remercieront d'être aussi à cheval sur les règles.

Elle ne dit plus un mot.

— Tiens tiens, marmonné-je. C'est bien ce que je pensais…

La salle des professeurs du collège Mearns est bien plus petite que celle d'Acton Park, mais ce qui lui manque en taille est largement compensé par la qualité du café. Adieu le café soluble bon marché, parce que, ici, nous disposons d'un véritable percolateur d'une capacité de cent tasses, qui s'utilise sans effort et illumine un peu la journée de tout le monde. À la vérité, ce collège surpasse le précédent sur bien des aspects. Non seulement je n'ai que vingt-cinq minutes de trajet pour aller travailler, mais je peux les faire en voiture. Pas avec ma BMW décapotable, hélas, vu qu'elle n'a pas passé le contrôle technique, et que le montant des réparations est supérieur à la valeur du véhicule, mais avec ma nouvelle petite Mazda blanche, qui ne tombe jamais en panne et dont l'entretien ne coûte pas cher. J'ai envisagé de prendre une autre décapotable, mais je vis en Écosse, où nous n'avons droit qu'à trois jours de soleil par an.

Toutefois, Acton Park a une chose qui fait tristement défaut à ce collège… Alice. Je sais que je lui manque aussi, à en juger par son message de ce matin :

Kenneth Dawson insiste pour s'asseoir à côté de moi à chaque pause. Je ne te pardonnerai jamais d'être partie.

Dans ce nouvel établissement, c'est un membre du département de menuiserie qui installe les décorations de Noël, et il agrafe minutieusement les guirlandes en rangées de deux à l'aide d'un niveau. Nous avons aussi un petit sapin de Noël en fibre optique près de la fenêtre, toujours débranché et délaissé – rien à voir avec la joyeuse pagaille que créait Alice. Je prends une photo et la lui envoie, accompagnée de la légende : « Tu ne trouves pas que je suis suffisamment punie comme ça ? »

Mon café à la main, je m'assois à la table la plus proche des casiers, et passe en revue les notes d'information potentiellement importantes que j'ai choisi d'ignorer depuis le début de l'année. En définitive, être directrice du département d'anglais est nettement plus ennuyeux que ça n'en a l'air, et engendre beaucoup de paperasses.

Je reçois un nouveau SMS d'Alice : un selfie d'elle en train de me faire un doigt d'honneur, devant une guirlande de toutes les couleurs accrochée n'importe comment sur un mur et affichant les mots : « Vivement vendredi, bande de cons ! »

Je souris jusqu'aux oreilles. Je suis impatiente de rendre visite à mes amis ce week-end. Leur nouvelle colocataire, Mila, rentre pour les fêtes en Hollande, donc je pourrai dormir dans l'ancienne chambre d'Alice, vu qu'elle a élu domicile dans la mienne douze secondes après mon départ. Je suis plongée dans mes papiers, lorsque Dave Calgie, le professeur d'éducation physique, s'installe sur une chaise à côté de moi.

— Tu as des projets pour Noël, Emily ? Tu le passes en tête à tête avec ton petit mari ?

Je ne supporte pas ce type. Pour un professeur de sport, c'est l'homme le plus gringalet que j'aie jamais vu. Les filles le surnomment toutes Calgie le Zarbi, et je les soutiens pleinement.

— Je ne suis pas mariée, répliqué-je, tout en observant ses dents tachées mordre dans une tartelette.

Mais il le sait déjà. Il le sait parce que a) je ne porte pas d'alliance ; b) je me fais appeler « mademoiselle » ; et c) il m'a posé la question en face quand j'ai intégré le collège, juste après avoir essayé de me draguer. *Quel con.*

— Je vais passer les fêtes en famille, ajouté-je. Et toi ? En tête à tête avec ta femme ?

Il me jette un regard noir et change de siège, tandis que j'éclate de rire. Je sais qu'il n'est pas marié parce que a) il ne porte pas d'alliance ; b) il est divorcé ; et c) la raison pour laquelle son épouse est partie, c'est que c'est un sale con qui drague ses collègues.

Après la dernière sonnerie, je vais voir Gordon, mon vieux camarade d'école et proviseur actuel. On dirait qu'il a passé la journée à rallonger son café au whisky.

— Tu t'en vas ? me demande-t-il en tapant sur le clavier de son ordinateur.

Je m'assois sur la chaise en face de son bureau.

— Oui, j'ai un million de choses à organiser. Qu'est-ce que tu fais pour Noël ? Quelque chose de spécial ?

— Si seulement, répond-il. La sœur de Brenda et ses deux enfants arrivent de Manchester tout à l'heure, donc ça va être la folie.

— Tes garçons vont être aux anges, fais-je remarquer. Mais, je suis bien placée pour le savoir, les réunions de famille peuvent être éprouvantes. Il n'y a pas grand-chose à faire à part sourire et attendre que ça passe.

— Tu rentres sur la côte pour Noël, non ? s'enquiert-il en se penchant pour attraper une feuille dans l'imprimante.

— D'habitude, oui, expliqué-je. Cette année, on essaie autre chose.

— Mais encore ?

Je fais la grimace.

— Ils viennent tous chez moi.

Je m'entête à penser que si je me contente de manger des plats tout prêts avant que tout le monde débarque dimanche, ma cuisine restera impeccable. Donc je commande une pizza chez *Domino's* en rentrant. *Laisser la pizza dans la boîte, manger la pizza à même le carton, jeter l'emballage. Facile.*

Une fois parvenue chez moi, je me gare dans mon allée et attrape délicatement la pizza sur le siège du passager. Je n'ai pas encore l'habitude d'avoir ma propre allée. Ça me fait bizarre. J'ai l'impression de devoir m'annoncer chaque fois que j'arrive. En revanche, je me suis vite habituée à avoir mon espace. J'ai partagé mes logements toute ma vie, d'abord avec ma famille, puis avec un nombre incalculable de colocataires. Je suis on ne peut plus prête à endosser le rôle d'une propriétaire célibataire. Je suis née pour cette casquette-là. Les deux premières nuits étaient angoissantes, parce que, évidemment, les moindres craquements ou grincements inconnus m'indiquaient que j'allais mourir dans d'atroces souffrances. Mais maintenant, je m'y suis faite, et j'ai même cessé de dormir avec un couteau de cuisine sous mon oreiller. *En progrès.*

J'ai déjà englouti une part de ma croûte garnie, quand mon téléphone se met à vibrer dans mon sac.

—Kara! m'exclamé-je en m'efforçant de ne pas mâcher trop bruyamment. J'allais justement t'appeler!

—Comment vas-tu? s'enquiert-elle. Contente d'avoir terminé l'année?!

—Oh que oui! Et tu dois être enchantée d'être libérée de ta belle-mère, répliqué-je. John te reparle?

—Ha ha, oui. Il n'arrive jamais à m'en vouloir trop longtemps, surtout quand il sait que j'ai raison. Qu'est-ce que tu manges?

—Pizza au poulet. Pâte épaisse.

—Je vois. Pas de nouvelles d'Evan?

—Ça n'a rien à voir avec mon choix de menu, m'étonné-je, m'apprêtant à lui parler de mon super plan pour garder ma cuisine impeccable.

—Oh, si, plus que tu ne penses. Tu auras pris vingt kilos d'ici à ce que tu arrêtes de le pleurer.

—Il ne m'a pas donné de nouvelles depuis des mois, expliqué-je d'une voix triste. Il ne m'a même pas annoncé qu'il quittait l'immeuble. Alice m'a envoyé une photo de déménageurs en train de charger ses affaires dans un camion.

—Il faut croire que cela ne devait pas arriver, relativise-t-elle. Je sais que je te l'ai déjà dit, mais tu as eu raison de repartir pour l'Écosse, et tu venais de rompre avec Robert. Le moment était vraiment mal choisi pour foncer tête baissée dans une autre relation.

—Mais c'est lui qui a coupé les ponts, gémis-je. J'aurais été ravie de garder contact!

Elle soupire.

—J'aurais réagi comme lui. Quelqu'un qui me plaît part à des kilomètres et veut seulement qu'on reste amis? Il a sûrement assez d'amis comme ça.

—Oh, t'es dure, répliqué-je, avant de prendre deux énormes bouchées de pizza d'affilée. Bon, c'est toujours d'accord pour vendredi? m'enquiers-je pour détourner la conversation d'Evan. Je prends le vol de neuf heures et demie, donc on peut déjeuner ensemble.

— Carrément! répond-elle. Il y a un nouveau restaurant de fusion asiatique près de Covent Garden. Leur tempura est un délice.

— Ça me tente bien. Je t'enverrai un message en arrivant à Stansted.

Nous nous disons au «revoir», puis je jette le téléphone sur le canapé pour reprendre mon nouveau mode de vie, dénué de pagaille et de fourchettes. Je crois que ça pourrait devenir tendance.

Une heure plus tard, je n'ai plus de pizza et le vide n'est toujours pas comblé. Alors peut-être qu'Evan me manque, mais ce n'est pas grave. Pendant un court moment, nous avons partagé quelque chose de magique, et je n'en regrette pas un seul instant. *«Vingt kilos», en revanche? J'espère qu'elle plaisante.*

Chapitre 29

TANDIS QUE JE PRÉPARE MON SAC EN VUE DE MON séjour à Londres, je commence à penser à tout ce qui a changé cette année. Iona a décidé de monter son propre cabinet, investissant l'argent qu'elle a fait cracher à Graham pendant le divorce et emportant un bon paquet de clients avec elle. Je l'ai beaucoup plus souvent au téléphone ces temps-ci, tout comme Patrick. Lui et Kim cherchent des solutions pour stimuler leur fertilité et tenter de faire de maman une grand-mère. *Quant à ma mère… eh bien, elle est fidèle à elle-même.*

Finis, en revanche, les rendez-vous du dimanche à 18 heures, parce que, à présent, elle joue au poker avec ses amies à la place. *Au poker!* D'après mon père, elle est plutôt redoutable. Donc j'ai été reléguée au jeudi à 19 heures, qui est le nouveau créneau durant lequel j'autorise son ton critique à parcourir les malheureux cent cinquante kilomètres qui séparent la côte écossaise de ma nouvelle maison, dans l'East Renfrewshire.

—Bonjour, maman. Comment vas-tu ? m'enquiers-je en mettant du shampoing dans ma trousse de toilette.

—Bien, Emily, tout va bien, répond-elle. Comment se passe ton nouveau boulot ?

—Eh bien, il n'est plus tellement nouveau, rétorqué-je. Ça fera un an en février que je suis ici.

J'arrive à entendre mon père siffloter *Do You Know the Way to San Jose* en fond.

—Bon sang ! Déjà une année entière ! Comme le temps file ! Le personnel est sympa ?

—Oui, maman. Je te l'ai dit plusieurs fois. Tout se passe très bien au travail.

—Et tes voisins, comment sont-ils ?

Nous avons eu la même conversation la semaine dernière. *Je pense que le poker a altéré ses capacités cognitives.*

—Je ne les vois pas beaucoup, maman. Je suis absente toute la journée, et ils ne font pas de vagues.

—C'est merveilleux.

—« Merveilleux », c'est un peu fort…

—Bon, dis-moi…

Nous y voilà.

—Tu as rencontré quelqu'un de bien ?

J'éclate de rire avant même qu'elle ait terminé sa phrase.

—Oh, pour l'amour du ciel, Emily. Ça fait des mois que je ne t'ai pas posé la question ! Je fais des efforts, mais tu n'as mentionné personne depuis ton déménagement. As-tu seulement cherché, au moins ? Tu sais, prendre la température de l'eau par ici ?

Je m'étends sur mon canapé.

— Non, maman. Pas de prise de température. Pas de prise quelle qu'elle soit, d'ailleurs. J'étais bien trop occupée.

— As-tu eu des nouvelles d'Evan? demande-t-elle. Ce garçon était tellement gentil.

— Maman, l'an dernier, tu as passé tout ton temps à me répéter à quel point ma relation avec Evan était une mauvaise idée. Inutile de revenir sur tes propos maintenant, c'est trop tard.

— Iona est d'accord avec moi, tu sais. Sans parler de papa. Nous pensons tous qu'il était parfait pour toi.

— Eh bien, nous sommes tous deux tombés d'accord sur le fait que ce n'était pas le bon moment pour nous. Qui vivra verra…

— Oh, c'est n'importe quoi, proteste-t-elle. Je croirais entendre ta grand-mère: «Ce qui doit arriver arrivera…» Quelles fadaises! La vie ne te doit rien, tu dois y mettre du tien.

— Quelle grand-mère? La mère de papa ou la tienne?

— Oh, celle de ton père, bien sûr. Voilà pourquoi son derrière était aussi gros. Elle passait ses journées assise, à attendre que les choses se produisent d'elles-mêmes.

— Tout est prêt pour la semaine prochaine? interrogé-je pour changer de sujet. Vous êtes toujours sûrs de vouloir passer Noël ici?

— Absolument. Ce sera agréable que quelqu'un d'autre cuisine pour nous.

— Oui, acquiescé-je. M. et Mme Marks & Spencer sont impatients de se plier en quatre.

— Bon, chérie, il faut que je file, mais on se voit lundi !
Je t'aime !

— Je t'aime aussi, maman.

Je raccroche et mets des sous-vêtements propres dans ma valise. Je n'ai pas besoin d'emporter grand-chose. Déjeuner avec Kara, puis une nuit chez Alice et Toby, avant de reprendre l'avion pour rentrer et m'attaquer à ma première préparation de réveillon de Noël de ma vie.

Je prends une navette de Stansted à Liverpool Street, et informe Kara que je suis bien arrivée. J'ai l'impression de n'être jamais partie. Il n'y a pas de neige cette année, mais il fait toujours gris et humide, la seule luminosité provenant des éclairages de Noël. Je prends un café et m'assois dans la cour, en attendant que Kara m'indique où la retrouver. Je regarde les gens passer, et je mentirais si je prétendais que ça ne me fait pas plaisir de revenir, même le temps d'une soirée.

Enfin, Kara m'envoie un message :

Prends le métro jusqu'à Holborn. Je t'y rejoins dans une demi-heure.

— J'adore tes cheveux ! s'exclame-t-elle quand elle me voit émerger de la bouche de métro. Ils ont tellement de volume !

— Je me suis fait un balayage, chérie, expliqué-je en balançant mes cheveux derrière mon épaule. Un nouveau moi, tout ça, tout ça.

Nous nous enlaçons près du kiosque à journaux, vu qu'il commence à tomber des cordes. Kara sort son parapluie de son sac.

—Vite, dit-elle en me faisant signe de la suivre. C'est juste à côté.

La notion de Kara de «juste à côté» implique de marcher dix minutes sous la pluie, mais heureusement, nous ne sommes que légèrement trempées quand nous atteignons le restaurant. Kara secoue sa veste et la suspend au portemanteau, avant de s'asseoir près d'une fenêtre.

—Du saké, s'il vous plaît, demande-t-elle à la serveuse, et deux bentos de tempuras aux crevettes. Merci.

Elle sépare ses baguettes chinoises en deux, puis se tourne vers moi.

—Tu vas adorer, insiste-t-elle. Inutile de commander quoi que ce soit d'autre! C'est ce qu'il y a de meilleur.

—Est-ce qu'il y a de petits mochis en dessert? m'enquiers-je en prenant la carte. J'en raffole.

—Tu as l'air en pleine forme, fait-elle remarquer. Je suis sûre que la bonne eau du robinet écossaise y est pour quelque chose.

—Je me sens bien, concédé-je, tandis que la serveuse apporte nos verres de saké. Je suis bien installée, tout se passe à merveille au collège, et je me suis même inscrite dans une salle de sport!

—Quoi?! s'exclame-t-elle. Je n'arrive pas à t'imaginer faire du vélo d'appartement ou de la musculation.

J'éclate de rire.

—J'ai dit que je m'étais inscrite, pas que j'y étais vraiment allée.

Nos bentos arrivent rapidement, et Kara a tout à fait raison.

—Je pense que ce tempura a été préparé par des anges, dis-je en le contemplant au bout de mes baguettes.

Kara hoche la tête, trop occupée à manger pour répondre.

—Bon sang, ce saké est costaud, ajouté-je en grimaçant. Je vais être bourrée avant même d'arriver à l'appartement.

—Tant mieux, réplique-t-elle en trinquant. C'est Noël. La période idéale pour se laisser aller.

À 15 heures, nous nous disons «au revoir» et je prends un taxi vers mon ancien appartement, envoyant un message à Alice pour l'informer que je suis en chemin. Je ne suis pas ivre, mais je suis assez pompette pour laisser 10 livres de pourboire au chauffeur. Alors que je sors du véhicule, il me remercie et me souhaite un joyeux Noël, sans se priver de faire une blague idiote sur le fait que les Écossais ne sont pas aussi radins qu'on le raconte.

Je me réjouis de voir que Trevor est toujours derrière le comptoir du concierge. Il me salue de la main.

—Emily! Quel plaisir de vous revoir!

—Vous aussi, Trevor! répliqué-je en me dirigeant vers l'ascenseur. Je suis seulement de retour pour la nuit!

Il semble que certaines choses ont changé, en revanche, vu que l'ascenseur de gauche sent le propre. Pas d'eau d'effluves canins en suspens, seulement une légère odeur de désodorisant et de produits d'entretien. Je suppose que le chien a fini par traverser le pont de l'arc-en-ciel, ou qu'il en est tombé, ou toute autre chose que font les animaux domestiques quand ils meurent.

Lorsque les portes de l'ascenseur s'ouvrent sur le septième étage, je ne peux m'empêcher de jeter un coup d'œil vers la porte d'Evan. Je sais qu'il a déménagé depuis des mois, mais il reste une infime partie de moi qui espère le trouver derrière.

— Hé, belle enfant! m'interpelle Alice. Ramène tes fesses ici! Toby t'a fait des crêpes. Tu te rends compte, des crêpes!

Je me dirige vers la porte, où Alice m'attend déjà.

— Bienvenue à la maison! s'exclame-t-elle en m'aidant à porter ma valise.

Son pull de Noël est hallucinant: un rouge-gorge attifé d'un bonnet de père Noël à côté d'un pingouin à la mine perplexe. Il s'en est passé, des choses.

Nous nous rendons dans la cuisine, qui a reçu une nouvelle couche de peinture vert menthe en mon absence, et, comme d'habitude, le frigo est couvert de cartes de vœux, y compris celle que j'ai envoyée la semaine dernière. Tandis que Toby me souhaite la bienvenue, je constate que je ne suis pas la seule à avoir une nouvelle coupe.

— Toby! Tes cheveux! Où sont-ils passés?

Il pose une assiette remplie de ce que je présume être des crêpes au centre de la table.

— Alice a joué les Dalila avec moi, explique-t-il. Elle les a coupés pendant mon sommeil.

— Oh, sale menteur! s'écrie-t-elle en riant. C'est faux.
Il a dû les faire couper pour une séance photo.

— Pour Marc Jacobs, ajoute-t-il en prenant la pose,
avant de sourire jusqu'aux oreilles.

— Je suis tellement fière de toi! m'extasié-je en le serrant
dans mes bras. Plus d'animalerie?

— Plus depuis quatre mois.

Je le félicite encore avant de m'asseoir à table et d'enlever
mes bottes.

— Les hamsters lui ont envoyé une carte de vœux,
reprend Alice, en pointant le frigo du doigt. Il leur manque
terriblement.

— C'est de la part du «propriétaire», pas des hamsters,
s'empresse-t-il de rectifier.

— Non, sérieux, Sherlock, je plaisantais.

Alors qu'ils commencent à se chamailler, je souris.
Je me réjouis de constater qu'ils n'ont pas changé d'un
pouce.

La soirée passant, nous descendons trois bouteilles de
prosecco et du Baileys. Les crêpes de Toby restent intactes,
en faveur de trois paquets de Pringles qu'Alice a achetés
exprès pour moi.

— J'emmène Toby en Australie en janvier, m'informe
Alice. Il va rencontrer mes parents.

— Waouh, sacrée nouvelle! m'exclamé-je en finissant
le prosecco. Tu n'as pas intérêt à lui faire faux bond, dis-je
à Toby d'un air sévère. Sinon, elle sera forcée de payer
quelqu'un pour être son petit ami.

—Il était dans le journal l'autre jour, tu sais, poursuit Alice. Il a ouvert un café à Piccadilly, ou sauvé des orphelins. Je ne me souviens plus trop. Tu savais qu'il était plein aux as ?

Je hoche la tête.

—Je l'ai appris l'an dernier.

—Et tu es assise ici avec nous, au lieu d'être aux Caraïbes, sur le yacht où il passe Noël ? Tu pourrais avoir donné naissance à l'héritier de sa fortune depuis tout ce temps, ajoute-t-elle en secouant la tête. Toi et ton foutu sens moral. Je pensais t'avoir éduquée mieux que ça.

J'éclate de rire.

—Oh, je suis convaincue qu'il s'est déniché une imbécile heureuse d'une vingtaine d'années taillée sur mesure pour ce boulot.

—N'importe quoi, rétorque Toby. Tu fais une fixette sur cette histoire d'âge. Enfin, regarde-toi : tu es une femme super intelligente, drôle et belle. Evan se moquait éperdument du nombre d'années que tu as, je te le garantis.

Alice claque des mains pour marquer son accord.

—Samson marque un point, plaisante-t-elle.

Je hausse les épaules.

—Peu importe maintenant, de toute manière, mais je vous promets à tous les deux que, si jamais un homme plus jeune et séduisant me court après un jour, je ne laisserai pas la différence d'âge poser problème et je me laisserai complètement aller.

—Enfin, sauf si c'est un élève, intervient Alice.

—Bien vu.

— Bon, maintenant que c'est réglé, reprend Toby, est-ce que quelqu'un daignerait goûter mes fichues crêpes?!

Je pars le lendemain matin, munie d'un assortiment de produits de beauté, d'un collier qu'Alice m'a emprunté il y a deux ans sans me l'avouer, et d'un Tupperware rempli de crêpes qui, en fin de compte, sont délicieuses.

— Nous viendrons pour Pâques, promet Alice en m'embrassant. À moins que tu ne mettes le feu à ta cuisine en préparant le réveillon de Noël.

— Tu es consciente que ça pourrait vraiment arriver, hein? répliqué-je. Merci pour le cadeau. J'espère que le papa Noël va bien vous gâter!

— Oh, rends-moi service et donne ça à Trevor, poursuit-elle en me tendant une carte de vœux. Il part en vacances aujourd'hui, mais j'ai la flemme de m'habiller pour le faire moi-même.

Je prends la carte et la glisse dans ma poche.

— Pas de souci. Je suis certaine qu'il sera touché par ce geste lamentable. On s'appelle bientôt.

Je gagne l'ascenseur et appuie sur le bouton, avant de vérifier que j'ai bien mon passeport sur moi. Une fois au rez-de-chaussée, je me dirige vers Trevor, qui porte un bonnet de père Noël et fredonne des chants de circonstance.

— Vous nous quittez déjà? demande-t-il en éteignant son petit poste radio.

— Oui, acquiescé-je en souriant. Je voulais seulement vous donner ceci! De la part d'Alice et Toby.

Il prend la carte et me remercie.

—Vous faut-il un taxi? s'enquiert-il en ouvrant l'enveloppe.

Il sourit en voyant les chiots sur la carte.

—C'est bon, assuré-je. J'en ai commandé un. Merci, en tout cas, et passez de bonnes fêtes!

Je me tiens à la porte, mon téléphone à la main, quand une énorme BMW bleue se gare sur le trottoir. Je fronce les sourcils, sachant que le véhicule bloque la circulation, et surtout, l'arrivée de mon Uber.

—Enlevez votre foutue bagnole de là! m'écrié-je alors que le conducteur ouvre la portière. Vous n'avez pas le droit de vous gar...

—Emily? Qu'est-ce que tu fais ici?

Evan referme la portière et s'avance vers moi.

Il porte ce caban que j'aime tant, mais sa coupe de cheveux est différente. Il a laissé tomber le gel.

—Je pourrais te retourner la question, rétorqué-je, m'efforçant de garder mon calme.

—Un paquet est arrivé ici pour moi, explique-t-il en pointant Trevor du doigt. Et toi?

—Je rendais visite à Alice, déclaré-je, tandis que mon Uber se gare derrière sa voiture.

Je fais un signe de la main au chauffeur.

—C'est mon taxi.

Evan tourne la tête et voit le véhicule qui m'attend patiemment.

—Tu pars maintenant?!

—Oui, je reprends l'avion ce soir.

—Mais…

Le chauffeur donne un coup de Klaxon.

—Il faut que j'y aille, dis-je en prenant mes sacs. Ça m'a fait plaisir de te voir, Evan.

—Mais…

—Je suis désolée.

Il me bloque le passage.

—Hors de question, lance-t-il. Pas une seconde fois. On s'en fout de ce taxi.

Je l'observe faire le tour de la voiture et donner quelque chose au chauffeur, avant de se précipiter vers moi.

—Reste ici, m'ordonne-t-il. J'en ai pour une minute, c'est promis.

Il passe à la hâte la porte de l'immeuble et se dirige vers Trevor, qui lui tend un paquet, puis il revient à côté de moi, légèrement hors d'haleine.

—J'ai payé le chauffeur pour qu'il s'en aille, explique-t-il, son paquet dans une main, ses clés de voiture dans l'autre.

—Quoi ?! Mais tu n'as pas le droit ! Il faut que je…

—Tu te rappelles quand tu as dit qu'on laisserait l'univers décider ?

—Oui, mais…

—Eh bien, il l'a fait ! s'exclame-t-il. Tu penses que le fait qu'on se retrouve ici le même jour à la même heure, c'est juste une coïncidence ?

—Oui, en effet, mais, même si tu as raison, je vis toujours dans le Nord, et toi ici. Rien n'a changé !

—Alors on va faire changer les choses. Tout ce que je sais, c'est que je refuse de te perdre encore une fois pour un stupide problème géographique. Bon sang, Emily, tu m'as manqué. Nous deux, ça m'a manqué. Ose me dire que tu n'éprouves pas la même chose ?!

—Bien sûr que tu m'as manqué, avoué-je, sentant mes yeux commencer à s'emplir de larmes. Tous les jours.

—Alors, monte dans la voiture.

Il prend mes bagages et se dirige vers sa BMW. La circulation est déjà dense derrière lui.

—Qu'est-ce que tu fais ? m'enquiers-je lorsqu'il ouvre le coffre. J'ai un avion à prendre !

—Je sais, rétorque-t-il. Je vais t'emmener. Et si, d'ici à ce qu'on atteigne l'aéroport, tu n'es pas prête à admettre que ce qu'il y a entre nous, quoi que ça s'appelle, ça vaut le coup de s'accrocher, alors j'accepterai ta décision. D'accord ?

Les voitures continuent à klaxonner tandis qu'il m'ouvre la portière.

—Ils ne vont pas tarder à tous sortir de leurs véhicules pour me faire la peau, Emily. Je t'en prie, monte.

—D'accord, acquiescé-je, mais à une condition.

—Ce que tu voudras.

—C'est moi qui choisis la musique.

Il arbore un large sourire.

—Tout compte fait, tu ne m'as pas manqué tant que « ça »...

Chapitre 30

JE SUIS LEVÉE TÔT ET DE BONNE HUMEUR LE JOUR DU réveillon, me préparant à faire les courses en panique avant que tout le monde arrive à 17 heures. Je suis vraiment ravie que mes parents aient décidé de rentrer le 26, pour s'occuper de Pacino et organiser leur fête rituelle, parce que je n'aurais vraiment pas su comment les accueillir pendant quatre longs jours. Cela étant, je suis impatiente. J'ai le sentiment que ce Noël pourrait bien être le meilleur de tous.

Je fais le tour du centre commercial pour me réapprovisionner, vu que j'ai déjà bien entamé les cacahouètes et les chips que j'ai achetées la semaine dernière. Comme d'habitude, je ne semble pas être la seule à avoir dévoré la moitié de ses courses avant le jour J, parce que, à cet instant, on dirait que tous les gens qui vivent en dessous de la rivière Clyde font la queue devant moi aux caisses. J'observe une femme tenter de faire passer son Caddie plein au comptoir moins de dix articles, puis s'enfuir quand elle se fait prendre la main dans le sac, en train d'enfreindre la règle d'or des supermarchés.

— Tire-toi de là avec tout ton fatras! C'est écrit « moins de dix articles ».

— Hé! Tu sais pas lire? Quelle partie de « moins de dix articles » n'est pas claire?

— C'est scandaleux. Quelqu'un peut appeler la sécurité?

La trêve de Noël n'existe pas. C'est chacun pour soi.

Je suis de retour à quatorze heures trente, ce qui me laisse largement le temps de passer l'aspirateur dans les chambres une énième fois, et de chercher le meilleur moyen d'annoncer à Iona qu'elle dort sur le canapé convertible. En plus, une seule salle de bains pour tout le monde, ça risque de faire des étincelles. J'aurais dû réfléchir à ces détails. Après avoir fait une dernière inspection de la maison, je m'écroule sur le canapé, comptant sur une sieste réparatrice de vingt minutes. Mais ces vingt minutes se changent en quatre-vingts, et je me réveille dans un salon sombre, en entendant une voiture se garer à l'extérieur.

Ce sont eux. Mon estomac déjà noué fait un saut périlleux, suivi d'un atterrissage qui m'a tout l'air branlant. J'ouvre les stores pour jeter un coup d'œil au-dehors. *Ils sont là!* Pour la première fois en trente-neuf ans, c'est moi qui reçois toute ma famille mal élevée pour Noël, et j'ai la trace du canapé et de la bave sur la joue.

J'ouvre la porte et vois leurs silhouettes sortir de la Land Rover. Seulement, ce n'est pas leur vieille Land Rover, car celle-ci est beaucoup plus luxueuse.

—Papa? Tu as fini par changer de voiture? m'écrié-je.

Il grommelle quelque chose en retour, mais je n'arrive pas à l'entendre.

La première à me foncer dessus est Iona, qui me fait un gros câlin avant de me pousser dans la maison.

—Bon, voyons un peu tout ça!

—D'accord… mais laisse-moi au moins aider maman et…

—Patrick va s'en charger, il nous le dira, s'il a besoin d'un coup de main.

Elle m'entraîne dans mon couloir pour réclamer un tour du propriétaire.

—Où est-ce que je dors? interroge-t-elle. C'est plus grand qu'il n'y paraît de l'extérieur?

Elle entre dans la première chambre, et je l'entends haleter.

—Emily, mon dressing est plus grand que ça. Comment as-tu réussi à caser un lit là-dedans? Il est pneumatique?

—Emily, peux-tu nous aider, s'il te plaît?

Je laisse Iona, qui exige à présent de voir les autres chambres disponibles, et pars aider les autres avec les bagages.

—Comment était la route, papa? m'enquiers-je en traînant une énorme valise noire dans l'entrée.

—Sans problème, répond-il en me serrant dans ses bras. Ça roulait plutôt bien.

—Ma chérie! Comment vas-tu?! s'exclame ma mère, qui ne porte aucun des sacs, et bouscule Kim et Patrick pour passer. Il faut que j'aille aux toilettes.

— Dernière porte au bout du couloir, maman, indiqué-je en prenant la valise de Kim. Joyeux Noël à tous.

Pendant que ma mère va aux toilettes, et qu'Iona est en train de fureter dans ma chambre en hurlant «Bon sang, Emily, toutes les chambres font la taille d'une boîte à chaussures?», je fais passer mon père, Patrick et Kim dans la salle à manger.

— Ta maison est géniale! s'écrie Kim en admirant mon sapin. Ce doit être super d'avoir enfin ton espace.

— Ça l'est! confirmé-je, tandis que papa choisit son siège pour la soirée. Un peu petit pour nous tous, mais pour moi toute seule, c'est parfait!

— Quelles âneries débite encore Iona? demande Patrick en enlevant son manteau.

— Je crois qu'elle veut savoir s'il y a des hôtels à proximité.

— Ignore-la, intervient mon père. Elle est énervée parce qu'on l'a forcée à s'asseoir dans le coffre.

— Quoi?

Il éclate de rire.

— Enfin, pas vraiment dans le coffre. La voiture contient sept places. Elle était à l'arrière.

Une fois que tout le monde a râlé, a fait pipi, et bu son premier verre, la soirée commence à prendre gentiment.

— Bon, mademoiselle l'hôtesse, lance ma mère en descendant un gin tonic. Quand vous aurez terminé de vérifier votre téléphone pour la millionième fois, pourriez-vous nous dire quel est notre jeu du réveillon?

—Je pensais à des charades.

Tout le monde pousse un grognement.

—Mais, si personne ne trouve la solution, il faut boire un shot.

—Tequila? demande Kim qui reprend soudain du poil de la bête.

J'affiche un large sourire.

—Quoi d'autre?

—*Skyfall*?

—Chuter… non, *Chute libre*?

—*Jumpin' Jack Flash*!

Tandis que personne ne devine la charade de Patrick pour la sixième fois, j'entends sonner à ma porte.

—Tu attends quelqu'un? s'enquiert ma mère, sa curiosité piquée au vif. Il est plus de 22 heures. Ce n'est pas un peu tard?

—Ce sont sûrement les voisins qui veulent se plaindre de la énième tentative ratée de Patrick, grogne Iona.

—Je reviens tout de suite, lancé-je.

Mais aucun d'entre eux ne m'écoute, car ils sont trop occupés à crier des titres de film au hasard à mon frère, qui s'efforce de mimer une chanson.

Je ferme la porte du salon et vérifie rapidement mon maquillage dans le miroir de l'entrée, retirant une petite miette qui est restée collée à mon menton. En prenant une profonde inspiration, j'ouvre la porte.

—Tu as pu venir! m'écrié-je.

Evan entre dans ma maison et me serre dans ses bras. Je l'enlace comme si quelqu'un menaçait de me le prendre à tout moment.

—Ils sont au courant que je viens? s'enquiert-il en m'étreignant à son tour.

—Non, avoué-je. Ils n'en ont pas la moindre idée.

—Donc ils ignorent que nous sommes fous amoureux et qu'on fera l'amour pendant un mois entier après leur départ?

—Est-ce que tu viens de me dire que tu m'aimais?

—Oui, mais j'ai aussi insinué que c'était réciproque.

Je pousse un nouveau cri.

—Emily! s'exclame ma mère. Qui est-ce?

—C'est Ryan Gosling!

Je m'agrippe au visage d'Evan et l'embrasse fougueusement.

—Tu es prêt pour ce qui nous attend? soufflé-je.

Il me fait un clin d'œil et me prend par la main.

À nous de jouer.

Remerciements

J'aimerais remercier de tout mon cœur les personnes suivantes pour leur aide et leur soutien : Kerry et Ella de Susanna Lea Associates, Kathryn et toute l'équipe de Quercus, Celine Kelly, mes amis, ma famille (qui n'a rien de commun avec les Carson), ainsi que ma fille, Olivia, qui fait les meilleurs câlins du monde.

Je voudrais aussi exprimer ma profonde gratitude à tous ceux qui ont lu, critiqué, acheté ou emprunté un de mes livres. Je vous en serai toujours reconnaissante.

Achevé d'imprimer par N.I.I.A.G.
en novembre 2019
pour le compte de France Loisirs, Paris

Numéro d'éditeur : 1958978
Dépôt légal : septembre 2019
Imprimé en Italie